S0-AOB-474

pliegos de ensayo

D1520386

SEVERO SARDUY Y PEDRO ALMODÓVAR: DEL BARROCO AL KITSCH EN LA NARRATIVA Y EL CINE POSTMODERNOS

ALEJANDRO VARDERI
The City University of New York

Severo Sarduy y Pedro Almodóvar: del barroco al kitsch en la narrativa y el cine postmodernos

para José Muñoz

con un saludo

cordial de

Alejand

N.Y. Enero, 97

EDITORIAL PLIEGOS
MADRID

© Alejandro Varderi
© Editorial Pliegos

I.S.B.N.: 84-88435-29-0
Depósito legal: M-17434-1996

Colección Pliegos de Ensayo
Diseño: Andras
EDITORIAL PLIEGOS
Gobernador, 29 4A
28014 Madrid

Printed in Spain
Composición: Francisco Arellano
Impresión: Coopegraf

ÍNDICE

para Gustavo Guerrero y Suzanne Jill Levine:
arte y parte

AGRADECIMIENTOS

Las dedicatorias, como los agradecimientos, siempre son deudas de amor: deudas de amante y de amigo para con las voces puestas a habitar el objeto del deseo que, en este caso particular, resulta ser el texto donde mi voz se hace parte de un ininterrumpido diálogo con quienes hasta aquí lo acompañaron. A la memoria de Severo Sarduy, quien generosamente me brindó su tiempo y me alentó hasta su último aliento. A Roberto Echavarren por su constante dirección, apoyo y atención desde el momento en que le planteé la posibilidad de realizar este trabajo. A Suzanne Jill Levine y Robert Stam, lectores incondicionales, por su seguimiento permanente. A John Coleman, Kathleen Ross, Sylvia Molloy y José Muñoz, miembros del comité para la defensa de tesis, por su atenta lectura, críticas, comentarios y *sugerencias*; especialmente al profesor Coleman por su valiosa ayuda en la edición final del manuscrito. A mis colegas y amigos Ignacio Prado, Isolina Ballesteros y Jaume Martí–Olivella por la memoria compartida. A José Luis Guerrero por estar. A José Quiroga por llegar.

PREFACIO

Mucho se ha hablado, escrito, filmado, acerca del uso de lo cinemático en ciertos escritores, antes y después de la invención del cine, así como de la manera en que el cineasta ha reflexionado en torno a la literatura o la ha utilizado en sus películas. En este sentido, ya en 1928 Eisenstein había enseñado en el Instituto de Estudios Cinematográficos de Moscú un curso sobre Zola; también Buñuel, Godard, Eric Röhmer han escrito crítica cinematográfica e incursionado —en el caso de Buñuel— en la narrativa, además de haberle dado gran importancia al ritmo literario en los diálogos de sus películas. Y a nivel de la teoría crítica, Christian Metz, entre otros, estudió lo literario en lo cinemático desde la vertiente semiótica en su *Film Language. A Semiotics of the Cinema*, y más recientemente Robert Stam en *Reflexivity in Film Language and Literature "From Don Quixote to Jean-Luc Godard"*, ha llevado a cabo esta tarea apoyándose en el método narratológico propuesto por Gérard Genette.

Si bien la práctica se ha centrado en la adaptación cinematográfica de novelas y cuentos, ello no excluye la posibilidad de desarrollar un discurso transtextual entre un escritor y un cineasta o un pintor. Volviendo a Eisenstein, destaca su interés por imaginar a los personajes de Zola cercanos al *close-up* de dos cuadros de Manet —*Bal dans le Moulin-Rouge* y *Bal dans les Follies-Bergère*—, y a los personajes de Balzac próximos al realismo en los retratos de cuerpo entero de Velázquez (Metz, *Film* 81).

A mi parecer, es esta última alternativa la más sugerente; de ahí que me interese desarrollar aquí un discurso transtextual entre Severo Sarduy y Pedro Almodóvar —quien también ha transitado la otra escritura mediante la serie biográfica *Con ustedes Patty Diphusa*, confesiones de una estrella del porno, aparecidas en la revista *La Luna de Madrid* a mediados de los años setenta, y recopiladas bajo el titulo *Patty Diphusa y otros textos,* y *Fuego en las entrañas,* novela corta con ilustraciones del diseñador y dibujante catalán Mariscal.

He escogido a tales artistas pues sus obras se insertan dentro del eclecticismo propio del postmodernismo. Eclecticismo entendido, según Jean-François Lyotard, como "el grado cero de la cultura contemporánea" (*The Postmodern Condition* 76). Al hablar de grado cero, Lyotard se refiere a la neutralización —que Roland Barthes desarrolla a nivel literario en *El grado cero de la escritura,* y en cuanto a la cultura popular en sus *Mitologías*— en lo que a discriminar los gustos dentro de la sociedad post-industrial se refiere, debido a que diversos modos de vida se combinan y el individuo postmoderno:

> escucha reggae, ve una película de vaqueros, almuerza en McDonald's pero cena en un restaurante étnico; lleva perfume francés en Tokio, ropa "retro" en Hong Kong; y el conocimiento queda circunscrito a los programas de concursos por televisión. (*The Postmodern* 76)

Ello hace que nuestra contemporaneidad quede circunscrita, al decir de Andreas Huyssen:

> en un campo de tensión entre la tradición y la innovación, entre la conservación y la renovación, entre la cultura de masas y el arte de élite. ("Cartografía" 230)

En tal sentido me atrae la manera en que, movidos por esas tensiones, temas comunes a Sarduy y Almodóvar como la simulación, el artificio, la ambigüedad, lo carnavalesco dentro de un marco textual y cinemático, que se apropian desde la estética del barroco hasta la del camp y el kitsch, se convierten en herramientas que me permitan iniciar una labor de "desmantelamiento de la cultura hispánica", tal cual propone Roberto González Echevarría en *La ruta de Severo Sarduy,* pero no sólo para "borrar las diferencias sexuales, y reconstruirlas en toda su arbitrariedad y artificialidad" (9); sino también para desplazar dicha cultura, con todo lo que ella contiene —rituales, música, costumbres, cultos, estilos de vida, la dicotomía entre lo rural y lo urbano— a fin de **encontrarla** en un contexto que pareciera serle ajeno: Jaén en un apartamento de la "movida" madrileña, o Camagüey en Le Palace disco-club de París; y donde el placer del exceso, en todas sus variantes, motorizará tanto el deseo de los textos sarduyanos como del lenguaje fílmico almodovariano.

Metodología

La metodología se adscribirá fundamentalmente al concepto de transtextualidad, según lo desarrolla Gérard Genette en *Palimpsestes*; y entendido como la red de relaciones —ya sean manifiestas o secretas— que se establecen entre un texto y otros textos, otros films, otras obras de arte. En el caso concreto de este trabajo serán las novelas de Severo Sarduy y las películas de Pedro Almodóvar las obras estudiadas, atendiendo al modo en que ambos creadores se insertan dentro de la postmodernidad a la luz de la estética del barroco y el kitsch.

Genette en su estudio, analiza cinco tipos de "figuras" o relaciones transtextuales. A saber:

1. *Intertextualidad.* En este sentido, a diferencia de Julia Kristeva quien considera de una manera más extensa el término (*Semeiotiké* 255), Genette se restringe a la cita —con o sin comillas—, la alusión y el plagio como mecanismos para poner en contacto dos textos.

En el caso de Sarduy, en *Cobra*, por ejemplo, el apartado correspondiente a la "Enana Blanca" se inicia con una referencia directa al libro *La astronomía* de Fred Hoyle, donde se consigna que el nombre de "[u]na Enana Blanca célebre es Pup", la cual será en la novela la raíz cuadrada o reducción de Cobra. Ello como "expansión" del texto "Gigantes rojas/ Enanas blancas" de *Big Bang* donde el autor apunta que:

> [s]i la pareja es muy unida, entonces se producirá una transferencia de materia de la gigante hacia la enana; esta última, al ver su masa aumentar de pronto se calentará. (58)

Tal manera de trasponer la relación entre Cobra y Pup se constituye en una muestra del funcionamiento del engranaje intertextual dentro de la novela.

Por su parte Almodóvar alude, por ejemplo, a la obra de Jean Cocteau: abiertamente en *La ley del deseo* y *Mujeres al borde de un ataque de nervios*, citando *La voix humaine* e interpretándola ante la cámara; y veladamente en *¡Átame!*, cuando Ricki lleva a Marina en brazos a la cama, con la misma mezcla de amor y temor que la Bestia siente hacia la Bella en el film *La Belle et la Bête*.

2. *Paratextualidad*. Relación entre el texto propiamente dicho y sus "paratextos" —título, prefacio, epígrafes, ilustraciones, portada y contraportada, comentarios del autor al margen, adiciones o sustracciones al propio texto— como recursos que guían, orientan, dirigen al lector, predisponiéndolo a una cierta receptividad del mismo.

Aquí, volviendo a *Cobra*, los epígrafes del "Diario Indio", por ejemplo, tomados de Octavio Paz, refieren a la India y a las imágenes que el autor ha trabajado en libros como *El mono gramático* y *Ladera este*. Del mismo modo la portada es, según Emir Rodríguez Monegal, una representación de cierta figura tántrica que se encuentra en *Conjunciones y disyunciones* del mismo Paz ("Las metamorfosis" 54).

Almodóvar por su parte, a propósito de *Matador* cita una frase de Yukio Mishima: "la muerte violenta es la belleza última, siempre y cuando se muera joven", que unida al cartel diseñado por Carlos Berlanga para la promoción de la película —donde se muestra a una pareja muy hermosa hiriéndose mutua y mortalmente— predispone al espectador a una cierta visión del film. Visión justificada en la imagen misma donde, por ejemplo, la escena final en la que los amantes preparan su suicidio, se asemeja a la del cuento de Mishima "Amantes", donde un joven samurai recién casado se ve en la obligación de hacerse el *harakiri*, y su esposa se suicida clavándose un cuchillo, inmediatamente después de que él ha consumado el acto.

3. *Metatextualidad* o "relación crítica" en la cual un texto espejea, alude, se vuelve eco de otro, abierta o implícitamente.

Aquí, afirmaciones contenidas en *Colibrí* de Sarduy como "Dios es simulación" (72) y "la sangre es la última escritura" (93), nos remiten a las teorías del propio autor contenidas en *La simulación* e inspiradas en *Simulacres et simulations* de Jean Baudrillard, o a las obras de George

Bataille —*L'erotisme*, *Les larmes d'Eros*— y Deleuze —*Présentation de Sacher-Masoch*— en torno a la sangre como signo.

Almodóvar también apunta abiertamente sus influencias cuando, refiriéndose a la manera lúdica de abordar la escritura de sus guiones, comenta:

> Yo creo, como decía Borges al hablar de los tigres, que son presencias que pertenecen más al mundo de las pesadillas y de los sueños y que aparecen de forma inconsciente. (Vidal 162)

Afirmación que se constituye en eco y homenaje al autor de *El Aleph*, a través de la inserción en sus películas de elementos trabajados por Borges como los tigres —*Entre tinieblas*— y los laberintos —*Laberinto de pasiones*.

Y es que al director manchego, tal cual me comentó en una entrevista (Casa de España, Nueva York, 30 abril 1990) le interesa mucho Borges por ser "un fabulador a través de un lenguaje estrictamente literario". Igualmente me comentó en esa ocasión su deseo de llevar algún día al cine uno de los cuentos del escritor.

De este modo, la escritura de Borges se convierte en el espejo donde se miran tanto Sarduy como Almodóvar. Algo que, por ejemplo, Suzanne Jill Levine ha trabajado en el caso del cubano ("Borges a Cobra"), pero sin embargo no ha sido llevado a cabo en lo que al español respecta.

4. *Hipertextualidad*. Es el modo en que un texto —"hipertexto"— se inserta en un texto previo —"hipotexto"— no como resultado de aplicar sobre él un aparataje crítico, sino como derivación de ese texto. Contiene la parodia y el pastiche; y a nivel fílmico se refiere al modo como una película tiene su origen en un texto anterior, con lo cual ella será el hipertexto de un hipotexto previo. Varias películas basadas por ejemplo en una novela, se entenderían entonces como hipertextos o lecturas de un mismo hipotexto.

En este sentido Gustavo Guerrero toma como punto de partida las formulaciones del propio Sarduy en "El Barroco y el Neobarroco":

> [s]ólo en la medida en que una obra del barroco latinoamericano sea la desfiguración de una obra anterior que haya que leer en fi-

ligranas para gustar totalmente de ella, ésta pertenecerá a un género mayor. (175)

Ello para sostener que "lo que se halla desfigurado no es en realidad una 'obra anterior', sino más bien un 'género anterior'" (Guerrero, *La estrategia* 192); con lo cual más que hablar de hipotextos, sugiere que debería hablarse de hipogéneros. Aseveración ampliamente estudiada por la crítica en su relación barroco-neobarroco, pero no tanto en su vertiente neobarroco-kitsch.

Rodándome hacia Almodóvar, no encuentro una referencialidad directa de sus films como hipertextos de hipotextos específicos, pero sí podría hablarse igualmente de hipogéneros, al estudiar el modo como las películas del director manchego se insertan dentro de una estética que combina elementos propios del neobarroco latinoamericano y del kitsch, tal cual se verá en el desarrollo de este trabajo.

5. *Architextualidad*. Se refiere a las sugerencias que el título de un texto proyecta, así como al tipo de discurso y al género dentro del cual se inscribe un texto.

Lo primero nos remite en *Cobra*, por ejemplo, al grupo de pintores denominado COBRA que refiere a su vez a Copenhague, Bruselas y Amsterdam como ciudades desde donde se generó este movimiento, y por donde también pasa el personaje de Sarduy.

Almodóvar por su parte comenta en *Cahiers du cinéma* que el título de *Tacones lejanos* proviene en parte de un western de Anthony Mann —*Distant Drums*— traducido en España como *Tambores lejanos* (Strauss, "Madrid" 22).

El segundo punto conllevaría trabajar con la clasificación de la obra como poema, cuento, novela, ensayo; una clasificación a la cual muchas veces el texto se resiste. De hecho, al hablar de los textos narrativos de Sarduy, desde *Gestos* hasta *Pájaros de la playa*, es difícil encasillarlos como novelas exclusivamente, dada la gama de discursos y géneros en ellas contenidos: poesía, prosa poética, reflexión crítica, narración, se intersectan, confluyen, se yuxtaponen deshaciendo cualquier tentativa de abarcarlos.

Del mismo modo las películas de Almodóvar combinan comedia, melodrama, film noir, y han sido clasificadas de muy diversas maneras. El mismo director dice, refiriéndose a *La ley del deseo*, que "tiene una narración en capítulos como una novela" (Vidal 218); en tanto que en un artículo de la revista *Rolling Stones* apunta acerca de *Mujeres*:

> [E]s una gigantesca paella donde se degusta el melo a la manera de Douglas Sirk, una buena dosis de humor *made in* John Waters, una pizca de surrealismo buñueliano, y todo aderezado con salsa hitchcockiana. (Vidal 399)

Como bien sea que este trabajo propondrá una doble mirada crítica al cine y la literatura, a través de los textos narrativos de Sarduy y las películas de Pedro Almodóvar, he pensado que quizás las nociones de intertextualidad, metatextualidad, hipertextualidad y paratextualidad sean las más indicadas; pues no pretendo encerrar las obras dentro de discursos específicos, sino más bien establecer relaciones entre novelas y films a través de un proceso intertextual o de "tatuaje". Como diría Sarduy:

> La intertextualidad no es una mera acumulación de referencias externas, sino que es un trabajo interno de re-escritura, de re-adaptación y, como le gustaría decir al autor, de "tatuaje". (*La estrategia*, 173)

Textos y films como metatextos entonces que aluden, citan, espejan, *se inscriben* pues con sus paratextos en la *piel* de otros textos, otras películas, otras obras de arte, dentro de la postmodernidad y a la luz estética del neobarroco y el kitsch.

Antes de seguir adelante quiero tratar de precisar una serie de términos que utilizaré constantemente en este trabajo y a cuya discusión crítica dedicaré la primera sección del Capítulo I. Así, al referirme a la modernidad y la postmodernidad estaré hablando de épocas históricas. Modernismo y postmodernismo se corresponderán con los movimientos artísticos pertinentes a la cultura de tales épocas. Moderno y postmoderno denotarán al artista, al individuo, a la sociedad en general, y al artefacto cultural propiamente dicho. Modernista y postmodernista se referirán a la cultura ligada al modernismo y al postmodernismo respectivamente.

En el Capítulo I, "La narrativa hispanoamericana y el cine español de la postmodernidad", investigaré los orígenes históricos de ambos conceptos; y los definiré atendiendo a sus relaciones con el modernismo, el postmodernismo, lo moderno y lo postmoderno a través de las obras de autores ligados a la estética sarduyana. Igualmente definiré el marco teórico en que funcionan concretamente el cine y la literatura postmodernos y su relación con lo moderno, a fin de poder analizar de qué manera se insertan en ellos las obras de Severo Sarduy y Pedro Almodóvar.

En el Capítulo II, "La narrativa hispanoamericana y el cine español de la dictadura", exploraré los orígenes de las estéticas asociadas con lo barroco, neobarroco y kitsch a fin de estudiar el funcionamiento de la narrativa hispanoamericana y el cine español dentro de este marco. Ello para ilustrar el modo como las obras de Sarduy y Almodóvar se movilizan al interior de dichas corrientes.

En el Capítulo III, "La ciudad", tendré oportunidad de analizar concretamente la utilización de lo urbano en las obras de ambos artistas, atendiendo a su relación con lo rural, y con el espacio interior de las casas. Aquí prestaré especial atención al modo como las ciudades y las casas que Sarduy y Almodóvar privilegian, surgen de combinar la tradición española e hispanoamericana. Igualmente el grado de artificiosidad en la decoración, sus vínculos con lo barroco y la cultura popular —música, fotonovela, cocina, cultos—, el papel de los objetos en la recuperación del "tiempo perdido", el exilio —y el consecuente rescate de los lugares de procedencia, Cuba en Sarduy y La Mancha en Almodóvar— serán tema de este apartado.

En el Capítulo IV, "El cuerpo", tantearé esta imagen como lugar de autorreferencia a fin de llegar a lo autobiográfico, presente en ambos autores. Ello, utilizando el tatuaje, el vestido y los accesorios como instrumentos donde se inscribe tal proceso. El uso de la máscara, la simulación, el travestismo, lo carnavalesco como triunfo de las apariencias y fiesta donde todo lo marginal y excluido pasa a un primer plano, también tendrán su lugar aquí. Esto sin olvidar el papel de las tendencias sexuales —homosexualismo, lesbianismo, transexualismo— en la construcción de los personajes.

*La verdadera lectura —discreta, idealmente si-
lenciosa— está tan lejos del resquemor, de la
injuria, como de la aparatosa frivolidad.*

Severo Sarduy

Soy así: pop, caribeño y barroco a la vez.

Pedro Almodóvar

*Los amores mueren, los afectos traicionan, la
propia obra envejece. Sólo el cine se queda y
manda.*

Terenci Moix

Capítulo I

LA NARRATIVA HISPANOAMERICANA
Y EL CINE ESPAÑOL DE LA POSTMODERNIDAD

1. Modernidad–postmodernidad: el rastreo de un concepto

El término "moderno" según Jürgen Habermas:

> se empleó por primera vez a finales del siglo V para distinguir el presente, que se había convertido oficialmente en cristiano, del pasado romano y pagano. Con contenido variable, el término "moderno" expresa una y otra vez la conciencia de una época que se pone en contacto con el pasado de la antigüedad, para verse a sí misma como el resultado de una transición de lo viejo a lo nuevo. ("Modernidad" 87–88)

Sin embargo es a partir del Renacimiento cuando, de acuerdo con Matei Calinescu, se empieza a hablar de modernidad, y queda dividida la historia de Occidente en tres eras: antigüedad, medioevo y modernidad (*Five Faces* 20). Charles Jencks va más allá y precisa las fechas de la modernidad entre 1450 y 1950 ("The Postmodern" 11). Y Anthony Giddens reafirma esta tesis al decir que la modernidad:

> se refiere a los modos de vida y organización social que emergieron en Europa a partir del siglo diecisiete, y cuya influencia se extendió mundialmente. (*The Consecuences* I)

Ello porque el Renacimiento se entiende como un "renacer" de la cultura occidental, a través del acto de convocar el pasado en el presente, tal cual apuntaba Habermas, coincidiendo también esta operación con el parecer de Gianni Vattimo para quien:

> la modernidad se encuentra, de hecho, dominada por la idea de que la historia del pensamiento es una progresiva "ilustración" que se desarrolla a través de una cada vez más completa apropiación y reapropiación de sus propias fundaciones. (*The End of Modernity* 2)

A mediados del siglo XIX, como consecuencia del progreso científico y tecnológico producto de la Revolución Industrial, surge la idea de dos modernidades (Calinescu 41), la idea burguesa de modernidad, que coincide con el fortalecimiento de esta clase social al crear un sistema capitalista de producción, y la idea estética de modernidad preconizada por Baudelaire. Su caracterización de la modernidad se halla en el ensayo "El pintor de la vida moderna" (1863). Para él lo transitorio es el rasgo distintivo de la modernidad:

> es lo efímero, lo fugitivo, lo contingente, la mitad del arte cuya otra mitad es eterna e inmutable. ("On the Essence" 53)

Habermas se hace eco de esta teoría para establecer un vínculo entre lo moderno y lo clásico a través de lo nuevo:

> El rasgo distintivo de las obras que cuentan como modernas es "lo nuevo". La característica de tales obras es "lo nuevo" que será superado y hecho obsoleto por la novedad del próximo estilo. Pero mientras que aquello que simplemente está "de moda" se convertirá pronto en anticuado, lo que es moderno preserva un vínculo secreto con lo clásico. (88)

El rechazo del mercantilismo en favor de lo estético de que hablaba Baudelaire fue desarrollado, primero en Latinoamérica y luego en España, a través del modernismo como movimiento estético surgido de esta operación de poner en contacto lo nuevo con el pasado.

En tal sentido, si bien las investigaciones de Alfredo Roggiano indican que "la palabra modernismo, ya como concepto literario definido, *fue usado por primera vez* por Rubén Darío en 1888" ("Modernismo" 49), me atengo a las investigaciones de autores como Juan Gustavo Cobo Borda (*Letras* 37), y en especial Ivan A. Schulman quien, siguiendo a Clemente Palma, considera a Gutiérrez Nájera y a Martí, y no a Darío y a Casal, como iniciadores del modernismo en Hispanoamérica; por el hecho de que aquellos autores incorporan dentro de sus primeras obras tanto elementos del barroco como de las expresiones artísticas propias del siglo XIX, logrando generar una serie de textos donde todas estas estéticas encuentran su lugar, y se ponen al servicio de la crítica al mercantilismo—materialismo característicos de la economía burguesa:

> Ya desde 1875 Martí y Gutiérrez Nájera estrenaron una prosa distinta en sus tendencias, pero igualmente innovadora. En lugar de la anquilosada expresión literaria que por entonces dominaba en las letras hispánicas, Martí se sirvió de una prosa enraizada en el arte de las grandes figuras del Siglo de Oro, Santa Teresa, Cervantes, Quevedo, Gracián, Saavedra Fajardo, legado enriquecido sobre todo a partir de 1879, con las formas simbolistas, impresionistas y parnasianas. Martí plasmó la tradición hispánica y la novedad francesa en un conjunto armónico, cromático y musical, profundamente suyo. ("Modernismo/modernidad" 19)

En Francia, según Albert Douzat, fueron los hermanos Goncourt quienes usaron por primera vez la palabra modernismo hacia 1859. Pero Roggiano afirma que:

> [n]o podemos probar que los Goncourt usaron por primera vez la palabra "modernisme" en 1858, pero sí que se *aplicó originariamente a la pintura* y que aparece mezclada en sus significados con los conceptos de "moderne" y "modernité". (46)

A mi parecer el modernismo latinoamericano debe considerarse, tal cual apunta Schulman, como:

> un período de hondos buceos en todas las esferas del saber humano, una época de productivos experimentos, de brillantes hallazgos y de fervorosa actividad literaria e intelectual. Pasado su período de mayor

florecimiento sobrevivirá como actitud vital dentro de la modernidad. (14)

Es decir, como un período "que rebasa los límites estrechos y tradicionales de generaciones, escuelas o movimientos" (Picon, *Las entrañas*
23) a favor de un proceso "de alcance epocal y en metamorfosis incesante" (21) que, al trasladarnos al modernismo europeo y norteamericano,
incluye los movimientos estéticos de vanguardia (cubismo, fauvismo,
dadaísmo, futurismo, surrealismo, expresionismo) que se producen
hasta la Segunda Guerra Mundial, así como el abstraccionismo de postguerra, y el surgimiento del pop a mediados de los años cincuenta en
Inglaterra, a partir de las reflexiones del Independent Group: artistas e
intelectuales unidos en torno a la manera como los medios de comunicación de masas empezaban a perfilar la conciencia colectiva (Jencks,
"The Postmodern" 18). Todos estos movimientos coinciden con la actitud propia de la modernidad según Habermas, al "rebelarse contra las
funciones normalizadoras de la tradición" (90). Algo que Lyotard
ejemplifica al decir que:

> [d]ebe sospecharse de todo lo que se ha recibido, aunque haya sido
> apenas ayer. ¿Qué espacio pone en entredicho Cèzanne? el impresio-
> nismo. ¿Qué objetos atacan Picasso y Braque? los de Cèzanne. ¿Con
> qué propuesta rompe Duchamp en 1912? (*The Postmodern* 79)

Ello como reacción, no contra el pasado *per se*, sino —citando a Habermas— contra "una historia neutralizada que está encerrada en el museo del
historicismo" (90), y que lleva al artista a crear "paraísos artificiales" donde,
como Baudelaire, podría escapar "al dolor, la catástrofe y la fatalidad" (*Les
paradis* 291) que la industrialización, los movimientos totalitarios y las dos
guerras mundiales trajeron consigo. Siguiendo a Octavio Paz:

> Tradición no es continuidad sino ruptura y de ahí que no sea inexacto
> llamar a la tradición moderna: tradición de la ruptura ... Lo que distin-
> gue a la modernidad es la crítica: lo nuevo se opone a lo antiguo y esa
> oposición es la *continuidad* de la tradición ... En el arte clásico la nove-
> dad era una variación del modelo; en el barroco una exageración; en el
> moderno una ruptura. (*Corriente* 20)

Si bien Paz se escandalizará ante la manera como el postmodernismo historiará el modernismo, al apuntar, refiriéndose al pop, que:

> nunca se había imitado con tal frenesí y descaro —en nombre de la originalidad, la invención y la novedad. (20)

El término "postmoderno" aparece por primera vez en un libro de Rudolf Pannwitz, *Die Krisis der europaischer Kultur* (1917), "para describir el nihilismo y el colapso de la cultura europea" (Best, *Postmodern* 6) asociado al hombre postmoderno como encarnación del nacionalismo y el militarismo. Arnold Toynbee en los volúmenes VIII y IX de *A Study of History* (1947–54) sugiere que la edad postmoderna empieza en 1875 (6), y Charles Olson lo asocia a los poetas norteamericanos de los años cincuenta en su relación con ciertos escritores modernos como Dostoievsky, Rimbaud y D. H. Lawrence (Calinescu 267-357).

Bernard Rosenberg en su antología *Mass Culture* (1957) habla de la universalidad de la cultura de masas, por su poder para poner en contacto al individuo independientemente del país donde habite, como rasgo distintivo de la postmodernidad (Calinescu 9). Y Houston Smith en su ensayo "The Revolution in Western Thought" sostiene que:

> si en el mundo moderno la realidad se halla ordenada de acuerdo a leyes posibles de entender, en el postmoderno la realidad se torna desordenada e ininteligible. (Calinescu 9)

Quizás sea por ello que Octavio Paz apunta que "el fragmento es la forma que mejor refleja esta realidad en movimiento que vivimos y somos" (*Corriente* i) pues es fragmentariamente, a través de ese sentido de pérdida e impotencia para alcanzar el origen, como mejor puede entenderse el arte postmoderno. Guillermo Sucre se hace eco de esta posición cuando afirmá que en el arte contemporáneo:

> la *totalidad* no es la suma de todo ni la reducción de todo a una coherencia (unidad, se dice) más bien exterior, conceptual. Ya no es posible totalizar sino a partir de lo fragmentario mismo; si hay visiones todavía las hay sólo como en el *aleph* borgiano. Por otra parte, el arte actual no

aspira tanto a encarnar valores como a "descarnarlos": es un arte crítico
e, igualmente, marginal y excéntrico. (15–16)

Uno de los recursos para analizarlo, la alegoría, se caracteriza, según
Walter Benjamin, por su uso de la "fragmentación", "la ambigüedad y
la multiplicidad de sentidos" (*The Origin* 159), "la mirada melancólica"
(183), y la recuperación de "la ruina" (178) como fragmento dable de
permitirnos reconstruir nostálgicamente la grandeza del pasado clásico.

En tal sentido, el arte pop hará uso de estos principios, pero para
apropiarse irónicamente de fragmentos de la historia y de las imágenes
culturales propias de la cultura de masas, a fin de generar nuevas obras y
romper entonces con el concepto de lo nuevo que caracteriza el arte
moderno.

Es así como Jasper Johns, por ejemplo, en *Flag* (1955) hace uso de la
bandera norteamericana con objeto de aludir a los contenidos propios
de un fragmento de la historia de los Estados Unidos y transferir al plano estético la carga alegórica del emblema. Richard Hamilton en su collage *Just What is it that Makes Today's Homes so Different, so Appealing*
(1956), igualmente arma un pastiche con elementos propios de la sociedad de consumo emergente. Roy Lichtenstein, por su parte, en obras
como *Hopeless* (1963) se hace con las imágenes del cómic, y Andy Warhol
en la serie *Marilyn Monroe* (1962) utiliza una foto de la actriz para repetir, como en una cadena de producción, su rostro.

La alegoría, la parodia, la cita, lo decorativo, presentes en todos estos
trabajos, constituyen para Susan Sontag el modo como el arte de los
años sesenta elude el acto de ser interpretado (*Against* 10) de acuerdo
con el racionalismo del mercantilismo estadounidense que pedía contenido, sentido y orden (Best 10). Se hace necesario entonces construir
un teoría que explique el nuevo arte, y es justamente a partir de la reflexión, en cuanto a las formas artísticas surgidas de la sociedad post–
industrial de consumo, de donde saldrán los primeros intentos para es-
tructurarla.

Ihab Hassan en *The Dismemberment of Orpheus* (1971) trata de articular criterios en el uso del término postmodernismo, considerándolo
como un "fenómeno social o quizás una mutación en el humanismo
occidental" (Calinescu 280). Por otra parte, Leslie Fiedler en su ensayo
"The New Mutants" (1964) describe la cultura emergente como una

"post–cultura que rechaza los valores tradicionales" (Best 10); pero no escapando de ellos como en el modernismo, sino apropiándoselos a través de la alegoría, la cita, el pastiche y la parodia. Y George Steiner en *In Bluebeard's Castle* (1971), ataca la nueva post–cultura porque considera que ha destruido los valores sobre los que se apoya la sociedad occidental (Best 12).

Será sin embargo en la arquitectura donde se visualizará más claramente el proyecto de la postmodernidad. Robert Venturi en *Complexity and Contradiction in Architecture* (1966) y *Learning from las Vegas* (1972), Charles Jencks con *The Language of Post–Modern Architecture* (1977) y *Current Architecture* (1982), y Paolo Portoguesi en *After Modern Architecture* (1982) y *Postmodern Architecture, the Architecture of the Post–Industrial Society* (1983), analizan la arquitectura del pasado a la luz de la arquitectura modernista, criticando de ésta el rechazo del ornamento, lo decorativo, la sensualidad de la línea, es decir, su excesivo racionalismo, que:

> la llevó a crear ciudades enteras como Chandigar en la India y Brasilia en Brasil ... [que] por su excesiva simplificación carecían de la complejidad de la vida y la continuidad con el pasado, que cualquier ciudad vieja y deteriorada, con todos sus errores, posee. (*Current* 158)

Crítica que hacen sin negar los logros de la Bauhaus sino más bien integrándolos, pues como Jencks apunta:

> Un edificio postmoderno es en parte moderno y en parte *algo más* ... y busca hacerse inteligible en dos niveles: el de los arquitectos como minoría preocupada, o élite que reconoce las sutiles distinciones de un lenguaje que cambia rápidamente, y el de los habitantes que sólo quieren disfrutarlo. (*Current* 158)

Ese *algo más* [énfasis mío] será justamente la operación por la cual la arquitectura postmoderna se apropie de la modernidad a través de las citas al estilo clásico, gótico, barroco, neoclásico, modernista, art–deco, sin jerarquizarlos, en las obras que se construyen desde mediados de los años 70, tales como la Piazza d'Italia en Nueva Orleáns (1975–80) diseñada por Charles Moore, el edificio Portland en Oregon (l981–83) de

Michael Graves, el de A T&T en Nueva York (1978–82) de Philip Johnson y John Burgee, y el Centro Pompidou en París de Renzo Piasso y Richard Rogers.

El mismo Jencks focalizará una vez más la discusión en los noventa para hacer del postmodernismo una "categoría permanente" vista desde el "pluralismo" como condición en la cual la mayor parte de los críticos concuerdan ("The Post–Modern" 11), a través de un "eclecticismo radical" ("Post–Modernism" 6) apoyado en un discurso que simultáneamente reafirma y niega las estructuras de poder existentes ("The Post–Modern" 13), inscribiendo y cuestionando gustos diversos y formas opuestas de reflexionar.

La combinación de estilos presente en la arquitectura postmoderna, su capacidad para devolverse hacia la modernidad anterior como memoria; su uso de la paradoja, la ironía, el pastiche; el quiebre de las fronteras entre el original y la copia, son características que hallaremos también en la literatura y el cine postmodernos.

2. Literatura postmoderna: ese *algo más* del lenguaje

En la edición del año 82 de *The Dismemberment of Orpheus* (267–68), Ihab Hassan proporciona una tabla de oposiciones estilísticas entre la literatura moderna y la literatura postmoderna. Y en su ensayo "Pluralism in Postmodern Perspective" sumariza en once las directrices del término postmoderno.

Matei Calinescu, por su parte, apunta dos listas de autores: una a la que denomina "el núcleo histórico del postmodernismo" y que incluiría a los poetas del grupo Black Mountain (Charles Olson, Robert Duncan, Robert Creely), los Beats (Allen Ginsberg, Jack Kerouac, Laurence Ferlinghetti, Gregory Corso), los representantes de la llamada San Francisco Renaissance (Gary Snyder) y los de la New York School (John Ashbery, Kenneth Koch). Entre los narradores Calinescu ubica a John Barth, Thomas Pynchon, William Gaddis, Robert Coover, John Hawkes, Donald Barthelme, Raymond Federman y Ronald Sukenick (297). Y otra lista que comprende el *corpus* de los autores, en su opinión, netamente postmodernos: Julio Cortázar, Gabriel García Márquez, Carlos Fuentes, Guillermo Cabrera Infante y "tal vez" Manuel Puig (en Latinoamérica); Thomas Bernhard, Peter Handkle, Botho Strauss (en Alemania y Austria); Italo Calvino y Umberto Eco (en Italia); Alasdair Gray, Christine Brooke–Rose, Iris Murdoch, John Fowles, Tom Stoppard y D.M. Thomas (en Gran Bretaña); Michel Butor, Alain Robbe–Grillet y Claude Simon (en Francia); y los "extraterritoriales" como Milan Kundera (301).

Con relación a Hispanoamérica, ya en 1960 Octavio Corvalán con su libro *El Postmodernismo*, siguiendo a Federico de Onís asoció el modernismo a la vanguardia hispanoamericana. Y aquí es interesante observar que algunas de sus "directrices del postmodernismo", como la fragmentación y el rescate de la nostalgia del romanticismo, coinciden con las de Ihab Hassan publicadas en "Pluralism and Postmodern Perspective" 26 años después.

Por su lado Roberto González Echevarría, para explicar el lugar de Severo Sarduy dentro de este esquema, se apoya en las propuestas de John Barth y Jean–François Lyotard, apuntando que:

> [L]a narrativa postmoderna debe narrar historias ... No cabe duda de que lo que Barth y sus fuentes llaman literatura moderna corresponde a la novelística del *Boom*, en especial *Rayuela* de Cortázar (no los cuentos que serían, tal vez, postmodernos), *La muerte de Artemio Cruz, El obsceno pájaro de la noche, Tres tristes tigres*, novelas todas profundamente marcadas por Joyce, por Faulkner y por la poesía. (*La ruta* 247)

De lo cual el autor infiere que "moderno equivale a *Boom*, y que, por lo tanto, postmoderno equivale a post–*Boom*" (248).

La novelística de Sarduy quedaría, según González Echevarría, ubicada tanto en la modernidad como en la postmodernidad:

> Las obras del *Boom*, según acabamos de apuntar, sobre todo *Rayuela*, pusieron en entredicho el argumento, sometiéndolo a veces a una pulverización que no le permitía, ni aún al lector más tenaz, reconocer el hilo de la historia. En Sarduy esta etapa corresponde a *De donde son los cantantes* y *Cobra*. A partir de *Maitreya* hay un regreso al argumento, del relato, de la historia como elemento vertebrador del texto. (249)

2.1. La narrativa hispanoamericana postmoderna: escribir desde los márgenes

Me parece importante traer a colación y a ritmo de ametralladora estas clasificaciones, ya de por sí contradictorias, para mostrar lo resbaladizo del terreno sobre el que se asienta cualquier afán de catalogar las obras y perfilar los límites donde encerrar hoy escuelas, tendencias, movimientos y estilos. Pues ¿no resulta ser acaso este empeño delimitador un gesto inútil, en un mundo que aboga por la permeabilidad y una visión múltiple, para poder reconstruir el mapa baudrillariano de una realidad cada vez más fragmentaria? Demarcar para tener algo sólido que aferrar al ver que en torno todo se relativiza; como si deslindando el terreno pudiésemos escapar al desmoronamiento de los referentes que tanto nos ayudaron a vivir en el pasado: con la muerte del Dios cristiano "desaparecieron" los dioses paganos;[1] los héroes se despidieron de Alejandría cuando Kavafis le ordenó a Antonio alejarse, sin lágrimas, de esas costas que tanto había amado;[2] y los antihéroes como Don Quijote, quienes dejaban la casa para buscar aventuras condenadas de antemano al fracaso, también han perdido ese "grato aroma de sinceridad" con que Fernando Savater hacía de la derrota una virtud.[3] Incluso la figura del poeta tardíamente arrepentido de lo que no hizo[4] resulta anacrónica,

---

1. "La muerte de Pan, hijo de Hermes y divinidad que rige la parte física de nuestra psique, permitiéndonos relacionarnos con los demás dioses, sucedió, según la leyenda cristiana, el mismo día que Cristo subió a la cruz" (Rivera 59).

2. "Cuando de pronto a medianoche oigas/ pasar una invisible compañía/ con admirables músicas y voces/ no lamentes tu suerte, tus obras/ fracasadas, las ilusiones/ de una vida que llorarías en vano./ Como dispuesto desde hace mucho, como un valiente,/ saluda, saluda a Alejandría que se aleja" (Kavafis 40).

3. "En este mundo de victorias prefabricadas, todo triunfador suena un poco a hueco y en cambio la derrota tiene ese grato aroma de sinceridad. Ese fracaso inalterable, refulgente, es quizá la más actual y permanente lección que Don Quijote puede ofrecer (...) al lector individual de una cultura adoradora del éxito a toda costa" (Savater, *La tarea* 132).

4. "Como el náufrago metódico que contase las olas que le bastan para morir/ que las contase y las volviese a contar, para evitar errores, hasta la última/ hasta aquélla que tiene la estatura de un niño y le cubre la frente/ así he vivido yo, con una vaga pruden-

cuando se piensa cómo el arte y la literatura postmodernos rehuyen los grandes gestos y gestas en que se constituyeron las obras de los modernos.

Y es que si Kafka hizo de su obra un castillo fortificado con incontables fosos, torreones y puentes levadizos para que el lector no pudiese entrar nunca; si Joyce le dió la forma de un laberinto buscando extraviar el sentido y dislocar el lenguaje; si Proust quiso hacer del tiempo una catedral con que recobrar, piedra a piedra, la memoria perdida; no es menos cierto que Gabriel García Márquez, Mario Vargas Llosa o Carlos Fuentes —para nombrar sólo algunos de los autores que, en América Latina, la crítica rescata para el postmodernismo—[5] han hecho una obra excesiva —no del exceso— con pretensiones totalizantes, que carece de la ambigüedad, ironía, artificialización, sentido del humor, desarticulación, nostalgia, carnavalización y, por sobre todo, revalorización de las diferencias y de lo diferente que, a mi entender, debe tener toda obra postmoderna. Pues si algo ha logrado el postmodernismo ha sido desviar la atención del público y la crítica hacia los márgenes desde donde nos habla, ya no el erudito, el político o el diplomático, sino la mujer, el homosexual, la lesbiana, el drogadicto, el transexual, el travesti. Voces que las obras de aquellos autores no privilegian, con lo cual yo diría más bien que eluden la esencia de lo postmoderno; porque aun cuando surgen en un momento en que la estética del pop se apropia de la cultura popular, la mujer empieza a hacerse un espacio en la historia, y los homosexuales y lesbianas luchan por sus derechos; los textos son generalmente elitistas, antifeministas, homófobos y negados a la diferencia. Por todo ello me parece que las obras de aquellos autores se inscriben en la modernidad como obras modernistas, en el sentido amplio dado por Schulman al término, y refrendado por otros investigadores en trabajos más recientes.[6]

En el postmodernismo, la otredad, lo que había quedado relegado por la búsqueda incesante de lo nuevo en el modernismo, pasa a un

---

cia de caballo de cartón en el baño/ sabiendo que jamás me he equivocado en nada/ sino en las cosas que yo más quería" (Lieberman 86).

5. Ver: Julio Ortega, "El postmodernismo en América Latina".

6. Raymond L. Williams, por ejemplo, sostiene que *Cien años de soledad* representa la culminación del proyecto modernista hispanoamericano.

primer plano; de ahí que me interese, justamente, la manera como se ha ido abriendo espacio en Hispanoamérica una literatura de los márgenes en la cual se inscribe el proyecto sarduyano: Reinaldo Arenas, José Balza, Isaac Chocrón, José Vicente De Santis, Roberto Echavarren, Marco Antonio Ettedgui, Cristina Peri Rossi, Manuel Puig, Luis Zapata. Escrituras que considero sugerentes por su capacidad de armar un discurso inter(t)ex(t)ual, de tejido del cuerpo del lenguaje y del lenguaje del cuerpo, sin favorecer un género ni jerarquizar los discursos, sino expresándose indistintamente en prosa y verso, a través del diario, la carta, el cuento, la novela y el ensayo, acudiendo al teatro y al cine, a partir de lo femenino y lo masculino, manifestándose desde el yo y desde el yo del otro, en movimiento constante a lo largo de un *margen*[7] que el autor desvirtúa, y el hablante transgrede liberándose de la especificidad de cánones, escuelas y costumbres. Cuerpo sin órganos entonces, es decir, cuerpo "sin género e inagotable" (Deleuze, *Anti–Oedipus* 8). Cuerpo ~~mo materia que fluye, se desconstruye y se reconstruye. Cuerpo que se enarbola como capital, con distintos valores de cambio,[8] y que produce dividendos para quien lo posee, sea uno mismo o el otro —el caso de los personajes en la novela *Pájaro de mar por tierra* y en la pieza teatral *O.K.* de Isaac Chocrón donde, respectivamente, el hombre joven se vende al mejor postor, o es vendido por su amante quien en plena transacción declara:

> Se hace todos los días por todas partes y con todo tipo de gente. La compra–venta es la ocupación actual y todo lo que nos rodea es un

---

7. "A partir de la escritura/lectura, y de un modo más amplio, a partir de un margen estético, ficticio, lúdico, el hablante puede librarse de las hipóstasis ideológicas que lo encadenan a una identidad, a ciertos términos y ciertos lineamientos de conducta que su medio (familia, trabajo) le adjudica" (Echavarren, *Margen* 8).

8. "El capital es, ciertamente, el cuerpo sin órganos del capitalista ... y produce un superávit del mismo modo como el cuerpo sin órganos se autorreproduce" (Deleuze, *Anti* 10) ... "Un cuerpo 'sin organización'; un cuerpo que se libera de su estado socialmente articulado, disciplinado, semiotizado para desarticularse (como 'organismo'), desmantelarse, desterritorializarse y, por ende, reconstruirse de nuevas maneras" (Best 90–91). A menos que se especifique lo contrario, todas las traducciones son mías.

gran mercado. Aquí el valor, siempre, es material. ¡El valor material! ¿O es que se cree acaso todavía en algún otro tipo de valor? (*O.K.* 141)

Una reflexión llena de ironía, que ya en *Asia y el lejano oriente* Chocrón había llevado al plano corporativo internacional, al describir cómo los habitantes de un país "del lejano oriente" se ponen de acuerdo para vendérselo al mejor postor, y luego irse a vivir al extranjero con los beneficios.

El superávit, producto de la corpor(iz)ación del capital, produce una ganancia que ingresa al circuito transnacional donde las multinacionales controlan y absorben la plusvalía del dinero; algo que ya Fredric Jameson había anotado hace algunos años en su trabajo "Postmodernism or the Cultural Logic of Late Capitalism", al destacar el papel del postmodernismo como la contraparte al capitalismo tardío, donde la transnacionalización del capital y la revolución tecnológica se constituyen en factores dominantes; y que más recientemente, Robin Murray, en su ensayo "Fordism and Post–Fordism", ha perfilado en términos del cambio en las escalas de planta y la flexibilización de la cadena de producción de las empresas, a fin de adecuarlas a la variación de la demanda que aboga por la diferencia y no la masificación: "En vez de imitar a la familia Jones ha habido un desplazamiento hacia diferenciarse de los Jones" (270–71).

El impacto del capitalismo tardío sobre la sociedad postmoderna, ha sido procesado en la periferia acudiendo al pastiche tecno–tropical: lo que Celeste Olalquiaga describe como el "pop post–industrial latinoamericano" (*Megalopolis*, 81–86) puesto a reciclar la cultura propia de los centros a través del imaginario religioso, la música y el cromatismo de la iconografía latinoamericana; pero no con una visión apocalíptica, de rechazo y escapismo al sistema, cual había sido la posición modernista, sino apropiándose de éste a través de la parodia, el humor y la carnavalización:

> Si las sociedades post–industriales en los países desarrollados asumen la decadencia de la creencia moderna en el progreso, con melancolía o una desilusión que estiliza la ruina —tal como hace el punk— el "subdesarrollo" carnavaliza esta decadencia. (*Megalopolis* 84)

El resultado es un producto único que no sólo sintetiza ambas realidades sino las subvierte, reinterpreta y abre hacia múltiples lecturas, permitiendo rodarnos de la periferia subdesarrollada a los centros hiperdesarrollados y viceversa. Cultura del injerto llevándonos de una estética a la otra, a fin de reencontrarla en un contexto que ha dejado de ser ajeno: "Carmen Miranda en Tokio 1987" (*Megalopolis* 83), Isaac Mizrahi en la Cuba de Fidel (*Viaje a la Habana*), *Dinasty* en el Delta del Orinoco (*Medianoche en video: 1/5*) o *Sunset Boulevard* en Vallejos (*La traición de Rita Hayworth*); con lo que quedan desfasadas las apreciaciones de ciertos sectores de la crítica en cuanto a la inexistencia de una cultura postmodernista en Latinoamérica.[9] Especialmente cuando los centros se van "tercermundizando" como consecuencia de las inmigraciones provenientes de la periferia, y aumenta la presión por parte de los grupos oprimidos de las sociedades industrializadas para ser reconocidos por el sistema.

En la periferia las nuevas generaciones empiezan a reflejarse sobre un espejo productivo que de ningún modo es nítido, sino que está surcado por las fallas del régimen: dependencia tecnológica, colonialismo, corrupción interna, producción de exportación concentrada en el sector primario, falta de liderazgo por parte de las generaciones de relevo, anquilosamiento y deterioro de las estructuras educativas, culturales y políticas existentes.

En Venezuela, por ejemplo, Marco Antonio Ettedgui predijo con sus trabajos de teatro, performance, poesía y periodismo cultural, la emergencia —en su doble acepción— de un grupo de artistas y escritores para quienes el reto sería, justamente, la concepción de una obra que pudiera ser desconstruida y reciclada, con objeto de reinventar las culturas coexistentes, en una situación de extrema precariedad socioeconómica y política en la periferia, y una presión y competencia renovadas de los centros para acaparar los mercados donde colocar sus excedentes:

---

9. "Huelga decir que en Hispano América las estructuras económicas no han alcanzado el nivel de desarrollo previsto por Bell para que en ellas se evidencien las manifestaciones de la cultura posmodernista, en especial, las formas apocalípticas y hedonistas, que él asocia con la libertad moral anti–burguesa del posmodernismo" (Picon, *Las entrañas* 30).

"Los novísimos venezolanos somos los artistas más preparados para subsistir en medios agresivos desde Michelangelo", afirmó en "Post–Punkcake", evento para la serie informal *Arteología* basada en el cuerpo como pieza de arte viviendo en un mundo amenazado por la guerra nuclear.

Si bien Ettedgui murió a los veintidós años, dejó una obra sugerente,[10] concebida con una clara conciencia de ruptura de las fronteras entre *low* y *high art*, que se observa especialmente en sus trabajos de arte conceptual. Aquí fiestas familiares como el cumpleaños del artista y el Día de la Madre, o una situación límite cual fue la hospitalización del propio autor para extraerle un cálculo renal, sirven de fondo para una reflexión sobre el clima sociopolítico latinoamericano, en sociedades amenazadas por el centralismo tecnológico que desequilibra y da origen a la formación de un nuevo orden económico, donde la periferia permanece agobiada por el intervencionismo de las transnacionales y una deuda externa que nunca podrá pagar:

> Me he propuesto pertenecer al grupo de artistas que, actuando de determinada índole, contraen entre sí una serie de relaciones socio–artísticas determinadas por la observación empírica y la escultura del relieve concreto de lo real estético ante la política y la producción. (219)

Ello aludiendo en los textos a los movimientos de vanguardia, especialmente al surrealismo y al dadaísmo; textos que leía en sus performances mientras bailaba ritmos caribeños sobre un escenario a base de televisores, computadoras y altares populares, acompañado por travestis, homosexuales, lesbianas y drogadictos, y donde paulatinamente el público asistente se iba incorporando hasta terminar los eventos en una gran fiesta tecno–retro–kitsch. Del mismo modo, sus trabajos poéticos y las piezas teatrales favorecen una estructura rizomática[11] que abre el

---

10. En este sentido remito al libro sobre el autor, editado por mí, que reúne una muestra significativa de sus textos en poesía, teatro y arte conceptual.

11. Al hablar de la estructura rizomática me remito a la sección primera del libro de Deleuze/Guattari *A Thousand Plateaus* 3–26, así como a la interpretación que Best & Kellner hacen de la misma en su *Postmodern Theory* 97–104.

lenguaje hacia una pluralidad semiótica donde el placer y el deseo también son múltiples. Múltiples niveles de significados en que el lenguaje se expande hasta conformar un texto como el mapa baudrillariano[12] cuyos fragmentos se descomponen lentamente:

> un personaje me tiene con la cabeza hecha trizas porque me la arroja con su magia por un campo de análisis estructural un código sin mensaje sigue siendo un código escrito sin lengua con la mano puesta sobre el objeto donde se dibuja los controles se estratificaron en un *statu quo* decadente ante la arquitectura historicidad y creativismo del cuadro un modelo operativo da más pie para limpiarme un zapato bicolor con una fotonovela mexicana en dibujo es subversivo esta ideología de soplar la espuma de la cerveza cae a veces en un conflicto consigo misma con la espuma en sí víctima la separación se golpea bebida y *strip–tease* es una clientela de jóvenes los que aman al héroe a la heroína. (Ettedgui 68)

De alguna manera esta visión dislocada de la realidad, en que el sentido se logra por un proceso de ensamblaje entre las partes, siguiendo un movimiento expansivo de las líneas significativas, se halla también en la obra de Roberto Echavarren; obra que como la orquídea deleuziana,[13] se desterritorializa al expandirse hacia la crítica, la poesía, el cine, y la narrativa, y se reterritorializa a través de un lenguaje común: "avispa" que la poliniza, de un medio a otro, mimetizándola:

> Yo sin duda estaré para rendir tus labios a la música. "El órgano de la catedral ya no daba sonidos". Y nosotros tampoco, Unos pantalones desvaídos y rosados arrojaba la marea. Los vimos y fuimos todos uno en

------

12. "Es el mapa el que genera el territorio cuyos fragmentos se descomponen lentamente a lo largo del mismo" (Baudrillard, "The Precession" 253).

13. "La orquídea se desterritorializa al formar una imagen, el rastro de una avispa; pero la avispa se territorializa en esa imagen. Sin embargo la avispa es desterritorializada, al convertirse en parte del aparato productivo de la orquídea, y se reterritorializa al transportar su polen. La avispa y la orquídea al ser elementos heterogéneos forman un rizoma. Podría decirse que la orquídea imita a la avispa, reproduciendo su imagen de modos diversos (mímesis, simulacro, seducción, etc.)" (Deleuze, *A Thousand* 10).

saludarlos. Más tarde, junto a la higuera el huso horizontal de una segadora mecánica —verde, azul— rompió con una vibración monótona el campo electrizado. ¿Cómo vive el amor en el sonido reacio a toda configuración práctica de la memoria social? (*La planicie* 56)

Los jóvenes tienen un resplandor enigmático, son una vejiga que resplandece e ilumina un enigma que después se borra. No son música; ciertas músicas, ciertos pasos de baile, vehiculan su resplandor. Basta encontrarlos en lo real para sufrir el imperativo. (*Margen* 73)

Any of these pugs, sodden, drenched in the same golden goo by golly pose and cavort, squabble masklike make up and bouffant hairdo, sexfroth, jaundiced skewed romps, a tearjerker downbeat, a hoard of the dead milling around in the neon, jostling for position, garishly campy on a raft, terrorized by a floating black spot, lots of gore. Their juggernaut campaign finally crashed. A stakeout is trundled forward on convenient occasions. (*Atlantic* 2)

Tu ropa, como la mía, eran restos que vendían por centavos los negros cerca de la playa, camisetas agujereadas y pantalones descosidos, con los fundillos ajustados a las pantorrillas, de pescador, a veces cortos, a veces remangados, botas puntiagudas de cuero corroído o de gamuza oscura. (*Ave Roc* 77)

Con lo cual el poema, el texto crítico, la novela y el guión cinematográfico, respectivamente, se aúnan en un proyecto que, utilizando los códigos de cada uno de los medios donde se expresan, evidencian idéntica fascinación por poner a prueba la resistencia del lenguaje, que no sólo representa, sino también se aboca a un proceso de simulación y seducción. La ambigüedad, la seducción y el simulacro son entonces coordenadas que guían la expansión de las líneas significativas hacia la interpretación de la realidad sin categorizarla; de ahí que el texto sea una superficie, "una *planicie mojada* donde el lenguaje es el chorro de agua que se pone y el parabrisas limpia para renovar la memoria en lo húmedo de esa misma superficie" (Varderi, "Más que" 25). Superficie "de transformaciones ilimitadas", diría Sarduy (*La simulación* 67) en la cual espejean tanto la música —el rock especialmente— como la reflexión crí-

tica –a partir de las teorías del lenguaje, el psicoanálisis, el estructuralismo, la filosofía–, y la androginia de los cuerpos que sobre ella se refle-
jan. Observado todo por Echavarren con la intensidad del ojo cercena-
do del surrealismo buñueliano: alegoría de lo irrepresentable que
reflexiona en torno a los límites de la representación, anticipando la imposibilidad para poder volver a mirar el mundo con un sentido exclusivamente racionalista y totalizador.

La mirada abierta, presta a recibir, ser penetrada por ese *algo más* del
lenguaje, tiene en los ejercicios narrativos de José Balza, como en las
"poesías verticales" de Roberto Juarroz, el espejismo de una continuidad
que, si en Juarroz teje una red que hila desde el título la totalidad de la
obra, y podemos definir como "la perpendicular de palabras que corta el
plano del horizonte poético constituido por todas las imágenes posibles"
(Varderi, *Anotaciones* 65); en Balza el encadenamiento se logra decons-
truyendo la catedral proustiana en múltiples capillas, donde el lector
comulga en una necesidad única por recobrar la memoria perdida, pero
en la intimidad de un recinto mínimo que no obstante encierra todos
los símbolos de la fe.

"Ejercicios narrativos", entonces, breves pero intensos; instantes
mágicos que estallan y se imbrican como tejido compuesto por muchas
texturas diferentes; especie de edredón poético, cosido en base a retazos
que el recuerdo recupera momentáneamente, y el lenguaje fija sobre la
página, tal cual apunta Lyda Zacklin siguiendo a Heidegger, "en un
juego de intermitencias" ("Escritura" 11).

De esta manera, la ciudad tropical y el Delta selvático del Orinoco, espacios geográficos que la escritura de Balza privilegia, le permiten al autor
ubicar instantes –que no instantáneas– del amor, la música, la reflexión
crítica, la sociedad o el cine, en todo su esplendor sens(ori)(u)al: la piel,
los sonidos, el olor y el sabor emergen transparentes, como deslastrados de
todo aquello que pudiese opacarlos y corromperlos. Y es que si algo puede
decirse de esta obra, es la fidelidad y consistencia con que Balza ha sabido
serle fiel a la nitidez de la imagen y la musicalidad del lenguaje; un lenguaje que, con el paso del tiempo, no ha perdido sino ganado notas en la tesi-
tura de su voz –como el cantante quien, en la ejercitación constante, descubre maravillado que puede alcanzar nuevas cotas en su registro.

José Balza nunca ha dejado de sorprenderse (y sorprendernos) ante
esa alquimia del verbo para producir un sonido de realidad nueva: "la

nueva realidad", "el tercer término", "la tercera realidad" de que habla Paz (*El arco* 99–100) donde se condensan el ahora y lo que no es ahora, lo mismo y lo otro: la equitemporalidad, volviendo a Heidegger (Hassan, "Pluralism" 197), que permite la reconstitución del tiempo sin "suprimir el pasado en favor del presente" (*Ibid.*), utilizando aquel pasado para *iluminar* el momento de la lectura.

Escritura porosa entonces, que permeabiliza todos los estratos sociales, todos los paisajes, todas las edades, desde una mirada que no discrimina sino funde: la descripción de un club de sexo en Caracas, por ejemplo, se fusiona con la selva del sur, desde la voz de un locutor de radio que describe a un escultor "ligado al río y al sol, venido a la ciudad porque quizá confundía los edificios con las grandes torres pétreas de Guayana"; o un doctor recordando al hombre que desea, ubicado en "la vasta ciudad moderna, pero también en un remoto rincón de los montes andinos". (*Medianoche* 69)

Ello traza una diferencia importante con la narrativa del post–*boom*, pues es una literatura que privilegia, no al "lector impaciente" de, pongamos por caso, Isabel Allende,[14] sino al que se concede el tiempo para adentrarse en la narración y maneja un espectro amplio de referentes, contradiciendo el aparato productivo de los centros que exige especialización y no dispersión. Aquí se busca a un lector que conozca de ópera y boleros, que domine los códigos urbanos pero entienda el hechizo de la selva, que disfrute la soledad aun cuando sepa interactuar en sociedad e ir del "lenguado con hierbas de Provenza" a la "lapa a lo 'Carmen Luisa'" (*Medianoche*, 89) sin transiciones; pues no existe "una línea exacta, una conclusión invariable. Todo es fértil, ágil, enloquecedor porque puede transformarse incesantemente" (*Marzo anterior* 77) y fluctuar de lo masculino a lo femenino, con la ambigüedad que surge de una mirada doble y dable de recorrer, con idéntico placer, la sensualidad de ambos sexos.

En *Largo*, por ejemplo, donde Adriano necesita adoptar el rol del amante activo para desear a otro hombre, si bien acaba dejándose pene-

---

14. "Es cosa de atrapar al lector en las seis primeras líneas, porque sabes que es un lector impaciente. Tú tienes que agarrarlo y no soltarlo más: tenerlo contigo, decir las cosas concretamente" (Pulido).

trar por el amado. Ello como alegoría de la estrategia del autor para describir su sexo y el del otro indistintamente, con una escritura donde la
forma envuelve al fondo y lo somete poéticamente:

> El proceso de seducción fue rápido. Mi amigo y el adolescente se aleja-
> ron. Los seguí. En la próxima calle, menos iluminada, se besaban.
> Adriano se integraba al otro cuerpo mientras marchaban. Bajo los pri-
> meros árboles de un parque comenzó el abrazo; después no pude dis-
> tinguir sino una sola silueta. En los huecos de las puertas, sobre las ace-
> ras, Adriano y el adolescente se amaban. Antes del amanecer, todos los
> zócalos del sur de la ciudad estaban impregnados de sus caricias. (95)

O Amara, estrella de las telenovelas, retomada por Balza desde la voz
radial en *D*, desplazándose hacia lo femenino como elemento vertebra-
dor en las historias de varios personajes; voces plurales cuyas pasiones, a
la manera de las teleseries norteamericanas, estallan en mitad de una sofisticada fiesta, aun cuando ya no en Texas o California, sino en un bar-
co que, enmarcado por la magnificencia de la selva, navega Orinoco
abajo:

> Entonces, exactamente como nadie pensó que ocurriría, aparece Amara
> Cammarano. Más que entrar, se desliza ... Alta, esbeltísima; los dedos
> graciosamente sueltos; el cabello dando resplandor a la mirada indecisa
> y segura; un algo alado y a la vez animal en la línea del cuello ... En-
> ciende un cigarrillo; cruza las piernas y se inclina un poco, la mano a la
> altura del rostro. El pelo baña su contorno. Así colocada tiene algo de
> adolescente, en atenta manera de recibir. Se iguala a la música: también
> ella prefiere el rasgo recóndito, voraz y ardiente del cello. (*Medianoche*
> 17)

La capacidad de Balza para describirse y describir al otro desde una
escritura bisexual, tiene en Cristina Peri Rossi, el propósito de apropiarse del discurso del otro, para minimizar lo masculino y revelar lo femenino a través de personajes cuya dispersión proviene de su *estado de exilio* permanente. La doble desterritorialización en que Peri Rossi incurre,
por su condición de exilada del país de origen y del cuerpo personal, se
trasvasa a una literatura emancipadora, dado su poder de subvertir los

esquemas de una sociedad, tan patriarcal y falocéntrica cual es la sociedad hispánica, a la vez que critica la xenofobia con que los centros violentan la vida de quienes, por razones políticas, económicas o personales, han decidido abandonar la periferia.

Al hacerse con el lenguaje y el cuerpo del otro, Peri Rossi demuestra que "lo masculino y lo femenino no constituyen por sí mismos entidades estables, sino que están sujetas al intercambio" (Owens 345); algo que si en la literatura hecha por hombres cuenta con una amplia tradición, en los textos escritos por mujeres pocos son los casos donde la autora se hace con el yo del otro, no sólo desde el punto de vista pronominal sino psicológico e incluso físico[15]. Peri Rossi aborda esta tarea y logra resaltar las diferencias, en una operación donde lo masculino es controlado, parodiado y llevado por lo femenino al otro intercambio: el de la compra–venta; ya no para quedárselo, como en *O.K.* de Chocrón, sino para desecharlo. Exilado de ella el hombre se vuelca entonces al mercado de consumo –"y me volví coleccionista, a falta de ella, buscando consuelo en cosas adyacentes" (*El museo* 27)–, pierde su virilidad –Equis en *La nave de los locos*– o regresa a casa de la madre, tal cual le sugiere Aída a su amante en *Solitario de amor*.

La facultad del narrador de Peri Rossi para reorganizarse en el cuerpo del otro y construir a la mujer como presencia, se desplaza en Manuel Puig hacia lo femenino que toma el lugar del yo del narrador a fin de representar, simultáneamente, el mundo interior de la mujer y sus reacciones más íntimas en los instantes del coito y la masturbación; pero no tanto para remarcar las diferencias o revalorizar el propio sexo parodiando al otro, sino para poder Puig diluirse en "ella" hasta ser esa escritura y seducir al hombre. Esta operación toma literalmente cuerpo en un conjunto de mujeres –desde Herminia (*La traición de Rita Hayworth*) hasta Silvia (*Cae la noche tropical*)– puestas a retratar con su pasividad un sometimiento histórico al cual no se rebelan sino internamente buscan; como si su felicidad dependiese de esa fatalidad que se les niega. Efectivamente: pocas son las heroínas que, como Nélida (*Boquitas pin-*

---

15. A este respecto, en carta del 10 de septiembre de 1995, la autora me comentaba: "No hay muchas posiciones posibles acerca del 'otro'; la admiración–sumisión, el dominio–sádico o la difícil empresa de ponerse en su lugar".

tadas), conseguirán un marido y alcanzarán así una cierta estabilidad, aun cuando éste sea un sustituto de aquél en quien habían puesto sus esperanzas; por lo general, o no lo hallarán jamás, cual es el caso de Herminia, o si lo encuentran él nunca llegará para quedarse: sólo hacer "su cosa" y abandonarlas (Maria da Gloria en *Sangre de amor correspondido*) después. Y si como Gladys (*The Buenos Aires Affair*) o Silvia son mujeres independientes, tendrán que pagar con el suicidio o la clandestinidad afectiva el derecho a disponer de *una habitación propia*. En Molina, único personaje abiertamente homosexual de Puig, operará también el proceso de transferencia de lo femenino aunque sin matizarlo, con lo cual él desplegará un comportamiento que en nada se diferencia del de las mujeres: también Molina buscará a un *auténtico* hombre que lo posea y se imponga como el señor de la casa.

Esta uniformización destruye jerarquías y desmantela privilegios; iguala los sexos dentro de un mundo idénticamente opresivo, ajeno y castrador; cual si la cárcel, Vallejos o Cocotá constituyesen un mismo espacio cerrado que enclaustra al cuerpo pero hace patio con la imaginación, pues en lo minúsculo de esos lugares sin relieves, el yo se evade para (re)presentarse ante el otro, a través de imágenes del kitsch popular. El cine del Hollywood de los años treinta y cuarenta, las radionovelas, el tango, las revistas del corazón suministran entonces los escenarios en que un yo, siempre ingenuo, actúa dentro de una realidad "más real que la vida misma": el hiperreal como lugar de la simulación donde, momentáneamente, Molina se transforma en la copia de la mujer pantera de *Cat People*, y Mabel se reviste con el poder corruptor de Jean Harlow en *Red Dust*. Espejismos, todos, puestos a cumplir el objetivo último de Puig: mostrar, desde la revaloración del cliché, la precariedad o monotonía de las vidas de quienes se mueven sobre un doble *margen*: el *de ficción*, contra el cual se contrasta la realidad de los acontecimientos descritos, y el de la sociedad propiamente dicha, con cuya parodización el autor denuncia la homofobia y el sexismo existentes:

> El sexo se me asemeja a un juego placentero, que se agota en sí mismo. No hay sombra de pecado o de culpa en su realización. Quien inventó el pecado sexual, a ése sí sería interesante descubrirlo. Tiendo a creerlo un villano patriarca, el macho, que deseaba diferenciar a la "santa" de la casa de la "puta" de la calle, para mejor controlarlas a ambas. Creó el

concepto de la mancha sexual. En nuestras insoportables tradiciones machistas, las más polarizadas y extendidas creencias asumen esos roles y esas definiciones drásticas ... Estoy contra la identificación de alguien por su actividad sexual, porque el sexo es intrascendente. Al definir a la persona por su actividad sexual, que es íntima, transitoria, se le etiqueta y se le reduce en la proyección de su personalidad. Todo eso es extensión de la mente reaccionaria, sobreviviente a todos los embates de la historia y del desarrollo, capaz de trocar su discurso en muy diversas esferas. (González 62–63)

Rebelarse para revelarse, sedición del margen por seducción, heroismo de la debilidad que se empina sobre las convenciones y se muestra, se despliega. En ninguna otra época histórica como en la postmodernidad las voces marginadas por el sistema político y la normativa social, se han alzado con tanta fuerza para hacerse notar, no tanto con el fin de imponerse sino normalizarse. Y ningún grupo tan decidido a hacerse escuchar como los homosexuales que viven en los centros. La ilusión de tolerancia, sin embargo, con que la homosexualidad ha sido históricamente manipulada en la sociedad hispana, ha contribuido a la inexistencia de organizaciones sólidas desde donde los homosexuales puedan hacer valer sus derechos. Algo catastrófico, especialmente en los noventa, cuando el sida se ha instalado en la periferia, y amenaza con borrar violentamente la vida y la futura obra de tantos creadores en edad productiva. Mientras los centros se organizan, en Iberoamérica opera la moral del miedo, y la enfermedad se ve como una sanción al exceso en que, quien juzga, dice no haber caído. En este sentido, la ignorancia del grueso de la población y el temor irracional al contagio, llevan a exigir se aísle a quienes tienen el virus, patentizándose así la existencia de discriminación: los positivos *versus* los negativos, los inmorales de un lado y los decentes del otro. Se evidencia aquí la hipocresía del colectivo, que resulta aún más grotesca cuando se piensa que un porcentaje importante de personas con sida posee alguna de las cosas que la sociedad envidia al otro: juventud, belleza, talento, inteligencia, dinero, independencia.

En Iberoamérica existe una literatura de temática gay más o menos explítica que la crítica (D. W. Foster, P. J. Smith) ha analizado como construcción de un yo que desde la autobiografía expone sobre un *margen de ficción* su propia identidad o la del otro; pero pocos son los textos donde, a diferencia de la literatura gay de habla inglesa (Paul Monette, Robert Ferro, Christopher Davis), el sida moviliza la escritura, "acosa" –como diría Sarduy–[16] al autor y a los personajes[17].

Jeremías, el replicante, novela testimonio del joven venezolano José Vicente de Santis, se escribe desde ese *nuevo* lugar donde el yo puede ubicarse y hablar; ello desplazándose hacia un él que reterritorializa el proceso de infección, descubrimiento, negación y aceptación del sida por el cual atraviesa quien escribe. La carta, el diario, las conversaciones telefónicas, se imbrican entonces con la descripción de un él puesto a viajar desde Caracas a Europa buscando afianzar una identidad sexual que el trópico le hurta.[18] Allí se prostituye, trabaja como modelo, vive diferentes aventuras sexuales –siempre frustradas–, y al saberse portador del virus ingresa en un monasterio buscando encontrar en la teología una respuesta al porqué de su situación. Lo más interesante del texto es, para mí, observar cómo, siguiendo el proceso de traslación y fragmentación del yo, se puede perfilar la manera en que la sociedad hispana coacciona al enfermo de sida, hasta hacerle arrepentirse de sus "faltas" y obligarle a doblegarse ante la moral del común contra la cual, por haber seguido sus impulsos, había atentado:

> El muchacho, sorprendido, lloraba emocionado, había huido de su casa en Barquisimeto donde su familia, al enterarse de la enfermedad, lo había encerrado bajo llave en una habitación para evitar el contagio y la vergüenza ...

---

16. "El sida es un acoso. Es como si alguien en cualquier momento, con cualquier pretexto, pudiera tocar a la puerta y llevarte para siempre, como si en el aire gravitara un peligro irreconocible que de un instante a otro pudiera solidificarse, cuajar. ¿Quién será el próximo? ¿Por cuánto tiempo vas a escapar? Todo adquiere la gravedad de una amenaza" (*El Cristo* 28).

17. En tal sentido, la antología de Carlos Rodríguez Matos *Poesida*, que reúne textos poéticos de autores latinos, latinoamericanos y españoles contaminados por el sida o abocados a la escritura de la enfermedad misma y sus consecuencias, viene a llenar un vacío importante al tiempo que aúna, a través de un mismo perfil, la labor poética en español sobre el tema.

18. Aquí hago referencia también al video de Irene Sosa *Sexual Exiles*, donde la cineasta explora el modo como otros venezolanos se autoexiliaron para escapar a la represión que la sociedad ejercía sobre su conducta sexual.

[Ella] consultó a su ginecólogo –así me dijo– y éste le advirtió sobre el riesgo de contagio al "tocar las hojas de papel que él ha tocado" y, además, le prohibió rotundamente la posibilidad de contacto alguno. "Al hablarte –parece que también le dijo– pueden saltarte chispitas de saliva y te contagias"...

Ya decidida su clausura quiso decir un adiós a toda voz. Habló por prensa, radio y televisión, quiso que lo viesen como un homosexual arrepentido, como un condenado a muerte que la enfrentaba con valentía y amor, como alguien feliz por el inminente encuentro con Dios. Las reacciones de amor y solidaridad vinieron de todas partes. (160–63)

En el otro extremo del deseo –quizás porque son textos escritos *antes* del miedo– Luis Zapata explora abiertamente las relaciones homosexuales de la sociedad urbana en México, apropiándose del *argot* juvenil que, literalmente, cita sobre una cuartilla activa. Activa, pues los continuos blancos, que el uso del diccionario, la carta (*En jirones*) y la voz grabada (*El vampiro de la colonia Roma*) inscriben sobre ella, tomarán el lugar del signo ortográfico, constituyéndose en espacios que –como los de los marcos con espejos puestos a *revelar* al espectador, en las fotografías homoeróticas de Robert Mapplethorpe– se transforman en páginas vacías de un diario abierto esperando por nuestra escritura, a fin de exponer la identidad, las aprensiones y las fantasías eróticas del lector, y confrontarlas con las de los personajes.

En jirones hace este proceso de identificación particularmente interesante porque atrae hacia el margen, no sólo el tono confesional de la sexualidad en *El vampiro*, sino el abanico de relaciones transtextuales propias del texto postmoderno. Los intertextos que citan, aluden, plagian las letras de los boleros y rancheras, en las voces de los "modernos" como Javier Solís, y los "postmodernos" como Juan Gabriel, así como el melodrama del cine mexicano de entreguerras y del Hollywood de los años cuarenta, orientan los distintos estadios de la pasión amorosa que atraviesa la relación entre A y Sebastián: la sorpresa, el hechizo, la entrega, la traición, la pelea, el desencanto, el abandono, el despecho, la desesperación, el regreso, el arrepentimiento, el perdón, la dependencia, el miedo a la costumbre, la huida, y la nostalgia tras el adiós definitivo, se imbrican con aquellos iconos de la cultura popular, en los espacios que ellos mismos privilegian –la sala de cine, el bar, y la intimidad de la casa o el automóvil.

Aquí se escenifica "esta novela que dizque trata de amores –aunque quizás hubiese preferido sea canción de Juan Gabriel–", como el mismo Zapata asegura, en la dedicatoria al dueño de la copia por mí consultada; amores fraccionados, tortuosos, intensos y fugaces que deslegitiman los códigos sociales tradicionales a favor de las *petites histoires* puestas a "preservar la heterogeneidad de los juegos del lenguaje" (Hassan, "Pluralism" 196). "Vivo instalado cómodamente entre los pliegues de la petite histoire", reconoce Sebastián en uno de los respiros de la pasión, mientras se entretiene con sus pensamientos escuchando "Somos novios" de Armando Manzanero, y alude a la necesidad de ir con frecuencia al cine con A para ver "todo tipo de películas", a fin de contrastar las etapas de su expresión afectiva con la "situación fílmica" (Metz, *The Imaginary* 105–8) proyectada; como si sólo abandonándose a ese estado semi–hipnótico, en que el espectador se hunde y el yo se vulnerabiliza, pudiesen los amantes entregarse sin fricciones a las metamorfosis del deseo que tanto les cuesta aceptar cuando dejan la sala, pues entonces desaparece entre ellos esa "amorosa distancia" (Barthes, *The Rustle* 349) que les mantenía próximos pero a la vez a salvo de sí mismos.

La homosexualidad como estigma, concretamente en la sociedad latina, también encuentra eco en la novela: tangencialmente, a través de la historia de Ricardo quien al confesar su inclinación a la familia, es desheredado y repudiado, y como parte de la relación entre A y Sebastián, pues es precisamente el temor de A a aceptarse como homosexual, de caerle a patadas a ese clóset donde se halla encerrado, lo que renueva constantemente los encuentros y aviva el deseo; sólo cuando A se case con una mujer, vuelva a Sebastián derrotado y se "feminice" al dejarse finalmente penetrar por éste, la relación entre ambos se volverá reiterativa y entrará en su fase agónica irreversible:

> Esto nunca va a terminar. Debo aceptar que la relación está condenada a la repetición.
>
> No hay laberintos; ya no habrá sorpresas, sólo la circularidad cada vez más agobiante de la espiral con su engañosa apariencia de evolución, de infinitud ... (*En jirones* 272)

La indiferencia hacia el deseo, surgida de la angustia ante la inescapable circularidad donde se agota la relación amorosa, tiene en *Pájaro de mar por tierra* de Isaac Chocrón la ausencia de autorreferencialidad como detonante. Miguel Antonio Casas Planas, joven, bello y sin ataduras, decide —él también— escapar del trópico caraqueño, pero ya no para hacerse con una identidad sino más bien para deshacerse de ella o, mejor dicho, de lo poco que había acumulado en sus diecinueve años de vida, y que empieza a irse por el inodoro, junto con el pañuelo endurecido por el semen de sus masturbaciones nocturnas, horas antes de tomar el avión que le llevará a descubrir Nueva York. A partir de aquí Chocrón empezará a llenar con las versiones de los otros el lugar del yo que Miguel–Micky va vaciando en tanto pasa por ellos: de la prostitución en Times Square, a su relación con Frank, y su *mariage blanc* con Tina; y de ahí al desencanto con la ciudad, el regreso a Caracas donde conocerá a Gloria —la única mujer sexualmente atractiva para él—, y su misteriosa desaparición en las costas de Aruba sin dejar rastro alguno.

El drástico fraccionamiento del yo de Miguel a manos de los demás, es planteado por Chocrón también fragmentariamente, con la presentación de instantáneas, escenas aisladas en las vidas de quienes, a través de cartas, conversaciones grabadas y telegramas, intentan explicar a Micky explicándose, exponerlo exponiéndose; articular desde sus *petites histoires* la de Miguel, sin caer en cuenta de que lo logrado es la operación contraria, pues en vez de perfilar su yo lo difuminan. Sólo Miguel está en capacidad de mostrarse tal cual quiere que lo vean, pero eso no le interesa: su apatía ante todo le priva de la autosatisfacción que significa el contarse a sí mismo; y en esa falta de egocentrismo es donde reside su inhabilidad para narrarse.

En toda autobiografía hay una dosis de vanidad, una urgencia, una obligación o un deseo de desplegar los triunfos y las miserias; una necesidad a veces de ser amado, admirado, envidiado o compadecido; operación que pretende llenar todos los huecos por donde el yo puede irse a pique, lo cual aleja a los otros en lugar de acercarlos —razón, quizás, del porqué se está tan solo tanto en la cumbre como en el fondo del abismo. Miguel carece de ese gesto; de ahí que sea tan encantador, que atraiga irremediablemente a quien se le acerque, pues es justamente su disponibilidad lo que seduce:

¿Por qué queríamos tragárnoslo? Buena pregunta la que me haces. ¿Por qué despertaba él pasiones en la gente, apetencias? Todo el mundo

> quería poseerlo. ¿Por qué? ¿Cuál era su encanto? A lo mejor el misterio del que te hablé. El misterio en él era mucho más fuerte que en muchos de nosotros. Lo tenía más adentro. A lo mejor no era el misterio sino la generosidad con que se daba cuando quería darse. Una no podía tener confianza en él, estar segura totalmente de que lo tenías a tu lado. Eso era imposible. Pero cuando lo tenías, lo tenías tan completamente, tan incondicionalmente, tan generosamente, generosidad es la palabra, que entonces a mí no me importaba no poder tenerlo todo el tiempo. (148)

Por supuesto ello no es, como supone Gloria, generosidad, tampoco falsa modestia; es más bien el resultado de un desarraigo de la ciudad, la casa y el propio cuerpo, al que Miguel se ve lanzado cuando busca emanciparse de la realidad que lo asfixia e, indirectamente, lo desplaza de los márgenes a un primer plano: de la periferia subdesarrollada a un centro hiperdesarrollado, o subdesarrollado por exceso —como es Nueva York— lo cual, como apunta Vattimo, "es también, al mismo tiempo, liberación de las diferencias" (*The End* 17). Chocrón expresa esta libertad, mostrando una multiplicidad de estilos en el vivir, a través de personajes que, ya sea por su orientación sexual, clase social, o por pertenecer a un grupo minoritario, se desenvuelven en las orillas del sistema. Homosexuales, lesbianas, latinos en Nueva York, mujeres solas, se despliegan, en tanto construyen a Miguel como ficción, enmarcados por el pastiche tecno–tropical latinoamericano, que el Chocrón–personaje parodia enviando un cheque de 100 dólares por adelantado, a todos aquellos a quienes pide le graben, escriban, telegrafíen sus vivencias con Miguel.

Al comprarles a sus narradores la memoria personal y la del otro, el autor–personaje se apropia del yo y del cuerpo simultáneamente, a fin de armar en última instancia una alegoría del sistema capitalista de producción y llevarlo a escala mínima. Ello buscando por último criticar tanto al sistema como a sus hacedores, concentrados en la periferia dentro del sector público. Políticos, funcionarios, tecnócratas, que manejan, deciden y controlan:

> En Venezuela, quien comanda prestigio, quien consigue cosas primero que todo es la tecnocracia. Yo no tengo nada contra los técnicos. Pero creo que la herencia que dejaremos a los que vengan detrás de nosotros,

es una herencia cultural. Aquellos que pretenden gobernar al país deberían saber que ser líder de un país, es también ser líder de las ideas de un país. Y aquí no hay ideas. (*O.K.* 17)

Ni líderes, podría decirse hoy, por eso la inteligencia nunca estará con el Estado, y las ideas más originales tampoco: permanecerán siempre en el margen, con quienes exponen su desarraigo, aunque ya no inconscientemente como Miguel, sino asumiéndolo, dado el desencanto ante un sistema que les ha sido impuesto desde afuera; como si el compromiso de la escritura fuese el de gritar interminablemente para llamarnos la atención sobre las cárceles, persecuciones, destierros y torturas que los personajes sufren, constituyéndose en una prolongación de los tormentos que persiguen a veces al propio autor.

De todas estas observaciones, dentro de la novelística latinoamericana de la postmodernidad, ningún caso es tan claro como el de Reinaldo Arenas, pues su obra se estructura desde el repudio a un sistema que se esperaba hubiese desmantelado el aparato capitalista de producción, a favor de una colectivización de la plusvalía del capital que, por extensión, debería haber privilegiado una apertura hacia los grupos marginados por la idea burguesa de modernidad. Autores contemporáneos a Arenas, como el propio Sarduy, pudieron ponerse físicamente a salvo de la persecución; otros ya consagrados, como Lezama Lima, optaron por el aislamiento al interior de paraísos artificiales, pero que a diferencia de los de Baudelaire se armaban desde una escritura activa, de reapropiación tanto de lo barroco —cual contrapunto a lo que Lezama llama "cansancio" clásico— como del pliegue puesto a arropar las construcciones infinitas de Proust, Borges o Joyce. Sin embargo Reinaldo Arenas se vió empujado a la disidencia, a la denuncia de la condena castrista a las diferencias, especialmente sexuales, asumidas por el autor con toda franqueza:

Los artistas homosexuales en Cuba son perseguidos y discriminados por la pericia y crueldad de un régimen fascista. El homosexual es enemigo de toda tiranía, pues le resta campo de acción y de imaginación. Ergo: toda tiranía persigue a los homosexuales. En Cuba hay cinco leyes represivas contra los homosexuales: desde la llamada *Ley de la Peligrosidad*, hasta la *Ley del Desarrollo Normal Sexual de la Juventud y de la*

Familia, que pueden condenar a la persona homosexual de un año a pena de muerte. (Terra 19)

La desesperada necesidad de evadirse de la intolerancia será entonces lo que movilizará la obra adulta de Reinaldo Arenas, tal cual el cine había hecho al actuar como válvula de escape y elemento instigador en la escritura de sus textos adolescentes nunca publicados (*Antes que anochezca* 57).

El "Primer viaje", de los tres agrupados en la novela *Viaje a la Habana*, de algún modo espejea las constantes del desarraigo de Arenas, movido por la nostalgia hacia el mundo de afuera que Eva y Ricardo sienten (a)islados en Cuba. Texto interesante pues recorre la cotidianeidad cubana desde los albores de la caída de Batista hasta principios de los años setenta, a partir de los iconos de la cultura popular, que si en un principio la radio y el cine —como a tantos otros personajes de la novelística latinoamericana— les había traido hasta allí, violentamente se les hurtará hasta que sólo la memoria y la inventiva queden para afrontar un entorno hostil y asfixiante. Al ellos perder la libertad de expresarse, el paisaje se vive como prisión; y al igual que Reinaldo mismo, también Eva y Ricardo deberán inventar, a través de su obsesión por la moda, un paraíso artificial que, si bien no tiene la riqueza léxica de los de Lezama, derrocha ingenio para poder hacerse con las telas, botones y lentejuelas con que mantenerse a salvo del mundo: contra el terror de la dictadura, enarbolar un "traje de mostacillas azules con tachones a punto bajo" (61).

La simulación, al interior del pastiche tecno–tropical, se convierte entonces en la única arma posible para atacar al régimen; de ahí que las alusiones a la música de Bola de Nieve, Pat Boone, Massiel, Rita Pavone o Luisito Aguilé; los films, de *La Dolce Vita* a *Suddenly Last Summer* y *Cleopatra*; los escándalos, de Liz Taylor a Mary McCarthy, se imbriquen con el cuerpo personal y el del poder, que Eva y Ricardo literalmente cubren con ese tejido ... y el otro:

> Para mí tejí, con agujetas de fleje interior, que ya no se ven ni en sombra, unos eslacks negro totí con hilo inglés ... la cartera la tejí con soga Manila ... también me confeccioné un blusón rojo escarlata, combinado con un gorro punzó estilo cúpula tejido a punto araña con las in-

comparables agujetas francesas número 6, de las que ya no hay; guantes a punto calado con hilo osito y, de remate, un mantón semejante a la bandera cubana hecho con hilo chino y estambre español. (22–23)

A medida que el terror se agudiza y la escasez material se impone, más desmesurado se vuelve el doble tejido; como si el exceso del lenguaje y el vestido pudiesen ocultar el horror hasta mimetizarlo con la red que en torno a él tejen los personajes y el autor, en una anamorfosis de irrisión y extravagancia observable, especialmente, en aquellas escenas donde realidad y simulación se superponen hasta darle a los hechos una "nitidez excesiva" (Sarduy, *Ensayos* 68) que los lleva al hiperreal. El desfile del primero de mayo, el Festival de la Canción de Varadero, o el último carnaval se convierten entonces en cuadros de un mismo *trompe–l'oeil*, puesto a representar la historia contemporánea de Cuba sobre un escenario *plus vrai que nature*: la exageración de los vestidos y gestos en Eva y Ricardo, al combinarse con lo linear y lo brusco de movimientos de las fuerzas castristas, revelan, en todo el esplendor de su miseria, una idiosincracia espontáneamente inclinada al cachondeo, el humor, la exuberancia y el placer, que las fuerzas del orden buscan estrangular en tanto ocultan las diferencias.

Revertir dicho proceso ha sido, a mi parecer, uno de los propósitos fundamentales del autor; ello mediante personajes que recrean la biografía del propio Arenas y enarbolan un heroísmo de la resistencia, poco dado a emular tanto los trabajos de Ulises como los de Don Quijote. Ni Eva ni Ricardo están para heroicidades pero lo son por antítesis: "donde todo el mundo es héroe, el único que realmente lo es, es el que no quiere serlo" (*Viaje* 31). Y estas palabras de Ricardo, que Eva recuerda cuando ya el vacío del otro se ha instalado definitivamente en ella, definen al individuo postmoderno, a la vez que se constituyen en una alegoría de los restantes desdoblamientos del escritor –Arturo reconstruyendo en el sueño lo que se había vuelto irrepresentable en la realidad:

biblotecas, grutas, conchas, balanzas ... joyas, y hasta una diamantista encerrada en una bóveda de cristal de luna encargada solamente de pulir pedrerías nupciales. (*Arturo* 81)

O un Fray Servando desmitificado de su rol de prócer de la independencia mexicana, a favor de la pequeña historia del hombre y sus peripecias: obispo de "morada vestimenta, que andaba enredada en la cola de un delfín" (*El mundo* 234). Igualmente, las mujeres de la casa que movilizan la costumbre: barren sin tocar el suelo, sostienen con el dedo a la hija muerta (*El palacio* 198), y hablan del horror en monólogos y diálogos que se imbrican con boletines informativos sobre los avances de la revolución, folletos con consejos de belleza y anuncios de laxantes, obras de teatro y películas de estreno.

Pero si todos estos textos evidencian la puesta en juego de una estrategia donde lo diegético oblitera la mímesis del texto hasta que los narradores establecen una relación casi incestuosa con el autor[19]; *Antes que anochezca* a su vez los opaca, pues como cuerpo autobiográfico se empina por encima de la red intertextual de ambigüedades, rupturas y desplazamientos que constituyen la ficción de Reinaldo Arenas, para exponer abiertamente su yo; exponerlo, a la vez que denuncia el terror del régimen castrista. Aquí es Arenas quien, ubicándose en un primer plano, hace de su *petite histoire* testimonio público de condena y repudio a la Cuba de Fidel Castro. Perversamente alude a la literatura de compromiso, pero su fuerza imaginativa rebasa y supera dicha literatura, hasta el punto de que su autobiografía se lee como ficción. La precariedad que ello conlleva, estalla en el lenguaje puesto, como en Proust, a demorar la muerte; por eso lo autobiográfico se arma desde la explosión de un yo escribiéndose literalmente contra el tiempo, para recuperar el tiempo perdido antes de que la pluma se apague y la vida cese.

Esta recuperación no se hace, por supuesto, emulando el gesto totalizador, abarcante, de la catedral proustiana, sino desde la intemperie que conlleva la ausencia de casa, dada la intolerancia del régimen. Ante estas circunstancias no hay lugar para las grandes victorias sino para los

---

19. "Los narradores en la ficción postmoderna tienden a ser más explícitos en cuanto a los problemas y procedimientos que envuelven el acto de narrar, y muy a menudo los narradores son escritores con una cercana y a veces incestuosa relación con el autor. Encuentro particularmente interesantes aquellos trabajos postmodernistas en los cuales la diégesis es obliterada por la aparición explícita, en el texto, del autor como hacedor de su propia ficción, la ficción que estamos leyendo" (Lodge 193).

pequeños triunfos: una esquina no vigilada donde tener sexo, el refrigerador sin candado para poder aplacar momentáneamente el hambre, unas horas de tranquilidad en una biblioteca donde escribir, se constituyen ahí en los trofeos que enarbola un yo en rebelión contra el ruido de los otros ("El ruido siempre se ha impuesto en mi vida desde la infancia; todo lo que he escrito en mi vida lo he hecho contra el ruido de los demás" 203). Rebelión que da la espalda, sin embargo, tanto a los grandes actos del heroísmo clásico como a su simulación quijotesca, en aras de hacer(se) silencio: callar. Quien más resista vencerá, pues para quien detenta cualquier tipo de poder, todo exceso que no sea el suyo debe ser inmediatamente suprimido. A fin de sobrevivir se hace necesario entonces amoldarse al sistema o aparentarlo.

Arenas pasó por ambos estadios antes de disentir abiertamente, y ser condenado y encarcelado. Una vez en el exilio, se constituyó en juez de quienes no siguieron su ejemplo y se doblegaron o pactaron con el aparataje castrista; algo hasta cierto punto injusto pues el autor no tomó en cuenta la verdad de que "frente a esta enorme maquinaria el hombre aislado se *desespera* y se *somete*" (Savater, "El pesimismo" 125). Pesimismo que ha sido la constante de los intelectuales en Cuba, si bien una vez alcanzado el exilio se han visto absorbidos por otro sistema que también los doblega; pues el post–Fordismo agudiza el horror a través de las nuevas formas de opresión surgidas de la manipulación tecnológica aplicada a todos los discursos, especialmente a la economía que mueve, ordena e impone; hecho éste constatado por el propio Arenas una vez abandonada la isla:

> Mi nuevo mundo no estaba dominado por el poder político, pero sí por ese otro poder también siniestro: el poder del dinero. Después de vivir en este país por algunos años he comprendido que es un país sin alma porque todo está condicionado al dinero. (332)

El impacto de la doble desterritorialización a la cual se vió lanzado al hurtársele el paisaje y sumergírsele en la maquinaria capitalista de producción, fue asimilado no pasiva sino activamente desde una rebelión continua contra todo aquello que representase un conformismo hacia el sistema, en cuyo paisaje también se sentía ajeno. A diferencia de muchos exiliados, quienes vieron en los centros una oportunidad de hacerse con todo lo que habían dejado o nunca habían tenido en la periferia, Reinaldo Arenas desde la disidencia se mantuvo apegado a un margen que la ficción siguió transgrediendo y la vida continuó poniendo a prueba, hasta que el sida acabó por destruirlo, en un momento cuando el propio deseo había hecho aflorar en él el instinto de muerte (Deleuze, *Anti* 223), llevándole a racionalizar lo insoluble, es decir, el hecho de que ya no era objeto del deseo de los otros:

> En realidad no voy a decir que quisiera morirme, pero considero que, cuando no hay otra opción que el sufrimiento y el dolor sin esperanzas, la muerte es mil veces mejor. Por otra parte, hacía unos meses había entrado en un urinario, y no se había producido esa sensación de expectación y complicidad que siempre se había producido. Nadie me había hecho caso, y los que allí estaban habían seguido con sus juegos eróticos. Yo ya no existía. No era joven. (9)

El sida como construcción netamente postmoderna y de cuyo devenir la palabra "plaga" constituye la mejor metáfora (Sontag, *AIDS* 132) cuenta ya con una larga lista de vacíos a la cual también se ha sumado Severo Sarduy. Las connotaciones de castigo divino, virus artificial, "acoso" o "calamidad" —en palabras de Sarduy y Arenas, respectivamente— siguen nombrando a la enfermedad, al tiempo que signan el comportamiento del enfermo quien en un principio la niega, como hace Sarduy:

> He pasado verdadero pánico hasta que me hice la prueba del SIDA y dió negativo. A partir de ese momento tengo un cuidado tremendo. (Díaz 176)

O la parcela, cual hace Arenas:

> Los gobernantes del mundo entero, la clase reaccionaria siempre en el poder y los poderosos bajo cualquier sistema, tienen que sentirse muy contentos con el SIDA, pues gran parte de la población marginal que no aspira más que a vivir y, por lo tanto, es enemiga de todo dogma e hipocresía política, desaparecerá con esta calamidad. (*Antes* 15)

Ello quizás porque, como exceso, el sida desestabiliza a la sociedad, que busca destruirlo destruyendo a la víctima, como una manera de mostrar su impotencia ante tal desmesura.

Pero finalmente el enfermo acepta el sida y se resigna, al interior de un marco de menoscabo social, pérdida de solidaridad, y lugar donde el sexo ha profundizado en su labor de anonimato, pues no sólo ha perdido el rostro sino también el cuerpo: sexo sin cuerpo, cuerpo sin órganos, sexo sin órganos entonces, al haber sido éstos privados de sus funciones naturales de segregar para llenar la noche solar del otro (Bataille, *Visions* 9); con lo cual el coito ha dejado de ser la simulación de un crimen (*Id.* 5), para transformarse en el simulacro de sí mismo a fin de impedir ese crimen. Sólo travistiendo la cópula puede evitarse la muerte: condones para detener la entrada del semen, guantes para eludir el tacto de la sangre anal o vaginal, sorteamiento de las lenguas buscando obstaculizar el intercambio de saliva, se constituyen ahí en instrumentos de la mímesis.

Al haber dejado de ser la práctica del sexo algo natural, el individuo postmoderno ha perdido el último reducto que se resistía a la artificialización, quedando definitivamente encapsulado en un mundo de simulaciones controladas. Tal estado de cosas ha agudizado el sentimiento de melancolía y nostalgia por lo real, que parece tener ese grato aroma de sinceridad y autenticidad que su simulación no tiene; quizás sea por eso que la publicidad nos advierte del peligro representado por las imitaciones, y nos conmina a consumir "*the real thing*" pero a través de imágenes propias de la realidad virtual que sugieren todo lo contrario, pues como imágenes computarizadas acaban por simular esa realidad que pretenden vendernos.

¿Añoranza de lo moderno? ¿Desilusión ante la manipulación de la cual somos constantemente objeto? ¿Necesidad de inscribir en la piel lo que *dejó marca* antes de que, como con el sida, el tatuaje se desintegre bajo las lesiones infringidas por la simulación sobre lo real? Severo Sarduy se afilia a estas interrogantes (Guerrero, "Reflexión") que *Cocuyo* recrea, siguiendo la tendencia reconstructiva del yo a la cual las manifestaciones estéticas del fin de milenio se abocan, especialmente en los centros.[20] Ello volviendo a una autorreferencialidad que pareciera ha-

20. Exposiciones como "Magiciens de la Terre" en París, "The Decade Show" y "The Whitney 93 Biennal" en Nueva York, se hacen eco de este proceso reconstructivo

berse desintegrado entre los restos de una modernidad en ruinas: reconstruir el cuerpo para tener un enclave sólido donde aferrarse cuando alrededor todo se pulveriza.

Y es que si la escritura de Sarduy, en novelas como *Cobra* y *Maitreya*, se había hecho cómplice del mismo afán por crear en torno al cuerpo un tramado de géneros, estilos y tendencias, de un modo similar a la arquitectura y las diversas manifestaciones estéticas de la postmodernidad, a partir de *Colibrí* se inscribe en su tendencia revalorizadora, también presente en trabajos como los de Cindy Sherman, Sue Williams y Sherry Levine. Un arte donde se denuncia el daño que ocasiona al individuo el hecho de no ser "dueño de su cuerpo ni de su destino" (*Cocuyo* 179), a través de imágenes fotográficas y plásticas que pretenden denunciar el incremento de la pobreza y la mercantilización de la piel, hasta mimetizarla con el entorno. Algo que en la periferia ha ocurrido siempre, pero que en los centros se constituye en un fenómeno netamente postmoderno, pues ha sido en las últimas décadas del siglo cuando la especulación exacerbada en el mercado de bienes raíces y la bolsa, las crecientes inmigraciones de los sectores más deprimidos de la periferia, y la drástica reducción de la demanda laboral, han lanzado a la calle un gran contingente de gentes sin hogar que, como bien apunta Celeste Olalquiaga, "parecen una extensión natural del escenario urbano" (*Megalopolis* 18).

Es pues en la revalorización del cuerpo, de las diferencias y de lo diferente donde reside el poder renovador de la literatura postmoderna. Como apunta Evodio Escalante, a propósito del libro *La divina pareja. Historia y mito en Octavio Paz*:

> El énfasis entonces está en el cuerpo. Aclaremos: no se erige el cuerpo, así en general, en un nuevo fetiche transcultural, en una especie de ob-

---

al mostrarnos el trabajo de artistas que en muchos casos no habían tenido acceso a los espacios institucionales. Trabajos polémicos pues han llevado a ciertos críticos a cuestionar el concepto de calidad (Brenson); por el hecho de que la urgencia, violencia y furia con la cual se busca afianzar una identidad —denunciando el racismo, la homofobia y la marginación de las diferencias—, llevan al artista a privilegiar más el contenido que la estética de la obra.

jetividad metafísica capaz de fundar y resistir todas las pruebas. Digamos, más bien, que hay un criterio corporal, no porque consista en un conjunto de reacciones establecidas sino sobre todo porque se trata de un criterio diferencial, que permite las diferencias, y que establece las verdaderas distancias, ya que son distancias de valoración. (72)

Ahondar en tales diferencias, y crear una zona de concertación entre las mismas, será el reto de la literatura del nuevo milenio que ya se augura signado por una cada vez mayor radicalización de las luchas étnicas, sociales, sexuales y religiosas; sin embargo los resultados aún están por verse.

3. El cine postmoderno y su relación con las vanguardias

Para llegar hasta el cine postmoderno o postvanguardista es necesario recorrer la evolución de las vanguardias fílmicas, surgidas con la invención del cinematógrafo y que se suceden hasta finales de la década del setenta. En otras palabras, conlleva perfilar las directrices del cine como construcción eminentemente moderna, creado pocos años antes de las primeras vanguardias artísticas y rápidamente apropiado por éstas. Ello sin perder de vista el hecho de que el cine postmoderno, por su poder de subvertir las fronteras entre pasado y presente, "confunde" épocas y estilos pudiendo incluso ser moderno en sus técnicas y premoderno en lo que al referente histórico respecta, tal cual observamos en films como *Caravaggio* (1986) y *Edward II* (1991) de Derek Jarman, y *The Cook, the Thief, His Wife & Her Lover* (1989) de Peter Greenaway, donde las citas a la antigüedad, el medioevo y lo moderno se intertextualizan con nuestra contemporaneidad.

El cuestionamiento de la cultura ya establecida que impulsó las vanguardias literarias y artísticas ha obtenido eco en el cine, desde la vanguardia heroica (Eisenstein) hasta la post–vanguardia, pasando por la vanguardia purista y la vanguardia radical (Cocteau, Buñuel, Warhol) –según la clasificación hecha por Charles Jencks ("The Post–Avant" 215–24).

De este modo, el cine de vanguardia ha buscado atacar el cine de masas, por su poder de propagar la cultura capitalista, –tal cual se refleja en el cine soviético: Eisenstein, Pudovkin, Dovzhenko, Vertov (Mc.Donald 3), que en Luis Buñuel, con relación a *El acorazado Potemkin*, tanto influyó en despertar su vocación (*Mi último* 88). O como el cine surrealista de este último y de Cocteau, que ha querido reaccionar contra el racionalismo modernista, teniendo así un influjo fundamental en el cine vanguardista de Maya Deren, Gregory Markopoulos, Kenneth Anger y Stan Brakhage, posterior a la Segunda Guerra Mundial (Hoberman, "After" 61). Un cine nacido a su vez para contrarrestar el *studio system* con su visión edulcorada, asfixiante y artificializada de la clase media, tal cual se presenta en, por ejemplo, los melodramas de Nicholas Ray, Douglas Sirk y Vincent Minnelli.

En este sentido el cine de vanguardia buscó alejarse tando del psicodrama de la clase media como de lo complaciente de la cultura de masas, señalizando entonces lo que el cine del *establishment* eludía o tocaba muy tangencialmente: las diferencias sexuales, étnicas, raciales, los conflictos de los sectores marginados por la sociedad de consumo, y los logros de sistemas alternativos al capitalismo. Sólo el cine pre–código de Hollywood podría haberse acercado a la libertad y poder de subversión del cine vanguardista, pero con el Código de Censura se abre definitivamente la brecha entre el cine comercial y el de vanguardia. Además, si privilegiar la figura del *auteur* sobre la *star* fue siempre característico del cine de vanguardia, a partir de la postguerra:

> la metáfora del autor se convirtió en elemento estructurador clave, sometiendo a su influjo la teoría fílmica, la crítica y, en ocasiones, la práctica cinematográfica. (Stam, *Reflexivity* 97)

A través de tal operación, el cineasta llega a concebir un film como *chef d'ouvre*, compartiendo así con la novela realista del siglo XIX el placer por la obra bien hecha (*la pièce bien faite*) a fin de, parafraseando a Flaubert, "educar" al espectador y llevarlo a observar la realidad desde su personal visión. Tal cual Fredric Jameson apunta:

> La estética modernista se encuentra de alguna manera ligada a la concepción de un yo único y personal, que concibe una visión singular del mundo, y crea un estilo único e inconfundible. (*Postmodern Culture* 114)

André Bazin en "The Evolution of the Language of the Cinema" reafirma esta opinión a través de su análisis del desarrollo del montaje entre 1928 y 1960, dándole además al autor su estatus como artista al mismo nivel que el pintor, el dramaturgo y el novelista:

> Desde los años del cine mudo, el montaje evoca lo que el autor quiere decir ... Hoy podemos afirmar, finalmente, que el director escribe a través del film. La imagen ... tiene a su disposición más recursos para manipular la realidad y modificarla desde adentro. El cineasta ya no compite con el pintor y el dramaturgo, y se equipara al novelista. (*Film Theory* 102)

En otro de sus ensayos, "La politique des auteurs" (1957), Bazin mostrará cómo la imagen del autor le permite al crítico ubicar al director dentro de la modernidad:

> Un cineasta puede, en vida, ser rescatado por la ola siguiente. Esto es cierto en los casos de Abel Gance o Stroheim cuya modernidad es hoy mucho más clara. Estoy plenamente consciente de que esto sólo sirve para probar su calidad como *auteurs*, pero su oscurecimiento no puede explicarse por las contradicciones del capitalismo o la estupidez de los productores. (*The New Wave* 146)

En contraste, si el arte pop había destruido las barreras entre *low* y *high art*, en el cine *underground* norteamericano de los años sesenta se produce:

> un alejamiento de la figura del autor como origen o centro. Al igual que en otras áreas de la cultura contemporánea, el colapso de la ideología modernista del estilo, trae consigo una cultura de múltiples estilos, que se combina ... en una furiosa polifonía de voces descontextualizadas ... lo que circula en este arte del pastiche no es sólo individualidades estilísticas sino también historias dislocadas. (Connor 176)

Algo que Roland Barthes, en su ensayo "The Death of the Author" (1968), ya había señalado al indicar que el texto es:

un espacio multidimensional donde varias escrituras, ninguna de ellas original, convergen. El texto es una fábrica de alusiones provenientes de mil fuentes culturales diversas. (*The Rustle* 53)

Así, Kenneth Anger (*Scorpio Rising* 1962–64), Jack Smith (*Flaming Creatures* 1962–63) y Andy Warhol (*Sleep* 1963, *Empire* 1964, *Eat* 1965) contribuyeron de una manera clave en la formación del nuevo cine norteamericano (Hoberman, "After" 62) como reacción al *establishment* de Hollywood; pero no a través del rechazo, tal cual habían hecho las vanguardias anteriores, sino apropiándose del *star system* mediante la utilización de los mismos elementos del pop: "estábamos obsesionados con el misticismo de Hollywood, y el camp que comprendía todo ello", señala Warhol. (Smith, *Andy Warhol's* 145)

Ello llevado a cabo, en el caso de Warhol, mediante sus *Superstars* como simulación de las estrellas del *star system*. Anger, por su parte, en *Scorpio Rising* citará la ambigua fascinación masculina por el compañero y la pandilla de *Rebel Without a Cause* (Russo 109); y Jack Smith en *Flamingo Creatures* se nutrirá tanto de la *vamp* del cine de los años treinta como de "la languidez pre–rafaelita, el art–nouveau, el gran exotismo estilístico de los años veinte, lo español, lo árabe y el regodeo 'camp' de la cultura de masas" (Sontag, *Against* 231); empezando a desplazarse hacia el centro de la crítica y la conciencia del espectador algo que hasta entonces había quedado marginado en las orillas del sistema, es decir, la existencia de una cultura gay y la construcción del ser homosexual como figura visible dentro de la sociedad norteamericana contemporánea. (Dyer, *Now You* 134–35)

Periódicos y revistas como *The Village Voice*, *Film Culture*, *Cahiers du Cinéma*, *Afterimage*, *Film Quaterly*, y críticos como Jonas Mekas, Susan Sontag, Christian Metz, Andrew Sarris, Roland Barthes, André Bazin, Richard Dyer, Vitto Russo, armaron la teoría crítica desde diferentes perspectivas: post–estructuralismo, marxismo, feminismo, psicoanálisis, buscando abordar temas como la narratividad, el papel del espectador, las diferencias sexuales, la representación, el placer visual.

Esto coincidió, a partir de los años setenta, con el fortalecimiento de la crítica académica que se dedicó a producir un *corpus* teórico paralelo al cine de esos años; tal cual J. Hoberman apunta: "la vanguardia de los setenta estaba tan preocupada por la producción de teoría como de películas ("After Avant–Garde" 66).

Tales apreciaciones quedaron refrendadas por el hecho de que directores rápidamente absorbidos por el *establishment*, como Martin Scorcese, Steven Spielberg, George Lucas, Paul Schrader y Brian De Palma, y quienes en *Raging Bull* (1980), *Star Wars* (1977), *American Graffiti* (1973) o *Dressed To Kill* (1980), respectivamente, empezaron a plasmar el sentido nostálgico por lo moderno, habían asistido a las escuelas de cine de las universidades.

En los años ochenta el cine de autor como sinónimo de vanguardia, empezará a disfrutar de un éxito económico asociado, en parte, a un cambio en los gustos del público: hacia lo humano de lo grotesco en *Elephant Man* (1981) de David Lynch, quien además llevará a cabo un homenaje al cinema noir filmando en blanco y negro. Hacia la representación abierta de las propias perversiones como en *Blue Velvet*, del mismo Lynch, que trae al centro la violencia oculta en los márgenes urbanos de la clase media norteamericana. Hacia las diferencias sexuales en *Querelle* (1982) de Fassbinder y *Coup de foudre* (1983) de Diane Kurys –el primero, eternizando la superficialidad, la fascinación por la belleza y la imposibilidad de retener su objeto, como constantes en las relaciones homosexuales masculinas; por medio de situaciones violentamente sexuales desarrolladas sobre escenarios deliberadamente artificiales, e inmortalizadas por la iluminación como simulacro de un poniente infinito que no termina de corromperlas nunca. Y la segunda, trayendo a escena lo que el feminismo más radical expondrá sobre la página, es decir, el lesbianismo como construcción netamente de la mujer y para la mujer, buscando recuperar entonces para sí el cuerpo y los sentimientos que el hombre históricamente se ha apropiado. Hacia el cómic y la aventura: *E.T.* (1982) y *Raiders of the Lost Ark* (1981) de Spielberg. Hacia el deseo y la violencia asociados con los tabúes inherentes a las relaciones interraciales, que el tratamiento del color y la cinematografía vuelven *plus vrai que nature*: *Diva* (1981) de Jean–Jacques Beineix, *My Beautiful Laundrette* (1985) de Stephen Frears, *Do the Right Thing* (1989) de Spike Lee. Hacia el neobarroco puesto a consagrar el artificio y el exceso como vías para una reinterpretación postmoderna de la historia: *Amadeus* (1984) de Milos Forman, *The Last Emperor* (1987) de Bernardo Bertolucci.

De cierta manera, tales cambios en los gustos del espectador tienen que ver con la necesidad de probar la resistencia de las fronteras entre el dominio público y el privado, entre la intimidad y su ausencia, entre lo secreto y lo que la sociedad expone. En la postmodernidad, la ciudad, la casa y el cuerpo se intertextualizan dentro de la aldea global macluhaniana en una promiscuidad creciente, dado su encapsulamiento como unidades sobresaturadas cada vez más reducidas.

Y es que si las barreras naturales limitan la expansión de los conglomerados urbanos, la especulación urbanística fracciona en múltiples apartamentos el espacio que perteneció a una sola casa, y el cuerpo se fragmenta y desaparece tras sus simulaciones tecnológicas; el cine se constituye en el único bastión con que el ser postmoderno puede intercambiar algún tipo de diálogo. De ahí que le exija la espontaneidad y la franqueza que le pedía antes a un interlocutor de carne y hueso, cómodamente sentado ante él, en una sala de dimensiones holgadas que diera hacia una ciudad de calles limpias y tranquilos bulevares.

Pero así como los espacios y el cuerpo modernos constituyen hoy una nostalgia, también las grandes salas de cine han quedado confinadas a la memoria: "le comento mi nostalgia por los cines enormes, que realmente eran cines" –dice Sebastián a su amante al entrar en una sala mexicana de hoy (Zapata, *En jirones* 64).

En la postmodernidad se ha perdido la sala de cine como vastedad para la ensoñación bachelardiana; lugar donde el público podía guarecerse a fin de satisfacer su "deseo de ver" (Metz, *The Imaginary* 58) y de verse –"presiono mi nariz contra el espejo de la pantalla" (Barthes, *The Rustle* 345). De abandonarse *in style* al modo como la pantalla significa, es decir, "nos presenta una manera particular de estar en el mundo" (Merleau–Ponty 58). De reflejar, revelar y aún jugar con formas preestablecidas de identificación y diferenciación sexual que las imágenes manipulan (Mulvey, "Visual Pleasure" 363). De seducir y socializar entre las dos mitades de una película.

Sólo en algunos países pobres y en ciertas ciudades de provincia el cine continúa siendo un espectáculo: con butacas confortables, acomodadores e intermedio. En los centros y en las grandes urbes de la periferia los cines son minúsculos, de pantallas breves y salas solitarias, pero de una soledad distinta a las modernas –tan bien representada en, por ejemplo, el cuadro *New York Movie* de Edward Hopper–; pues en la postmodernidad el ser se halla reducido a un vacío referencial y a una soledad *sin espacio*, dada la descontextualización significante-significado, y la "implosión del espacio en el tiempo" (Grosz 251), que la tecnología (el teléfono celular, los buscapersonas, el correo electrónico, la computadora, el fax) ha traído consigo.

Ello –unido al proceso de transnacionalización del capital monetario hacia la periferia, pero que simultáneamente refuerza las fronteras geográficas buscando impedir el desplazamiento del capital humano desde esa misma periferia hacia los centros–, ha abierto un abismo de sentido y generado una pérdida de referentes; lo cual ha ocasionado un alto grado de ansiedad cultural en el ser contemporáneo, impotente para aceptar el hecho de vivir en un mundo vacío de simulaciones controladas (Olalquiaga, *Megalopolis* 22–23).

No es de extrañar entonces que películas como *Radio Days* (1987) de Woody Allen o *The Long Day Closes* (1992) de Terence Davis se devuelvan a las salas del pasado para aludir a la magia del espacio donde se despertó, en tales directores, la vocación por hacer cine. Y que films como *Cinema Paradiso* (1989) de Giuseppe Tornatore y *Visions of Light* (1992) de Arnold Glassman–Todd McCarthy, donde el cine moderno *per se* es el auténtico protagonista, hayan obtenido gran éxito de público.

Y es que aun cuando la televisión, los "multiplexes" y el video cassette atraen al grueso de la audiencia y se constituyen en las alternativas de subsistencia para los grandes estudios (Harmetz), se observa un interés creciente por llenar el vacío referencial regresando al arte del pasado. Algo necesario, pues es justamente en ese espejeo, en ese "juego de intermitencias" –que apuntaba Zacklin al referirse a la narrativa de José Balza– donde el arte, el cine, la literatura de la postmodernidad se hacen fértiles.

Ello es así ya que tales manifestaciones ponen en perspectiva el pasado y revalorizan lo moderno; a la vez que alimentan la producción artística en los albores de un nuevo milenio, donde las ideologías no existen y todo discurso es visto desde el marco de la ficción.

3.1. España en la modernidad fílmica

> Lo antiguo y lo moderno. A los dos los reconocía en las pantallas de mi
> barrio. A uno, en aventuras que recreaban los alucinantes fastos de la
> Antigüedad. A otro, en el próspero consumo de objetos que, allende los
> mares, pregonaban inventarios de comodidad definitiva y, sin embargo,
> inalcanzable. (Moix 209)

Para la España franquista, empeñada en ocultar bajo el negro de las
procesiones religiosas que "purificaban las calles", el colorido modernista en la arquitectura de Gaudí y Domènech i Montaner, el tecnicolor de
Hollywood, visto en las pantallas de los cines de barrio, fue la única posibilidad de escapar a la miseria y el miedo, por eso los españoles vivie-
ron la modernidad como simulacro hasta la muerte del dictador.

Y es que si, en la Unión Soviética, Eisenstein en películas como *El
acorazado Potemkin* (1925), *October* (1927) y *¡Que viva México!* (1931–
32), hizo del montaje instrumento clave para señalizar objetivamente las
nefastas consecuencias del nacionalismo más radical sobre las sociedades
tanto europeas como latinoamericanas; si en Italia Roberto Rossellini
(*Paisà*, 1946), Luchino Visconti (*La terra trema*, 1947), Vittorio De Si-
ca (*Ladri di bicicleti*, 1948), significaron la realidad sin enmascararla ni
distorsionarla; si en Inglaterra Jack Clayton (*Room at the Top*, 1959),
Karel Reisz (*Saturday Night and Sunday Morning*, 1960) y Tony Ri-
chardson (*A Taste of Honey*, 1961) reprodujeron fielmente los conflictos
sexuales y de clase, a la vez que adaptaban –sin dislocarlos– textos lite-
rarios modernos; y si en Francia François Truffaut (*Les Quatre cents
coups*, 1958) o Jean–Luc Goddard (*A bout de souffle*, 1959) desde su experiencia como críticos se abocaron a hacer un cine personalista y con-
testatario, comprometido con una generación que rechazaba los patrones sociales establecidos; en España la violenta censura dictatorial, el
fascismo eclesiástico y la complicidad de una burguesía ultraconservado-
ra, impidieron hacer un cine abiertamente vanguardista, y mantuvieron
en la ignorancia o en el extrañamiento interior a las generaciones de la
guerra y de la postguerra.

Muerte de un ciclista (1955) de Juan Antonio Bardem –eco, quizás
del grito que con *Los olvidados* (1950) Buñuel había dado desde el exilio– podría citarse como una de las pocas alternativas a las producciones

de los años cuarenta y cincuenta que, en su folklorismo, constituían caricaturas del cine de Hollywood –preferido por el grueso del público, pues le permitía evadirse de esa realidad a la cual aludía el cine europeo de vanguardia.

Prueba de ello es que títulos como *La Dolores* (1940) y *Brindis a Manolete* (1948) de Florian Rey, *Debla, la virgen gitana* (1950) de Ramón Torrado, *El pequeño ruiseñor* (1957) de Antonio del Amo, o *El último cuplé* (1957) de Juan de Orduña, tenían mucho más en común con el llamado cine popular italiano de Vittorio Cottafavi, Ricardo Freda y Mario Bava que con el neorrealismo –poco exitoso no obstante entre la audiencia mayoritaria italiana.

La diferencia estriba en que, aun cuando el espectador medio siempre ha preferido las películas escapistas, al menos en otros países de Europa podía producirse libremente un cine alternativo que no haría escuela en España hasta Carlos Saura con *El jardín de las delicias* (1970), *Ana y los lobos* (1972) y, en especial, *La prima Angélica* (1973).

Únicamente –y en esto coincide Pedro Almodóvar–[21] Bardem y Buñuel lograron apuntar un cine vanguardista que reflejó el ansia de modernidad del español medio –alcanzable sólo a través de su simulación, es decir el technicolor norteamericano, y las comedias y melodramas con Imperio Argentina, Sarita Montiel o Joselito–; y aludió, veladamente, a la situación de constreñimiento y encierro que la dictadura mantuvo prácticamente intacta hasta "el último suspiro" de su hacedor –tal cual lo demuestra la ejecución del anarquista catalán Puig Antich el 2 de marzo de 1974:

> La dictadura murió matando para que nadie se engañase acerca de cual era su verdadero rostro. (Fabré 309)

En mayo de aquel mismo año, jóvenes ultraderechistas intentaron robar la copia de *La prima Angélica* en un cine madrileño, y en julio una bomba estalló en la sala de Barcelona donde se proyectaba; quizás

---

21. "Entre los 50 y los 60 se dió en España un cierto neorrealismo que, a diferencia del italiano, era más feroz, más divertido y menos sentimental. Por ejemplo, las películas de Fernán Gómez: *El extraño viaje*, *La vida por delante*, o las de Ferreri, *El cochecito*, o *Plácido* de Berlanga" (Vidal 116).

porque esta película ponía finalmente al fascismo cara a cara con aquella memoria que había intentado sepultar pero permanecía latente en la rabia contenida de los vencidos:

> Coño de ciudad viuda, ciudad ocupada, ciudad *Rosa de Fuego*, por donde entraron a España los macarrones, el submarino, la Primera Internacional, Mies Van der Rohe, Gramsci, la minifalda, los calzoncillos–bikini para hombre, y el sabio cansancio existencialista de Brassens o el melancólico diálogo del metal del jazz. (Vázquez 277)

Las largas vacaciones del 36 (1976) de Jaime Camino buscó hacerse con una parte de aquella rabia, al contar la historia de varias familias de la burguesía catalana sorprendidas por el estallido de la guerra civil mientras veraneaban en sus fincas cerca de Barcelona. Si bien el film despertó polémicas en cuanto a la veracidad histórica de los hechos,[22] puede considerarse un "preámbulo del cine de la democracia" (Caparrós 113) que inmediatamente cobraría cuerpo en películas como *El desencanto* (1976) de Jaime Chávarri, sobre el resentimiento hacia el régimen dictatorial, por su destrucción de los valores familiares, de la viuda y los hijos del poeta franquista Leopoldo Panero; *Camada negra* (1977) de Manuel Gutiérrez Aragón, sobre los extremos más brutales del fascismo; y *Los placeres ocultos* (1976) de Eloy de la Iglesia, que expuso la homosexualidad del burgués enamorado de un joven de extracción popular.

Se empezaban así a traer hacia un primer plano temas hasta entonces prohibidos o marginados en las orillas del sistema, con lo cual el cine español entraba repentinamente en esa contemporaneidad que la dictadura le había escatimado. Ello contradictoriamente ya que no podía borrarse de golpe —ni de las acciones ni de las generaciones del "tiempo de silencio"– el conjunto de frustraciones, miedos, complejos y tabúes que, como un dictador sin rostro, seguían coartando la libertad individual:

---

22. En este sentido recomiendo leer las cartas enviadas al periódico *La Vanguardia* por supuestos testigos de los hechos, así como la respuesta de Camino. Algunas de ellas se encuentran citadas por J.M. Caparrós Lera en *El cine español de la democracia* 116–19.

Franco está dentro de mí, se me pega como una babosa. El pellejo viejo
y reseco no se me acaba de morir. Me hace daño, Jordi. Surge cuando
menos lo espero, está en el pantano, como una fiera a punto de abalan-
zarse. Tiene los ojos rojos de tanta sangre como vierten. Pero no tiene
rostro. Sólo ojos. El dictador ya no tiene nombre. (Roig 92)

Fueron entonces los años de transición, en que la tiranía permanecía
adentro y los jóvenes se debatían entre un pasado que querían borrar,
pero sin saber aún muy bien cómo, y un presente donde todo cambiaba
demasiado deprisa, cuando empiezan a hacerse las películas puestas a
reflejar el momento: *Asignatura pendiente* (1977), de José Luis Garci,
Tigres de papel (1977), de Fernando Colomo. Pero, sobre todo, películas hechas con la intención de exorcizar fantasmas y ajustar cuentas con
la historia, a la vez que focalizaban las voces que "nunca" antes habían
existido: la mujer, el homosexual, el travesti, el drogadicto.

Gary Cooper, que estás en los cielos (1980) de Pilar Miró y *Función de
noche* (1981) de Josefina Molina, por ejemplo, desplazan la cámara hacia lo femenino como lugar desde donde estas cineastas también aspi-
ran, tal cual apunta Elisa Lerner a propósito de Mai Zetterling, "a salvar
una individualidad" (*Yo amo* 191) puesta a señalizar activamente el sitio
que las protagonistas ocupan. Un sitio donde el hombre constriñe su
deseo de poseer esa *habitación propia* en la cual Andrea (*Gary Cooper*) y
Lola (*Función*) logren hacerse libremente con su profesión y su sexualidad.

Ello enfatizado por el uso del primer plano que detalla los distintos
estados de ánimo reflejados en el rostro de la mujer, al interior de espacios casi siempre cerrados, como una manera de recalcar esa intimidad
que ella exige para recobrarse y enfrentar a quien la somete. Y si Lola,
en el instante de divorciarse, rompe el mito de la mujer complacida, al
confesar que el orgasmo para ella ha sido siempre el *lugar* de la simulación —pero no la del *trompe l'oeil* baudrillariano que, como simulación
encantada, seduce, sino la del fingimiento, asociado al temor que tradicionalmente la mujer ha tenido de decirle a su marido que no la satisfa-
ce—; del mismo modo Andrea destruye la ficción de la mujer dependien-
te, al vivir sin interferencias su carrera en la televisión ("siempre trato de
que mis abortos coincidan con los fines de rodaje") y, sin decir nada a
nadie, someterse a una intervención quirúrgica donde sabe se está ju-

gando la vida: "Quiero no necesitar a nadie para que nadie me decepcione".

De esta manera ambas películas rescatan y le dan voz propia a una independencia que el cine popular había apuntado en heroínas como la Paquita Rico de *Malvaloca* (Ramón Torrado, 1926) y la Sarita Montiel de *El último cuplé*.

La primera, porque pese a todos los intentos de la sociedad en reprimir su sexualidad, y de ella misma en autorreprimirse, la cámara constantemente desmiente lo que las palabras exponen: continuos primeros planos sobre un rostro de sensualidad desbordada e implacable determinación –especialmente en líneas como "he sido tan mala que ni querer me está permitido" o "desde hoy voy a ser pa ti la mujer que tú habías soñado"–; con lo cual la manipulación de la imagen subvierte el sentido del diálogo y reivindica el derecho de la mujer al placer.

Sarita Montiel, por su parte, ya no será la cantante, *the Spanish singer*, sino (como en el afiche del teatro "Roxy", donde igualmente se observa en *close–up* el rostro, anticipador del pop de Lichtenstein, con que conquista Nueva York, y gracias a un providencial error ortográfico en dicho afiche) el signo, *the Spanish singer*, puesto a señalizar la verdad de una mujer que no se resigna a ser "género ínfimo", ni en el cuplé ni en su vida personal; al tiempo que alude a la intolerancia masculina, y a la lobreguez de la represión franquista, que Orduña buscó malamente encubrir bajo el tecnicolor, a la Sirk, de este film rodado en los Estudios Orphea de la Barcelona sometida.

"Para mí la homosexualidad había sido siempre eso: sordidez, y marginación" concluye Roberto Orbea (*El diputado*, 1978, de Eloy de la Iglesia), al reconocerse capaz de amar al otro que no es su igual pero se halla inmerso en una marginalidad similar. Largo viaje, aunque de la noche hacia el día. Como a través de esos larguísimos pasillos que conducen de la penumbra de las galerías y cuartos interiores a la claridad de los balcones del frente, en los apartamentos de la burguesía; y presentes tanto en las comedias negras de Ferreri y Berlanga como en las blancas de Colombo y García Sánchez. Quizás porque el pasillo ha sido siempre el mejor recurso para señalar el lugar donde la sociedad española ha, literalmente, ventilado miedos y represiones; relegando a las galerías cubiertas las voces que el cine postmoderno desplaza hacia los balcones que dan a la calle.

Así, si bien inicialmente los encuentros entre Roberto –dirigente socialista– y Juanito –muchacho de los arrabales urbanos– ocurren en un apartamento clandestino, pronto pasarán a la casa familiar y a la luz del día, con el consentimiento y participación activa de Carmen, la esposa de Orbea, dentro de la relación. Se produce entonces "la máxima felicidad" que, como en la obra de Isaac Chocrón, se sostendrá sobre una precariedad emocional, no obstante obliterada aquí por la violencia de la transición política, cuando el fascismo aún era fuerte y contaba con la complicidad de ciertos sectores de la policía y el ejército. El asesinato de Juanito, a manos de dicho fascismo, alegoriza los últimos estertores de la derecha, en su intento por mantener, en las habitaciones traseras, lo irrepresentable.

Eloy de la Iglesia articulará este silencio, utilizando el *flash–back* y el montaje discontinuo a fin de enfatizar la fragmentación del universo diegético, o entorno político–social constituido tanto por las distinciones de edad, clase y creencias existentes entre los caracteres, como por el marco de sentimientos y motivaciones donde se suceden las acciones, puestas desde un principio, a subvertir el melodrama tradicional; no sólo por el hecho de presentarse aquí una familia alternativa, sino porque en ningún momento se produce la colisión emocional propia del género –únicamente discernible en ciertos detalles técnicos como, por ejemplo, el uso de iluminación cálida con disolvencias en algunas escenas eróticas.

El diputado presenta más bien una madurez afectiva y política donde el homosexual llevará a cabo la "educación sentimental" y política del objeto amado… y del espectador, contando para ello con la complicidad de la mujer. Sin embargo, tal complicidad no ha salvado al diputado "de ser toda la vida un marginado", sino que ha hecho más nítida la diferencia que estalla al producirse el choque entre la España políticamente consciente, y la nueva generación, apolítica y, en este caso concreto, privada del acceso al *boom* económico democrático.

Al educar a Juanito con un amor también muy nítido, Orbea queda encuadrado por la imagen del "buen homosexual" (*Laws* 134), como lo califica P.J. Smith siguiendo, quizás, la apreciación de Richard Dyer en torno a la representación positiva del hombre gay destruida por la "represión social" (*Now You* 267), y hecha a propósito de ésta y otras películas afines dentro del contexto del cine europeo. Una imagen que,

por demasiado transparente, estereotipa el comportamiento del protagonista; cual si el esfuerzo por abordar meramente el tema gay hubiese
sido excesivo como para de la Iglesia atreverse a profundizar en la psicología y las emociones del hombre homosexual.

Dos películas de temática similar, *A un dios desconocido* (1977) de
Jaime Chávarri, y *La muerte de Mikel* (1983) de Imanol Uribe, se
adentrarán más claramente en el yo homosexual.

En la primera, José –de mediana edad y mago de profesión– regresa
a Granada *à la recherche* de un tiempo que, como el proustiano, comprende la fascinación por los lugares y los nombres vividos en su infancia, y donde el recuerdo de García Lorca permanece asociado al de Pedro, su primer amante: el señorito de una de las casas donde el poeta se
refugió hacia el final de su vida y en la cual el padre de José era jardine-
ro.

La película se abre con un *racconto* a ese pasado que queda inte-
rrumpido con el asesinato del padre a manos del fascismo, una noche
cuando ambos jóvenes protagonizan uno de sus encuentros amorosos;
estableciéndose así un paralelismo con el homicidio del poeta, quien
permanecerá asociado al deseo homoerótico de José como deseo que
otras violencias, otros acontecimientos, continuarán truncando a lo largo de su vida hasta despojarlo de toda pasión. Ello se asienta fundamentalmente dentro del film en el plano fijo donde el protagonista, siguiendo el ritual nocturno, se desviste cuidadosamente mientras escucha su
propia voz desde una cinta recitando la "Oda a Walt Whitman". Un
plano repetido en la escena final para dar a entender a Miguel, su actual
amante, que todo ha terminado entre ellos.

El uso constante del plano medio, tanto en esta escena como en
otras secuencias, contribuye a uniformizar la distancia entre espectador e imagen, al tiempo que enfatiza la neutralidad–naturalidad del
tono dado a los diálogos, en las escenas donde José educa a su objeto,
como es el caso del muchacho que vive en el piso de abajo: "es peligroso jugar con los que viven de las manos"; se confiesa con la hermana de su antiguo amante y cómplice en la relación: "a veces tengo
la impresión de no haber dejado de pensar en Pedro un solo día de mi
vida"; cena con Miguel, dirigente de izquierdas atormentado por su
homosexualidad: "mi pasión huyó no sé dónde y no hay manera de
hacerla regresar"; o es confrontado por la criada de aquel Combray

granadino que constituye lo único de lo cual el yo –en su elusividad–
[23] no se ha despojado todavía: "tienes los ojos tristes igual que antes:
poco te ha enseñado la vida".

La progresiva evasión de ese mismo yo a lo largo del film vuelve al
pasillo como símbolo: un *travelling* de la cámara deja ver al protagonista
emergiendo de la profundidad del cuarto como útero protector de esa
intimidad que es su tiempo. su dios, el sentido de su deseo. En tanto José
avanza por el pasillo, el plano se ilumina, exponiéndolo pero sin vulne-
rabilizarlo pues, a diferencia de Roberto, él *ya ha escogido*: su homosexualidad no le atormenta, le da más bien seguridad; de ella extrae la fuerza
para mostrarse en salas y comedores, siendo entonces ésta *A Very Natural
Thing* que, de un modo similar a la película de Christopher Larkin estre-
nada cuatro años antes, le permite imponer –no sin un dejo de ironía– su
manera de estar en el mundo a espaldas del estereotipo, rechazando su
yo toda posible interpretación por parte de los otros. José moviliza, alimenta y decide cuándo quedarse solo, afirmar que "ya no queda nada",
apagar la luz y desentenderse del resto.

El protagonista de *La muerte de Mikel* carece de esa ironía y seguridad de José para correrse –en su doble acepción– hacia las habitaciones
del frente; quizás sea por ello que muere solo en la suya, ubicada al final
de un pasillo con numerosas puertas que su hermano, alejándose de la
cámara, cruza para descubrir el cadáver mientras la madre permanece
inmóvil en primer plano.

La técnica del *flash–back* encadenado, llevándonos del entierro de
Mikel hasta distintos momentos de su pasado, fracciona el tiempo narrativo en múltiples planos secuencias puestos a reconstruir, fragmentariamente, la –por un lado– historia política, social y familiar de un joven
farmacéutico de provincias y, por el otro, el proceso de reconocimiento y
aceptación de su homosexualidad, a partir de la relación afectiva con
Fama: travesti a quien Mikel conoce en un club nocturno de Bilbao. Y
si, en cierto modo, la madre representa lo intransigente en aceptar la

---

23. "Evadiéndose en los juegos de lenguaje, en las diferencias que constituyen una
realidad plural, el yo se simula ausente, aun cuando la muerte recurra a sus juegos: se
disuelve en formas sin profundidad, rechazando y eludiendo toda posible interpretación" (Hassan, "Pluralism" 197).

homosexualidad del hijo, la esposa se muestra comprensiva y aliviada por el hecho de que haya encontrado su camino.

Como Eloy de la Iglesia, Uribe intertextualiza homosexualidad y política dentro de una realidad de simulaciones controladas: el reconocimiento de la primera es distorsionado por la intolerancia que la segunda ejerce; no sólo en lo concerniente a la represión policial ("nosotros nos pasamos la amnistía por los cojones") sino a la actitud de los compañeros de partido quienes rechazan a Mikel para un cargo público, una vez las diferencias han sido desplazadas hasta las ramblas del pueblo por donde los amantes pasean, abiertamente, la forma de su deseo.

Un deseo surgido del mismo paralelismo entre realidad y mímesis, ya apuntado más arriba, con la diferencia de que aquí es Fama, como lugar de la simulación,[24] quien al atraer a Mikel hacia su espacio, transforma lo concreto de esa existencia que él ha vivido hasta entonces, en una realidad nueva; hecho este que le abre al personaje una puerta hacia la propia exploración del yo, pero también lo ubica a caballo entre la felicidad y la muerte triunfando finalmente la segunda.

Aquí Uribe juega con un desenlace ambiguo, pues no se transparenta si Mikel acaba suicidándose o es envenenado por su propia madre; ya que la escena se desarrolla justo después de la secuencia donde, tras hablar por teléfono con Fama, el joven le dice a la madre que va a iniciar una nueva vida lejos del pueblo.

3.2. Postvanguardia–postmodernidad en el cine español

Atraer hacia un primer plano las voces que la dictadura había mantenido acorraladas en las esquinas del sistema resultó difícil para los cineas-

---

24. "El travesti no copia, simula, pues no hay forma que invite y magnetice la transformación, que decida la metáfora: es más bien la inexistencia del ser mimado lo que constituye el espacio, la región o el soporte de esa simulación, de esa impostura concertada: aparecer que regula una pulsación goyesca: entre la risa y la muerte" (Sarduy, *Ensayos* 55).

tas independientes que no contaban con el respaldo de una productora poderosa; si bien algunas de las películas a mi entender más interesantes de la postmodernidad española surgieron del *underground*, tal cual lo demuestra *Arrebato* (1980) de Iván Zulueta, y la primera etapa del cine de Pedro Almodóvar constituida por *Pepi, Luci, Bom y otras chicas del montón* (1979–80), *Laberinto de pasiones* (1982), *Entre tinieblas* (1983) y *¿Qué he hecho yo para merecer esto?* (1984)

En el caso de Zulueta, *Arrebato* resulta ser el film postvanguardista más sugerente desde el surrealismo de *Un perro andaluz*, y la bisagra entre la estética de Luis Buñuel y la de Pedro Almodóvar. La película explora el reino de lo fantástico a través de la historia de José (Eusebio Poncela), un cineasta inmerso en una obsesiva relación con Pedro (Will More), joven también cineasta quien sostiene que, mientras duerme, su cámara se pone a funcionar por sí sola y le filma, amaneciendo él con la cara ensangrentada, tal como si la cámara hubiese estado chupándole la sangre. Al final de la película, aquélla acaba por absorberlo e incorporarlo, como una imagen más dentro del film. Cuando José quiere repetir la experiencia, la cámara le dispara y lo mata.

Con fotografía de Angel Luis Fernández –quien igualmente trabajaría con Almodóvar desde *Laberinto* hasta *La ley del deseo* (1987)–, y el uso tanto del Super 8 como del 35 mm., *Arrebato* literalmente arrebata no sólo a sus protagonistas sino al espectador, quien deviene objeto de una doble identificación: con la cámara como *apparatus*, en el sentido que Christian Metz da al término,[25] y con la otra cámara que, desde la pantalla, fascina y seduce apropiándose de su propia imagen y de la de Pedro, o destruyéndola como aniquila la de José.

Haciendo uso de esta estrategia Zulueta subvierte el efecto–espejo del aparato cinemático, el cual adopta un rol activo pues es la cámara la que, con voluntad propia, decide cuándo filmar o exterminar a su objeto. Valiéndose de una fotografía que alude al *trash* de Warhol y Waters –paulatinamente depurada en sus colaboraciones con Almodóvar– Fernández le otorga a la película una factura casera que el complejo trabajo de cámara altera: el uso de la filmación en profundidad de campo y en

---

25. "Un 'apparatus' que el espectador tiene tras de sí, *por detrás de su cabeza*, que es precisamente donde la fantasía ubica el 'foco' de toda visión" (Metz, *The Imaginary* 49).

plano–secuencia de las escenas exteriores con *flash–backs* al pasado, y donde Zulueta juega con el Super 8 y el 35 mm. indistintamente, se alterna con planos largos y profundos puestos a revelar la psicología de los personajes, que el plano fijo frente a la doble cámara realza, borrando las fronteras entre la imagen fílmica y la imagen fotográfica a la manera de ciertos films vanguardistas como *Smile* (1968) de Yoko Ono y *Journey from Berlin* (1971) de Yvonne Rainer.

Rodándome hacia Pedro Almodóvar podría decirse que este cineasta fue en un principio postvanguardista, más por necesidad que por escogencia. Sus cortos, desde *Dos putas* o *Historia de amor que termina en boda* (1974) hasta *Salomé* (1978), y su primera etapa fílmica, responden a una estética que se nutre tanto del melo de Nicholas Ray o Douglas Sirk como del *trash* de Ken Jacobs, John Waters o Paul Morrisey; si bien neutralizando el efecto perturbador de estos films de vanguardia surgidos, justamente, para parodiar, simular y atacar a los directores de Hollywood a quienes Almodóvar rinde pleitesía.

En su caso el experimentalismo se debió a razones presupuestarias, mas que a su deseo de mantener una postura crítica con respecto al *establishment*: apenas contó con el respaldo económico necesario, Almodóvar se abocó, al igual que otros cineastas promisoriamente postvanguardistas como Jim Jarmusch y Spike Lee, a hacer un cine comercial "de arte", donde los elementos abstraccionistas y surrealistas de la primera vanguardia, intertextualizados a la parodia, el pastiche, la irreverencia hacia lo establecido de la vanguardia de los años 60, se han perdido, mediatizando lo que de audaz, novedoso y sugerente tuvieron sus primeras películas.

Con *Mujeres al borde de un ataque de nervios* (1988), *¡Átame!* (1990), *Tacones lejanos* (1992) y *Kika* (1994), la estética almodovariana ha perdido su carácter transgresor, si bien ha profundizado en la desconstrucción psicológica del melodrama moderno norteamericano, a través de la exploración de las relaciones familiares y de pareja en la sociedad española del fin de milenio.

Lo interesante de películas como *Pepi, Luci y Bom*, *Laberinto* o *Entre tinieblas* es que descanonizan la vanguardia española de los años cincuenta y sesenta, y subvierten el cine popular de la época, aludiendo igualmente a la puesta en escena y al carácter folletinesco del cine republicano de preguerra, en producciones como *Doce hombres y una mujer* (1934) de Fernando Delgado, *Patricio miró a una estrella* (1934) de José Luis Sáenz de Heredia, *¡Abajo los hombres!* (1935) de Josep Maria Castellví o *Paloma de mis amores* (1935) de Fernando Roldán, es decir, las llamadas "zarzuelas filmadas", "españoladas" que también inspirarían las sátiras de Bardem y Berlanga.[26]

Siguiendo el movimiento traslatorio de sus películas, Almodóvar igualmente pasó de los márgenes, donde privaba una cultura alternativa, a un primer plano: nada en el Madrid postmoderno se hace sin él, tiene poder y está en todas partes; algo que no habría podido imaginar cuando trabajaba en la compañía telefónica, y vivía la explosión post–dictatorial de una España dispuesta a probarlo todo para ser moderna.

A la modernidad el país entró con el desnudo, pero no con el propuesto por los cineastas liberales, sino el otro, el impuesto por los productores: el del destape. En medio de esa euforia surgió Almodóvar. *Pepi, Luci y Bom* aparece en el año ochenta, dentro del panorama fílmico español, junto con títulos como *Consultorio sexológico* de José Villalva Campos, *La caliente niña Julieta* de Ignasi F. Iquino, *Viciosas al desnudo* de Manuel Esteba y *Con el culo al aire* de Carles Mira. Tal vez sea por ello que Pedro Almodóvar afirmaba entonces, quizás irónicamente:

> Creo que las películas más importantes del cine español en los últimos cinco años son las interpretadas por Agata Lys, María José Cantudo, Bárbara Rey... todo eso es más interesante que lo que hacen los chicos serios. (García–Maldonado 170)

---

26. Y aquí es necesario apuntar que el cine republicano de preguerra trabajó en coproducciones con el cine norteamericano y europeo, a una escala desconocida durante el franquismo. Prueba de ello son títulos como *La traviesa molinera* (1934) del argentino Harry D'Abbadie D'Arrast (con diálogos de Edgard Neville) quien había trabajado con Charles Chaplin en *A Woman in Paris* (1923) y *The Gold Rush* (1925), película hecha en coproducción con United Artists y versiones en inglés, francés y alemán, y gran éxito tanto de crítica como de público. O igualmente *Doña Francisquita* (1934) de Hans Behrendet producida por Ibérica Film S.A., compañía con capital judío alemán fugado de la persecución nazi (Gubern, *El cine* 176).

Lo cierto es que puede hablarse hoy de la existencia de una "estética almodovariana" a través de la cual se juzga el cine español de la postmodernidad y fundamentalmente la comedia, que no logra alcanzar los niveles –tal cual me comentaba Severo Sarduy en una carta desde París (25 febrero 1992)– "de irreverencia y de irrisión de la anamorfosis barroca", presentes en el cine de Pedro Almodóvar.

De hecho, *boutades* como *La corte del faraón* (1985) de José Luis García Sánchez –que rescata los pasillos de *Plácido* y *El cochecito* pero con un colorido hiperrealista–, *Miss Caribe* (1988) de Fernando Colomo, donde se hace uso de los actores almodovarianos Antonio Banderas y Chus Lampreave, y se recurre a temas similares; se quedan a medio camino entre la risa y el bostezo, puesto que carecen de la visión del cineasta manchego para perfilar, de un modo novedoso, la tradición española. De ahí que podría decirse que Pedro Almodóvar hoy es al cine, lo que Antoni Gaudí a la arquitectura: un ojo privilegiado para comprender España y universalizarla.

Capítulo II

LA NARRATIVA NEOBARROCA HISPANOAMERICANA Y EL CINE ESPAÑOL DE LA DICTATURA

1. Desde el Barroco al Kitsch: itinerario del exceso

1.1. Barroco–neobarroco

Con respecto al neobarroco existe una larga bibliografía que analiza el exceso a la luz del Barroco histórico, es decir, el del siglo XVII. En tal sentido, partiendo de la revalorización de este último por parte de Heinrich Wolfflin, en su estudio *Renaissance and Baroque*, numerosos textos se han elaborado en un intento por definirlo y describirlo. A la conceptualización de estilo propuesta por Wolfflin, se opondría la del catalán Eugeni D'Ors (*Lo barroco*) quien, "enamorado" del mismo, considera el exceso barroco como una categoría intemporal. Por otra parte Ernst Robert Curtius, en *European Literature and the Latin Middle Ages*, prefería hablar de Manierismo "como denominador común para todas las tendencias literarias que se oponen el clasicismo" (273). Asimismo, Pierre Charpentrat (*Le mirage baroque*), habla del Barroco como un estilo chocante y decadente por lo que tiene de excesivo; mientras que en Latinoamérica Alejo Carpentier, con su ensayo "El barroco y lo real maravilloso", retomará la teoría de D'Ors diciendo que:

> nuestro arte siempre fue barroco: desde la espléndida escultura preco-
> lombina ... hasta la mejor novelística actual de América ... hasta el amor

físico se hace barroco en la encrespada obscenidad del *guaco* peruano. (*Tientos y diferencias* 207)

Jorge Luis Borges en *Historia universal de la infamia* define la estética barroca en términos de una desmesura, cuyo límite podría estar en el exceso kitsch tal cual es concebido tradicionalmente:

> Yo diría que barroco es aquel estilo que deliberadamente agota (o quiere agotar) sus posibilidades y que linda con su propia caricatura ... es barroca la etapa final de todo arte, cuando éste exhibe y dilapida sus medios. (9)

Y como estilo donde la superficie, la forma, el lenguaje *per se* se empinan sobre la profundidad del significado:

> En el caso de lo barroco, se advierten más los medios que los fines; las palabras resaltan y su propósito es lo de menos. (Borges, "Prólogo" 9)

Estudios más recientes como los de José Antonio Maravall (*La cultura del Barroco*), Gustavo Guerrero (*La estrategia neobarroca*) y Carmen Bustillo (*Barroco y América Latina*), han vuelto a ubicar el exceso barroco entre el Renacimiento y la Ilustración, y han adoptado el término neobarroco para designar "la recuperación funcional de algunos aspectos de esa poética en la novelística hispanoamericana actual" (Guerrero, *La estrategia* 20). Con ello se le da al neobarroco la categoría de movimiento estético – que incluso puede llegar a sustituir el término postmoderno[1]– y consiste:

---

1. Omar Calabrese tras resumir el significado del término postmoderno en los tres ámbitos donde surge ("En literatura 'postmoderno' quiere decir antiexperimentalismo, pero en filosofía quiere decir poner en duda una cultura fundada en las narraciones que se transforman en prescripciones y en arquitectura quiere decir proyecto que retorna a las citas del pasado, a la decoración, a la superficie del objeto proyectado contra su estructura y su función [*La era* 29]), propone "una etiqueta distinta para algunos objetos culturales de nuestro tiempo (no tienen por qué ser los mismos denominados 'postmodernos'). Esta etiqueta será la palabra 'neobarroco'" (*Ibid.* 30).

en la búsqueda de formas –y en su valorización– en la que asistimos a la
pérdida de la integridad, de la globalidad, de la sistematización ordena-
da a cambio de la inestabilidad, de la polidimensionalidad, de la mu-
dabilidad. (Calabrese 12)

Contrariamente, para Roberto González Echevarría, el exceso neobarroco tendrá su equivalente en lo moderno:

> lo moderno equivale a lo neo–barroco porque lo moderno, en el ámbi-
> to hispanoamericano, incluye una preservación del modelo que, como
> en el barroco, –es una apoteosis de la forma, de lo formal, que no está
> exento de implicaciones ideológicas, pero que parece formar parte de
> una ineludible dialéctica. (*La ruta* 242)

Dentro del esquema de la modernidad, si el Barroco surge como
reacción contra la interpretación unívoca del arte clásico, y "como
complemento de la autoridad jesuítica de la Contrarreforma"
(Schulman 38), yo diría más bien que el neobarroco se asocia con la
postmodernidad, por su capacidad de establecer esa "continuidad con el
pasado" –de la cual hablaba Charles Jencks– al apropiarse de la estética
barroca, además de integrar las manifestaciones de la cultura popular en
el tramado del texto, y privilegiar las diferencias. De este modo, se borra
la separación entre pasado y presente a favor de una simultaneidad
donde lo real, tal cual apunta Celeste Olalquiaga:

> se ha expandido haciéndose más complejo, al tiempo que incluye la re-
> presentación como elemento determinante en la percepción, eliminan-
> do la tradicional jerarquía entre realidad y simulación. La teatralidad, el
> artificio y la representación de la realidad –cuya saturación de códigos
> significantes la lleva a la hiperrealidad–, son finalmente algunas de las
> vías hacia el conocimiento y el disfrute estético en nuestro tiempo.
> ("The Dark Side" 25)

Hay que destacar sin embargo que fue el mismo Severo Sarduy
quien contribuyó eficazmente a precisar la noción de exceso, en su ensayo "El Barroco y el Neobarroco", oponiéndose a la celebración de la
naturaleza preconizada por Carpentier. Para Sarduy el exceso neobarro-

co será "la apoteosis del artificio, la ironía y la irrisión de la naturaleza ...
la artificialización". (*América Latina en su literatura* 128)

1.2. Camp–kitsch

Es justamente esa artificialización, de la que habla Sarduy, uno de los
elementos que establecen la comunicación directa del neobarroco con el
camp pues, al decir de Susan Sontag, "la esencia del Camp es su amor
por lo antinatural, el artificio y la exageración" (*Against* 275).

Las anotaciones de Sontag empezaron así a darle dirección crítica al
uso de un término que había estado en boca de muchos, desde que Jean
Cocteau acuñó la expresión "camp" en un grupo de aforismos publicado por *Vanity Fair* en 1922 (Core 9). Y Christopher Isherwood en su
novela *The World in the Evening* esbozó una definición del vocablo en
términos de *low* y *high* de acuerdo a su grado de seriedad (125–26). Así,
un joven simulando ser Marlene Dietrich se consideraría *Low Camp*; en
tanto que el ballet y el arte barroco, por ejemplo, serían *High Camp*,
pues bajo su elegancia y apariencia artificiosa, se encuentra ese sustrato
de seriedad que los empina por encima del mal gusto.

A partir de entonces el camp sirvió para denotar una estética de lo frívo-
lo hasta el punto de que a mediados de los años sesenta era, según Esther
Newton, "una palabra que en los círculos de entendidos denotaba específi-
camente el humor homosexual" (2). Por su parte Matei Calinescu sugiere
que el camp es "el renacimiento del kitsch en el mundo del *high art*" (230).

Evidentemente, no puede hablarse del camp sin tomar en cuenta el
kitsch que en las culturas de habla hispana adquiere las connotaciones
de cursi. Estos dos últimos términos se consideraron hasta la postmodernidad como denotadores únicamente del mal gusto, asociado con la
reproducción para la sociedad de consumo de las obras de arte universal, y fueron acuñados en Alemania y España respectivamente.

Herman Broch definió el kistch como un mecanismo para "aplacar
la nostalgia" por el pasado, a través de la adquisición de reproducciones
de ese pasado, es decir, de imitaciones, ya fuera en el arte, la arquitectura o la literatura:

Como sistema de imitación que es, el *kitsch* se ve obligado a copiar los rasgos específicos del arte. Pero el acto creativo del que surge la obra de arte no se puede imitar metodológicamente: solamente se pueden imitar sus formas más simples". (*Kitsch, Vanguardia* 11)

Y por ello el kitsch recurre también a los "actos más simples": sexuales –a través de "la pornografía" y "la novela rosa"– o violentos –"la novela policíaca" (*Ibid.*).

El *efecto* es lo más importante para considerar a un objeto como kitsch. Efecto que oculta la verdadera función de dicho objeto en aras de su valor estético, y substituye el principio de la "obra bien hecha" por el de un trabajo atrayente:

> La esencia del kitsch consiste en la substitución de la categoría ética con la categoría estética; impone al artista la obligación de realizar, no un "buen trabajo" sino un trabajo "agradable": lo más importante es el efecto. (Broch 9)

Clement Greenberg en "Avant–Garde and Kitsch" (1939) sostiene que el kitsch surge como la democratización–proletarización del arte en su estado puro –sólo preservado durante el modernismo por las vanguardias, y que en la postmodernidad, tanto la masificación cultural como la infinita capacidad reproductiva de la obra de arte, gracias al cine, la fotografía, y la informática, han destruido para siempre. Algo ya apuntado por Walter Benjamin ("The World of Art in the Age of Mechanical Reproduction", 1936) pero justamente para defender esta nueva manera de percibir que "contamina" la "pureza" del objeto que reproduce reactivándolo, siendo el cine su agente más poderoso[2], y el kitsch –diría yo– el exceso más sugerente.

---

2. "La técnica de reproducción desliga el objeto reproducido de su contexto tradicional. Al hacer muchas reproducciones la existencia única queda substituída por la pluralidad de las copias. Y al dejar que la reproducción confronte al poseedor o a quien escucha en su particular contexto, el objeto reproducido se reactiva ... Ambos procesos se hallan íntimamente conectados con los movimientos contemporáneos de masas. Su agente más poderoso es el film" (Benjamin, "The Work" 616).

Ello es así dada la capacidad de esta estética para reproducir una imagen cultural *ad infinitum* y desligarla del original, a fin de encontrarla en múltiples contextos donde se fertiliza y enriquece; pues el kitsch – que yo asocio directamente con la simulación sarduyana– no imita a su objeto sino lo lleva al límite en que se hace apariencia y lo supera, lo traspasa: el objeto traspasa el límite en su afán de (re)producir no la esencia del original sino su efecto.

Theodor Adorno ("Veblen's Attack on Culture" 1941) se había acercado a esta interpretación, al considerar las copias *per se* como kitsch: "imágenes alusivas de exclusividad en la época de producción en masa" (Calinescu 228). Por otro lado, Ramón Gómez de la Serna en "Lo cursi" (1943) enraizó el kitsch al Barroco, al decirnos que lo cursi arranca con éste, y se prolonga en el recargamiento de las casas y los cuerpos de finales del siglo XIX cuando "las mujeres parecían pantallas y las pantallas mujeres", definiéndolo por contraposición:

> Lo cursi es la birria que no es birria. Es delicado como todo lo decadente, como esa niña de porcelana que enhebra una aguja debajo de la pantalla de una lámpara. (Camon Aznar 182)

Por su parte Gillo Dorfles (*Kitsch. The World of Bad Taste*) sostenía, cuando el arte pop no había sido historiado aún, que la sofisticación de la mirada camp "redime" al objeto kitsch (292–93). Ello puede dar lugar a "equívocos" pues es posible, para un espectador poco informado, considerar como obra de arte al objeto en sí, cuando es la descontextualización de un Lichstenstein o un Warhol lo que lo ha elevado a ese estatus.[3]

---

3. Esta preocupación surgió a fines de los años ochenta de la mano de críticos como Roberta Smith y Richard B. Woodward, a partir de las discusiones en torno a la censura y la fotografía. Por su parte Smith ("It May Be Good But Is It Art?") comentaba acerca del trabajo de David Hockney, Dale Chihuly, Robert Mapplethorpe, Joan Fontcuberta y Pere Formiguera, que sus exposiciones "reflejaban una expansión lateral del arte, más que redefinirlo" sin caer en cuenta de que ha sido justamente esa expansión hacia los márgenes lo que ha traido la revitalización del arte en los noventa.

Por otro lado, Woodward ("It's Art But Is It Photography?") suponía que el mo-

Andrew Ross retoma la importancia de la mirada para establecer la diferencia entre el camp, el kitsch y lo cursi, indicándonos que está asociada, como en el Barroco (Checa 102), al punto de vista del receptor:

> La línea entre el kitsch y el camp refleja parcialmente la división de la audiencia entre, siguiendo la terminología camp, ignorati y cognoscenti. El productor o consumidor del kitsch probablemente no esté consciente de hasta qué punto sus pretensiones se encuentran contenidas y alienadas en el objeto kitsch. Por otro lado el camp comprende una celebración por parte del cognoscenti, de la alienación, la distancia y la incongruencia, reflejadas en el proceso mismo por el cual un valor inesperado puede ser localizado en algún oscuro o estridente objeto. (Ross 145–46)

Esta visión depende también del contexto en que tanto el original como su reproducción se encuentren: Rita Hayworth, por ejemplo, puede ser apropiada como personaje camp por una cierta sensibilidad urbana e inclinada a la nostalgia, pero una toalla con su imagen es definitivamente kitsch —especialmente si alguna matrona la despliega en las playas de Brighton Beach o Varadero.

Entra entonces en juego la idea del gusto —también introducida en el Barroco (Checa 104)— como elemento que, a los ojos del receptor, inclina la percepción del objeto hacia una u otra estética: algo ya ejemplificado por Baudelaire en su ensayo "On the Essence of Laughter" (1855) cuando destacaba la "profunda seriedad" de ciertas representa-

---

vimiento de la fotografía desde los márgenes hacia el centro podía resultar peligroso, no sólo porque se contertiría en "otra mercancía de alto precio" en el circuito artístico internacional, sino porque como "imagen infinitamente reproducible" redefiniría negativamente el concepto de lo que es la copia y el original. Prueba de lo infundado de tales suposiciones es la fuerza estética y la carga política de las imágenes de Sherry Levine, Barbara Kruger, Cindy Sherman; así como el poder transgresor de los cuerpos de Robert Mapplethorpe cuya "belleza clásica" y estilo "decorativo" no pueden verse como una simple kitschifización, sino como contemporaneización de la estética premoderna y la desconstrucción de las fotografías homoeróticas de los modernos como F. Holland Day y George Platt Lynes.

ciones escultóricas de la mitología clásica, y de deidades hindúes o chinas de la edad antigua que, vistas desde la modernidad, adquirían connotaciones grotescas y cómicas respectivamente.

Por otro lado, la distancia irónica y crítica que a partir del Pop ha permitido separar una imagen diseñada para el consumo popular de su reproducción, y otorgarle a esta última su estatus como obra de arte (Gaggi 60), es lo que autorizará al receptor a establecer la diferencia e, incluso, implantar subdivisiones dentro de aquellas estéticas.

En este sentido, Guy Scarpetta (*L'Artifice*) apunta que es la capacidad de percepción lo que le permite al receptor distinguir entre un segundo grado del kitsch y un primer grado, a saber: el "kitsch desviado" y el "kitsch ciego" (135), es decir, el kitsch consciente del conocedor o *cognoscenti*, y el kitsch inconsciente del desconocedor o *ignorati*. Igualmente apunta un tercer grado, netamente postmoderno, caracterizado por una actitud "ecléctica y cínica a la vez" (137) que, por un lado, le permite al hacedor mezclar –sin jerarquizarlos– géneros, tendencias y estilos; y por otro, le lleva a rechazar el purismo, y la creencia de progreso dentro del arte, característicos de las ideologías modernistas.

Igualmente Celeste Olalquiaga, quien prepara para la editorial Pantheon de Nueva York un estudio exhaustivo sobre el tema, lleva a cabo en *Megalopolis* una operación similar, cuando considera la existencia de "tres grados" del kitsch de acuerdo a "sus medios de producción y su función cultural" (42–55). Un primer grado donde "sólo importa lo que es percibido como real" (42) –kitsch inconsciente–, un segundo grado o neo–kitsch donde "la representación es el único referente posible" –kitsch consciente– y se constituye en "una popularización de la sensibilidad camp" (45), y un tercer grado que comporta la "legitimación de sus significados y atributos visuales por parte de las instituciones de artistas" (47).

Camille Paglia, a su vez, considera el camp "passé" e íntimamente asociado a la imagen del travesti que ella, a diferencia de Isherwood que lo conceptúa como "high camp" (*Sexual Personae* 209). Y Gary Indiana en su reseña del film *Careful* (Guy Maddin 1993) incluido por él dentro del "camp llevado a un grado inquietante de seriedad" (64) sostiene que en nuestra contemporaneidad la gente ya no responde al estímulo camp como en el pasado, pues al disminuir la intolerancia hacia las diferencias, éste ha perdido el efecto transgresor que lo prohibido garantizaba, transformándose en "una desmitificada reliquia de lo que podría llamarse preliberación homosexual" (56).

Robert F. Kiernan en su estudio *Frivolity Unbound* revaloriza el kitsch, analizando las obras de Thomas Love Peacock, Max Beerbohm, Ronald Firbank, E.F. Benson, P.G. Wodehouse e Ivy Compton–Burnett a la luz de un término que, a mi entender, sigue siendo útil para englobar, no sólo el comportamiento de caracteres cuya función, usando un vocablo de Sarduy, es "simular" (*La simulación* 13), sino también para abarcar el modo en que el artista, como conocedor, se apropia del kitsch básico y el manufacturado haciendo uso de —al decir de Jack Babuscio— los cuatro rasgos fundamentales del camp: "la ironía, el esteticismo, la teatralidad y el humor" (*Cine* 97) puestos al servicio del exceso, independientemente de las preferencias sexuales y la cobertura que cada quien haya decidido utilizar para socializar con su entorno.[4]

---

4. Al llegar a este punto es necesario aclarar que, aun cuando el camp se suele manifestar en un contexto homosexual, a través de formas de mirar propias de la sensibilidad gay, no necesariamente se restringe a dicho círculo. De hecho, una figura como la de Marlene Dietrich, en su narcisismo —hasta el extremo de haberse negado a mostrar el rostro en el film que Maximilian Schell rodó en los ochenta sobre su vida, y donde buscaba descalificar su trabajo como actriz llevándolo hasta el kitsch, al adjetivarlo repetidamente con la palabra *rubbish*— produjo en películas como *The Blue Angel* y *The Scarlet Empress* imágenes de un camp perverso que ensalzan "el poder de la sexualidad heterosexual femenina" (Dyer 8), sometiendo al hombre desde el exceso de lo femenino —*The Blue Angel*— y apropiándose del poder de lo masculino —*The Scarlet Empress*— para neutralizarlo travistiéndose. Mascarada esta "que denota la ausencia del hombre y simultáneamente niega y recupera esa ausencia" (Cook 54) al simularlo, pero como imagen inalcanzable para quien la adora; pues el objeto de la mirada camp se muestra siempre elusivo en su significado, al ser espejo de una ambigüedad propia tanto del barroco (Sarduy, *La simulación* 78) como del neobarroco (Sarduy, *Barroco* 103). Ambigüedad enfatizada en *The Scarlet Empress* por una *mise–en–scène* desmesurada donde, por ejemplo, las elaboradas cabezas en la escalinata del palacio de Catalina la Grande recuerdan, por igual, las de los profetas ubicados en la escalera frente al Santuario del Bom Jesus de Motozinhos en Congohas do Campo (Sitwell 213), y las de formas grotescas y expresión desorbitada, que adornaban la chimenea de piedra junto a la cual Reynaldo Hahn acostumbraba sentarse a tocar para Proust "la pequeña frase" (Mauriac 183).

Un exceso que si bien en épocas estáticas (clásico–neoclásico) ha buscado ser contenido por las fuerzas represivas de la sociedad, en las épocas dinámicas (barroco–neobarroco) hemos asistido a un desplazamiento de la frontera de lo permisible para incorporarlo (Calabrese 83). Pero a partir de los años noventa, con el llamado "nuevo orden mundial", las guerras étnico–religiosas, el incremento de la intolerancia hacia las diferencias en los centros, y el empobrecimiento generalizado de la periferia, dicha frontera ha perdido elasticidad, lo cual profetiza el advenimiento de una nueva era estática como signo distintivo del nuevo milenio. Ello podría redundar en un neoconservadurismo que buscará controlar la expresión abierta de la sexualidad en todas sus variantes, censurar las manifestaciones artísticas, y dificultar el acceso a la educación a todos aquellos grupos raciales distintos a las minorías blancas.

Este estado de cosas acaece no sin tensión, acción y rebelión por parte de quienes han accedido a uno de esos centros –que la anamorfosis barroca desplaza hacia los límites del sistema– para evitar que vuelva a coincidir con el medio geométrico. El conjunto de asociaciones privadas, por ejemplo, –desde las juntas de vecinos hasta ACT UP– que ya en el siglo XIX Alexis de Tocqueville advirtió serían la alternativa para contrarrestar la ineficacia con que el Estado (ese "ogro filantrópico" de Octavio Paz) administra, controla e impone, son un instrumento poderoso en la lucha por preservar la elasticidad del sistema.

Igualmente, revertir el signo negativo que quienes manipulan el poder implantan sobre el arte, para evitar que caiga en el silencio presagiado por Vattimo (*The End of Modernity* 56). Ello, mediante la concepción de obras puestas a explorar abiertamente las diferencias, tal cual artistas plásticos como Andrés Serrano, David Wojnarowiz y Marlene McCarthy han llevado a cabo, desafiando los sectores más conservado-

---

Igualmente, es interesante observar que Dietrich supo siempre capitalizar su popularidad y por ende apuntalar el culto camp de su imagen, tal cual lo demuestra el hecho de haber guardado más de cien mil fotos, diarios, afiches, trajes, accesorios y demás memorabilia, adquiridos el año 93 por la ciudad de Berlín para ser el centro de la colección de un nuevo museo. Se garantiza así la reconstrucción del mito a partir de su simulación constituida por todas aquellas piezas, con lo cual no sólo Marlene se hace más real sino que se le garantiza al objeto kitsch su estatus como obra de arte.

res de la derecha norteamericana; o como Pepón Osorio quien, a través de instalaciones que reciclan el imaginario religioso en ambientes saturados de objetos kitsch, denuncia la marginación de la población hispana en los Estados Unidos.[5]

Asistimos, en este último caso, a la utilización del exceso kitsch por parte del *cognoscenti* para revelar una situación de injusticia; de un modo similar al productor "inocente" de dicho objeto como réplica del original que una coyuntura similar ha desvanecido, tal cual se muestra, por ejemplo, en las pinturas de una anciana de Sarajevo, aparecidas en *The New York Times* (6 agosto 93), y donde ella reproduce las frutas, la mantequilla, el cereal, los chocolates que la guerra le ha hurtado. Es, en suma, presionar desde lo fragmentario a fin de alejar al fantasma del totalitarismo, y resistirse al regreso de un orden sin sentido en el marco de la *nueva inestabilidad* que el neobarroco propone.

No en vano Jean Franco pide que la cultura generada para satisfacer las necesidades de entretenimiento, simulación, juego de apariencias, deseo, placer y ansiedad, en las zonas de las sociedades latinoamericanas que han accedido a los medios de comunicación de masas, sea "una arena de lucha y resistencia" ("What's In a Name?" 13) contra totalitarismos similares; y añadiría yo, se incorpore de manera integral a las expresiones artísticas neobarrocas realizadas por creadores quienes, como conocedores, al apropiarse con un gesto camp del kitsch que la cultura popular contiene, vierten en los centros de la elipsis[6] ese exceso y lo po-

---

5. De hecho, el violento rechazo hacia las obras de Serrano puestas a mostrar desde la orina hasta el semen, hacia las pinturas fuertemente homoeróticas de Wojnarowicz, y a los óleos de McCarthy —donde se reproducen, en primer plano, las palabra para nombrar ofensivamente los órganos sexuales femeninos–, están inspirando una nueva estética que Elizabeth Hess irónicamente llama "la estética de los materiales indecentes" ("Gutter Politics" 89). En tanto que Pepón Osorio, en instalaciones como "The Scene of the Crime (Whose Crime)" para la Bienal 93 del Museo Whitney, donde la casa kitsch como escenario de un crimen, se combina con el modo estereotipado en que las películas norteamericanas presentan lo hispano, declara en el catálogo de la muestra: "Estoy interesado en tocar las fibras sensibles de la comunidad latina confrontándola con la manera en que la industria fílmica nos presenta".

6. "La elipsis en sus dos versiones, aparece dibujada alrededor de dos centros: uno visible (el significante marcado/ el Sol) que esplende en la frase barroca; otro obturado

nen "al servicio de una represión" (Sarduy, *Ensayos* 193). Pero no para
someterse a ella sino para exponerla, llevarla al límite y al sobrepasarlo
ridiculizarla.

Límite "de intensidad y resistencia" (Echavarren, *Transplatinos* 11)
entonces, más allá del cual se abre la fiesta de los materiales: la escritura,
el sonido, la imagen, los olores y sabores, las telas y los pigmentos, la
música y el imaginario místico–religioso; a ellos acude el artista buscando, no adoctrinar sino festejar[7] y sorprender a fin de provocar un efecto.
Por eso en toda obra neobarroca con un componente kitsch, existe la
voluntad de utilizar tanto el esplendor barroco como la estridencia
kitsch para señalizar la zona oculta en el comportamiento personal del
receptor y turbarlo: "alterar la conducta privada del espectador"
(Ettedgui 213), desde el placer del exceso.[8] Exceso que se hace necesario
eyacular por el ojo pineal de Bataille[9] y defecar por su ojo de bronce[10] a
fin de incorporarlo a la cultura excremental de la sociedad post–
industrial.

2. De lo sublime a lo grotesco: el kitsch en la narrativa hispanoamericana neobarroca

> Dulce patria tu llanto y tu pena
> juramos tus hijos muy pronto aliviar.

———

(el significante oculto/ el centro virtual de la elipse de los planetas), elidido, excluido, el
oscuro" (Sarduy, *Ensayos* 187).

7. "La fiesta significa liberación de todo aquello que es utilitario, práctico. Es una
transferencia temporal al mundo de la utopía" (Bakhtin, *Rabelais* 276).

8. Ese "¡más, más, todavía más!" que Roland Barthes pide a la escritura de Sarduy
(*The Pleasure* 8).

9. "El ojo es la cúspide del cráneo, abriéndose hacia la incandescencia del sol para
contemplarlo desde su aciaga soledad" (Bataille, *Visions* 82).

10. "La tierra sacudida en sus cimientos, expulsada de la pegajosa penumbra de los
bosques por numerosas flores de carne, con el ruidoso júbilo de las entrañas, como el
vómito de increíbles volcanes" (*Ibid.* 88).

Nos ayuda la Virgen Morena
y la cruel afrenta queremos vengar.
No temas, oh patria querida,
porque éste tu pueblo habrá de triunfar.

Jorge Negrete

El latinoamericano tiende a movilizarse hacia los extremos: del exceso a la escasez, de la exaltación a la apatía; por eso es también proclive a
la vehemencia y la nostalgia, a la queja romántica por un ídolo que se
va, un teatro que desaparece, la evocación de un cine de barrio ya bo-
rrado donde antes de ver a Libertad Lamarque trayendo rosas blancas
para su hermana negra, o a Jorge Negrete cantándole a Jalisco sin rajar-
se, uno podía escuchar las voces de Daniel Santos, Bienvenido Granda,
Celia Cruz: figuras obligadas al momento de estructurar la escena en su
doble acepción, es decir, como espacio de la representación cinemática,
y como "intercambio de cuestionamientos recíprocos" (Barthes, *Fragmentos* 113) donde se armarían el despecho y la venganza, que la tequi-
la, la grapa, el aguardiente exacerbarían hasta resolverlos en intento de
suicidio o pelea a cuchillo. Tal vez sea por ello que Umberto Valverde
sostiene que "en la vida de todo latinoamericano hay un bolero de por
medio" (*La máquina* 21), y una ranchera y un tango, podría añadir yo,
para integrar al ardor tropical, el desconsuelo mexicano y la melancolía
rioplatense.

Si añadir un toque sentimental hace de cualquier objeto y expresión
artística un perfecto ejemplo del kitsch más auténtico (Dorfles 170), no
es difícil comprender por qué un continente tan inclinado al estreme-
cimiento y la añoranza, cual es Latinoamérica, no pueda escapar, aun
cuando sea en un oscuro rincón, del kitsch básico o de primer grado,
visible en todos los sectores de la vida nacional sin distingo de grupos ni
clases sociales. Y es que mitificar las voces del sentimentalismo, para
ubicarlas en el altar casero donde el latinoamericano lo pone todo –
desde el binomio sagrado madre–virgen, hasta el obsceno Tongolele–
Iris Chacón–, resulta consistente con una tradición basada en el recuento idealizado del pasado perdido y la esperanza, que arranca con los
Comentarios Reales del Inca Garcilaso y adquiere definitiva consistencia
crítica desde el lenguaje escrutador de Octavio Paz en *El laberinto de la
soledad*.

Tal combinación de ilusión y fe traza los parámetros por donde cir-
cula este tipo de kitsch: nada como estrujar una imagen del doctor milagroso José Gregorio Hernández o de la Virgen de Guadalupe, hacerse
un trabajo purificador con venteaquí y lluvia de oro, o aferrarse a un
bolero de Agustín Lara, para uno sentirse protegido y a salvo de las cosas.

En un espacio tan precario como el latinoamericano donde la ley se
vive como simulación pues cualquier transacción de compra–venta,
desde el cuerpo hasta el pasaporte, exige una comisión, la mordida, el
sobreprecio; donde la viveza criolla es lo único que garantiza la sobrevivencia; donde la burocracia agobia pero con pachanga, el hambre
aprieta pero con guaracha, y los países van cayéndose a pedazos aunque
a ritmo de conga; tampoco extraña que la música y demás manifestaciones de la cultura popular sean lo que más se desarrolle, al tiempo de
constituirse en productos de exportación cotizados a la par de los bienes
primarios en el mercado internacional: orquestas salsosas, rumberas, pa-
rejas tangueras, baladistas, telenovelas, cómics y reinas de belleza de-
terminan la idiosincracia de la periferia, al tiempo que proyectan hacia
los centros imágenes de un kitsch manufacturado, o de segundo grado,
desde el cual las sociedades industrializadas nos contemplan.

Por todo ello es fácil entender por qué la narrativa neobarroca ha
buscado, con un gesto camp, apropiarse del kitsch básico y el manufacturado, tal cual lo han hecho también los escritores del *boom*. La
diferencia estriba en que autores como Luis Rafael Sánchez, Luis Britto García, David Sánchez Juliao, Angeles Mastretta, Ernesto Schóó,
Oscar Hermes Villordo, Angel Gustavo Infante y Boris Izaguirre, más
que integrar música y otras manifestaciones de lo popular a una obra
escrita desde el centro masculino heterosexual, –que privilegia esta voz
sobre cualquier otra, e integra tales manifestaciones sin mantener una
distancia irónica, diluyendo así en la trama del texto el efecto transgresor del kitsch en ellas contenido–, han armado las novelas fragmentariamente, desde "la gran combinación policéntrica" (Calabrese
57) de voces, temas, estilos y lenguajes; privilegiando las voces marginadas, e integrando con ironía y humor los distintos usos del kitsch, a
fin de utilizarlo como una herramienta activa puesta a denunciar los
males que asedian al continente, y tiene sus raíces en el imperialismo
y la dependencia.

Teatralidad, ironía, esteticismo, carnavalización, humor, ambigüedad, artificialización, se constituyen entonces en los rasgos dominantes de textos que, como Latinoamérica, se mueven sin transiciones de lo sublime a lo grotesco, en su afán de aprovechar el desplazamiento por anamorfosis hacia el límite del sistema contra el cual ponen a prueba la resistencia de la normativa social, política y cultural que determina, fiscaliza y somete.

Siguiendo tales razonamientos, *La guaracha del Macho Camacho* de Luis Rafael Sánchez se escribe, literalmente, desde el confín (Calabrese 65) del sistema por partida doble; pues no sólo es una obra que adopta plenamente las técnicas narrativas propias del neobarroco, sino que retrata las contradicciones de un punto geográfico enclavado en la periferia del ordenamiento que lo sujeta. Así, en el lenguaje de este autor, Puerto Rico se perfila como la deformación más sugerente del colonialismo norteamericano, al gozar de un estatus ambiguo que le permite desplazarse, sin obstáculos inmigratorios legales, de la herencia española–caribeña al crisol estadounidense: entre San Juan y New York "hay un paso... hay un paso", como dice la guaracha, avión o más bien "guagua" –tal cual lo ha calificado el mismo Luis Rafael Sánchez–, pues en un suspiro se va y se viene, sin que exista el estorbo de la "soberanía" nacional, como en otras zonas fuertemente penetradas por los Estados Unidos y cuyos habitantes deben lanzarse al mar en frágiles embarcaciones, efectuar matrimonios de conveniencia, o soportar aborrecibles empleos con tal de obtener la preciada *green card* que instantáneamente acciona las puertas del paraíso.

Esta novela critica, pues, la comodidad con que ciertos caracteres pertenecientes a los diferentes estratos de la población puertorriqueña se hallan instalados en la ambivalencia cultural. Ello desde la pulsión de un lenguaje dicharachero, juguetón, que avanza al son de la guaracha a través de la cotidianeidad de, por un lado, la familia Reinosa (el senador Vicente, Graciela –la esposa educada *comme il faut*–, y el hijo Benny estrenando un Ferrari por las congestionadas calles sanjuaneras). Y, por otro lado, de La Madre y Doña Chon: representantes de la mayoría "desclasada" de la isla.

El discurso se deshilvana, entonces, en un contrapunteo vertiginoso entre dos maneras opuestas de vivir, sólo permeabilizadas por el kitsch básico y el manufacturado. Así, aquellos personajes pertenecientes a los sectores oprimidos abrazarán el kitsch básico y se harán con la porción del kitsch manufacturado proveniente del contacto directo con la tradición popular latinoamericana: La Madre, por ejemplo, recurrirá al altar del Templo Espiritual Simplemente María –cuyo poder surge del sincretismo entre la iconografía religiosa y ciertos personajes públicos– buscando un antídoto al "salamiento con batata mameya y churro de cabro" (58) que provocó el retardo mental de su hijo. Igualmente ocupará el lugar de la simulación, en su afán de querer "SER Iris Chacón" (54) para rodarse, como efecto, desde la precariedad que la somete en los aledaños del barrio, hasta la consistencia del triunfo que la aguarda al interior del foco –en su doble acepción– representado por la pantalla chica.

Opuestamente, Graciela se hará depositaria del kitsch de segundo grado importado desde las sociedades industrializadas, y que Luis Rafael Sánchez deja *escrito sobre un cuerpo* anulado como espacio erótico por exceso de artificialización: *trompe–l'oeil* entonces, encima del cual la caricia de Balcony Amber –"crayón de cera de abejosa comprado a crédito en Chez Bamboo" (47), "los divinos humectantes de Helena Rubinstein" (42), "las uñas esmaltadas por Virginale" (41), los "laberintos de chifones, estampados de seda italiana y extravagancias costureriles de Givenchy, Halston y Balmain" (41) y el "bolso encantador de cabritilla nívea" (41), *simulan un espesor* (Sarduy, *Ensayos* 76) insuficiente, sin embargo, para aislar a Graciela de "lo ordinario" que la envuelve asfixiándola.

Será justamente esta fricción, entre lo sublime de su herencia oligárquica y lo grotesco de la condición del pueblo como masa tradicionalmente sometida, lo que otorga a toda aquella parafernalia su condición de objetos kitsch; pues la pretendida elegancia en ellos contenida resultará irrisoriamente anulada, al verse desplazados de su contexto original para ser reencontrados en uno donde son totalmente ajenos. Irrisión que duplica su efecto neutralizador del buen gusto cuando el autor describa la presencia, en el trópico, de artefactos ya de por sí kitsch –sean estos un "vaniti de oro coronario comprado a crédito en Penneys: orlado de jacinto que remata en lazo" (41), "un sofá tapizado con paño de lana, útil para la superación de los fríos polares" (13), o "una estiba de pavos plásticos: Thanksgiving en el horizonte" (135).

De este modo, a la incongruencia del objeto se añade la del entorno, produciendo Luis Rafael Sánchez un kitsch–kitsch y denunciando, con humor, la profunda desproporción entre las infraestructuras y el nivel de vida de la periferia con respecto a los centros.

Por supuesto, el autor no dejará de explotar el kitsch lingüístico como presencia sintomática en la isla, y que se desplaza del bilingüismo en las clases altas, al *espanglish* del pueblo; ambos, imbricados por el catálogo de productos norteamericanos que desde vallas, neveras, televisores, revistas y salas de cine, se inscriben en el idioma español marcándolo. Doble penetración cuya huella queda impresa como poder de decisión, compra y disfrute para la "*very adorable people*" (211) —segura en su manejo de los dos idiomas—, y como sumisión hacia aquel mismo poder que abusa y descalifica a quienes cuentan con un "inglés chapurreado" (165).

Ambas maneras de hablar contarán con su particular catálogo de expresiones prefabricadas, extraídas de los *mass—media* y vueltas clichés por el uso cotidiano, en contextos sociales distintos aunque unidos por una misma necesidad de manifestar rebeldía e impotencia. Es, en suma, dejarse ir en el kitsch lingüístico buscando liberar tensiones y ansiedades. Algo aprovechado por el autor para profundizar en su labor de señalizar las inconsistencias, arbitrariedades e injusticias puestas a desestabilizar el siempre precario equilibrio de la sociedad puertorriqueña.

La carga tragicómica contenida en la novela alcanzará sus cuotas más altas de frenesí y delirio en la escena final, desbordándose y descalabrando aquel equilibrio que permitía la convivencia entre lo sublime y lo grotesco: Benny se lleva por delante en su Ferrari la miseria y el desclasamiento, protegido por la impunidad que el poder familiar le otorga, como una dádiva a cuyo rescoldo se sigue ensanchando la brecha entre pobres y ricos en el contexto social latinoamericano:

> Yo no tuve la culpa a unos sesos reventados en la puerta del Ferrari y a unos ojos estrellados por la cuneta como huevos mal fritos. Benny no oye asombros ... Benny pregunta enmohecido, por prisas apresurado: o sea que ¿cuándo podré lavar mi Ferrari?: la voz chillada y el rencor dañándolo: me cago en la abuela de Dios. (230)

Las consecuencias que tal impunidad ha tenido en la sociedad venezolana son igualmente analizadas por una novela concebida como fresco donde, a partir del detalle kitsch, se ponen de relieve las contradicciones existentes: me refiero a *Abrapalabra* de Luis Britto García.

Organizadas en escenas de corta extensión, a partir de múltiples paratextos que proponen a su vez una lectura paralela, las 650 páginas de esta novela se constituyen en uno de los ejercicios de lenguaje más radicales y sugerentes de la narrativa neobarroca hispanoamericana. Ya desde el título el autor nos pone sobre aviso en cuanto al papel cabalístico de aquél en su función de abrir, separar, exponer, denunciar, desde el kitsch de primer grado contenido en el sortilegio y el encantamiento. Abra palabra, abra la palabra, que la palabra abra y obre, que la palabra oficie en nombre de "Carpión Milagrero", del "Doctor Milagroso", del candomblé y los "efluvios de la medalla de San Benito"; invocados, todos, con una mezcla de sublimación e ironía para exponer así el comportamiento de los diferentes estratos de la vida nacional.

Novela total sin ser totalizadora, revela el fracaso de las ideologías en la construcción de un país más justo, al manejarlas como ficciones puestas a manipular y someter a los sectores que no se beneficien directamente de sus postulados; ello al tiempo que parodia el conformismo de éstos y su confianza en el milagro que les cambie la suerte. Y aquí es interesante destacar el relevante papel del kitsch en la formación de la identidad latinoamericana, pues para un continente que vive de ilusiones, se nutre de la falsificación y la copia, y opera a todo nivel con modelos prestados —trasplantados siempre de otras realidades sin siquiera intentar adaptarlos—, no hay nada más corriente que hacerse con un amuleto, extraído de la iconografía popular y religiosa, para encontrar amparo u ostentar poder.

Luis Britto García lo sabe y por ello *Abrapalabra* opera con caracteres que depositan en el kitsch sus miedos o su responsabilidad en la toma de decisiones que afectan el devenir del país. Caracteres, entonces, aferrados a la imaginería vernácula que, como las prostitutas, llevan en los sostenes bajo la forma de escapularios o, como los burócratas enriquecidos a la sombra del Estado, lucen (reminiscencias quizás del Dorado mítico) en cadenas, sortijas, yuntas, hebillas y bolígrafos de oro, mientras efectúan negocios turbios o van a ver a su pitonisa particular tras las sesiones del Congreso.

Pero no sólo del kitsch de primer grado vive el venezolano; siendo Venezuela un país que vivió durante 50 años hipotecado a los Estados Unidos y que, si bien en 1974 ganó el control sobre la producción petrolera, ha seguido en manos de los consorcios extranjeros, el kitsch manufacturado señala la profunda dependencia en la cual se halla la economía, no sólo a través de la importación de objetos y patrones foráneos, ya de por sí kitsch, sino de elementos que se vuelven kitsch al entrar en contacto con la realidad nacional: "familiarización de lo exótico" ha llamado Ludwig Giesz a este proceso ("Kitsch" 171), del cual las reproducciones de la Venus de Milo para jardín o las hileras de pinos canadienses vendiéndose por las avenidas de Caracas en pleno diciembre tropical, se constituyen en ejemplos al azar de productos puestos a satisfacer el ansia consumista y la nostalgia que, tras la caída de los precios del petróleo, la devaluación drástica de la moneda, y el aumento incontrolable de la inflación a principios de los años ochenta, ha vuelto exótico lo familiar. La pérdida de poder adquisitivo ha alejado al venezolano medio de sus frecuentes viajes de compras a Miami, Nueva York o París, y ha alterado sus hábitos etílicos (Venezuela llegó a estar entre los primeros consumidores de whisky del mundo), llevándolo hacia la "kitschificación" de los productos autóctonos —desde el queso guayanés hasta el ron.

Publicada entonces *en el límite* entre aquel consumo compulsivo y la presente escasez drástica, *Abrapalabra* se desplaza de lo sublime a lo grotesco con fluidez y desenvoltura, deteniéndose con tino en aquellos puntos donde las apariencias se rasgan y surge el fondo inconveniente de lo real; queda entonces al descubierto el tramado de intrigas, claudicaciones y descomposición que desestabiliza al sistema.

Los elementos causantes del desequilibrio —esos "cuerpos irregulares" de que habla Calabrese (*La era* 200)— son abordados por Britto García desde la abundancia verbal, catalogándolos y ubicándolos en su lugar preciso dentro de la red transtextual, donde interactúan en situaciones diversas falsificándolas. Enumerar algunos de ellos, para que el lector los reconozca como elementos potencialmente generadores de momentos kitsch, no deja de ser un gesto camp del autor; gesto al que yo incondicionalmente me sumo al repetirlo:

> pedidores de recomendaciones/ periodistas buscando avisos/ gerentes de agencias de festejos/ solicitantes de renovaciones de permisos de expendio de licores/ bailarinas de mambo/ hombres del año en publicidad/ limpiabotas/ tírame algos/ poetas en busca de becas/ selladores de formularios hípicos/ asesores electorales/ revendedores de entradas/ Se-

nadores de la República/ vendedores de rifas/ organizadores de concur-
sos de belleza/ actrices de telenovela/ directores de academias de telepa-
tía por correo/ comisionistas/ vendedores de condecoraciones/ oficiales
en busca de ascensos/ vendedores de curitas/ abogados litigantes y de
todo tipo/ fotógrafos de entierros/ Directores de Ministerio/ soplones/
anunciadores de lucha libre/ testigos falsos/ agregados culturales/ solici-
tantes de créditos agropecuarios/ técnicos de la Alianza para el Progre-
so/ expertos en paquete chileno/ gerentes de financiadoras/ vendedores
de papita frita en las trancas de tráfico/ técnicos en estudios económi-
cos/ cobradores de peaje/ campesinos tratando de que les reconozcan
títulos de tierras entregados por la Reforma Agraria/ traficantes de in-
documentados/ gestores de exoneraciones de impuestos/ desempleados/
vendedores de permisos de construcción trucados/ Concejales/ tramita-
dores de subsidios. (133–34)

Esta fauna que sobresatura el sistema deformándolo y amenazando
su continuidad, gira en la novela alrededor de un personaje, Moncho,
quien desde el margen sociocultural se ha trasladado hacia los focos de
poder mediante la corrupción y la violencia. Con ese movimiento de
traslación de sus protagonistas, Britto García ilumina el lado grotesco
del éxito, cuyo "olor" –utilizando el kitsch de un lema publicitario para
un producto de limpieza: "el olor del éxito"– es más bien fétido y contamina todos los sectores de la vida nacional.

Obviamente, el (mal)olor del éxito no es privativo de este país caribeño: Daniel Sánchez Juliao con *Mi sangre aunque plebeya* y Angeles
Mastretta en *Arráncame la vida* –ambos títulos paratextos de sendos
boleros de Agustín Lara– también revuelven el sistema, buscándolo.
Novelas estas de un kitsch sentimental puestas a escenificar la tragedia
afectiva que, como todo drama amoroso, es contradictoria – "usted es la
culpable", "tú eres el culpable"– y progresivamente arrastra a sus protagonistas a la desintegración y el escombro –"somos piedras que, rodando, nos quedamos sin camino". Por ello la alegoría, insistentemente
atraída hacia la ambigüedad y el fragmento (Benjamin, *The Origin*
177–78), se constituye en el recurso privilegiado por ambos autores, al
momento de destapar lo que por estar tanto tiempo encerrado nunca
huele bien:

A *Los lobos* se va a beber hasta el abandono y a oir algo que la gente llama *música vieja*. Ese tipo de canciones que más de una vez me ha hecho pensar que los latinoamericanos no hemos padecido cien años de soledad sino cinco siglos de infancia. Pues expresan, muy a cabalidad, nuestra tragedia cotidiana como reflejo individual de una gran tragedia colectiva. (13)

Con esta afirmación inicial, Sánchez Juliao propone la "música vieja" como emblema del fatalismo presente en el carácter del latinoamericano –propenso al melodrama– y en cuyo *laberinto de pasiones*, deseo, idealización, traición, arrepentimiento, autodestrucción, el individuo se extravía para escapar de una realidad que, por empezar siempre fuera de él, lo manipula y lo somete, aunque no logra apresarlo del todo. Y es que si la cultura de los centros tiende a reprimir la espontaneidad y el espacio consagrado al derroche económicamente improductivo –en aras de un sistema cuya supervivencia, al depender del sacrificio de sus integrantes, está siempre por encima de éstos, haciéndolos así prisioneros de su engranaje–; en la periferia priva la imposición de valores y modelos que, al ser ajenos a la realidad latinoamericana, no son sino copias kitsch de sus homólogos de los centros. Ello hace que el individuo se sienta superior a un sistema que opera desde la falsificación, y por tanto sólo pone en boca de sus autoridades expresiones prefabricadas que devienen clichés en los cuales nadie cree; por eso el latinoamericano se evade, se burla y está siempre buscando la manera de trampear para aprovecharse lo más posible de sus instituciones, haciendo para ello uso de lo que se ha dado en denominar la viveza criolla; actitud constituida por la mezcla entre una capacidad infinita de improvisación y un inagotable sentido del humor:

Lo fatal en El Ande es *la lobería*. Y el bar de Rodrigo, *Los lobos*, es una burla de lo fatal, una mofa del abismo, y del temor de caer en él; pero también un *recorderis* de la ración de *lobo* que todos llevamos dentro, y la que intentamos extirpar a toda costa: con los vestidos de marca, las corbatas de seda, las bufandas de lana, el encendedor de oro, los aros de carey, los calcetines de rombos, la gabardina inglesa, en fin ... todo lo que un amigo mío llama *uniformarse a alto costo*. (58)

El bar como continente de lo que no es sino apariencia, resulta ser el espacio idóneo para que el fatalismo se instale y el bolero tome cuerpo desplegando *in extenso* el catálogo de miradas, voces y emociones con que Luis Enrique urde el tramado sentimental en torno a la figura de Carmen Palacio, al tiempo que profundiza en los mecanismos de poder puestos a movilizar la vida de El Ande: ciudad que, como alegoría de la metrópolis latinoamericana, constantemente se despliega en nuevas e inusitadas formas, impulsada –como no– por la viveza criolla.

De tal recurso se valdrá el protagonista para obtener no sólo a Carmen sino a Marta De Lima, "heredera de un imperio" (87) al ser hija del propietario de *todo* El Ande. En tanto la red pasional se espese, irá descubriéndose la intrincada maquinaria de la cual se valen los De Lima para controlar el país; ello desde el contrapunteo entre "el *kitsch* de la música vieja" (131) y el kitsch manufacturado que envuelve a las clases acomodadas, propulsoras de una economía del derroche:

> en el instante preciso que me miró ... [m]e sentí crucificado por el fuego de un instante, y no sé por qué, pensé sin vergüenza en los hornos de microondas. (23)

Con esta estrategia Sánchez Juliao se hace cómplice de la parodia a la economía de los centros que, según Sarduy, es intrínseca a toda obra neobarroca,[11] además de denunciar los abusos de poder del Estado dirigente: "El gobierno no sirve sino para robarse las donaciones ... y los impuestos" (124). Doble táctica que alcanzará sus cuotas álgidas de irrisión e ingenio en la novela de Mastretta, al haber sido escrita por una

---

11. "¿Qué significa hoy en día una práctica del barroco? ¿Cuál es su sentido profundo? ¿Se trata de un deseo de oscuridad, de una exquisitez? Me arriesgo a sostener lo contrario: ser barroco hoy significa amenazar, juzgar y parodiar la economía burguesa, basada en la administración tacaña de los bienes, en su centro y fundamento mismo: el espacio de los signos, el lenguaje, soporte simbólico de la sociedad, garantía de su funcionamiento, de su comunicación. Malgastar, dilapidar, derrochar lenguaje únicamente en función del placer –y no, como en el uso doméstico, en función de información es un atentado al buen sentido, moralista y 'natural', como el círculo de Galileo– en que se basa toda la ideología del consumo y la acumulación" (*Ensayos* 209).

voz femenina que, como tal, se ha desplazado desde la periferia del sistema hasta el centro mismo del poder.

Catalina, muchacha poblana vista "como algo que se compra" (27) por el general Andrés Ascencio, se casa con éste y recorre todos los estadios de la pasión amorosa que la dinámica del bolero propone, hasta enviudar y tomar entonces el control sobre su propia vida. Pero su posición como esposa de la mano derecha del presidente de turno, en el México post–revolucionario, sólo será pasiva en apariencia: Catalina pondrá a valer el espejismo de una pasividad en la cual no cree. La autora encuentra así su lugar entre otras fabuladoras contemporáneas, como Isabel Allende y Laura Esquivel, cuyas heroínas igualmente se valen de su habilidad para falsificar los patrones de sometimiento a la sociedad patriarcal latinoamericana a fin de imponerse; imponer su voluntad dentro y fuera de la casa.

El efecto del afecto, es decir, la familiaridad (ese *no respect* de Andrew Ross) con que ellas manejan iconos, ídolos, caciques, militares, políticos y demás emblemas de autoridad masculina, las predispone sin duda al uso de la mirada camp para "kitschifizar" la conducta del macho vernáculo –que queda ahí precisado y expuesto en toda la fetidez de su comportamiento.

Angeles Mastretta no desaprovecha ninguna oportunidad para resaltar con humor la tosquedad de Andrés, tanto en la intimidad del cuerpo y de la casa ("[n]o sabes montar, no sabes guisar, no sabías coger. ¿A qué dedicaste tus primeros quince años de vida?" 20), como en la notoriedad de la capital, a donde la pareja accede desde la provincia como coto privado del general. Se contrastan aquí las diferencias entre el kitsch rural y el urbano ("[l]as bandas de los pueblos son más frescas y dan menos sueño ... A este señor Mahler le hacía falta coger" 130–31) partiendo de dos modos opuestos de vivir, pero que conviven en simbiosis a consecuencia de los movimientos migratorios internos.

Y es que el latinoamericano, por su extracción eminentemente provinciana, tiende a interpretar el mundo desde el kitsch de primer grado, que la barbarie de los caudillos desvía hacia la tragedia, y el contacto con la civilización urbana –núcleo del kitsch manufacturado– distorsiona; produciendo así una clase política proclive a la carnavalización de todos sus gestos de poder, ya sean desfiles, actos culturales, discursos o decretos; con lo cual éstos pierden la grandilocuencia, la seriedad oficial

y el carácter neurótico del kitsch según Broch (*Kitsch* 30), a favor de la
locura festiva y la parodia rabelesiana de lo grotesco según Bajtin
(*Rabelaise* 39). Esto podría de cierta manera explicar las diferencias de
tono entre los absolutismos fascista y nazi, con respecto al caudillismo
latinoamericano –que no por ello deja de ser menos sanguinario:

> Tres días después el licenciado apareció hecho pedazos y metido en una
> canasta que alguien dejó en la puerta de su casa ... sólo quería verla y
> saber si la corona de flores que mandaría Andrés cabría por la puerta.
> Porque él así jugaba, cuando el muerto era suyo o le parecía benéfica su
> desaparición, mandaba enormes coronas de flores, tan enormes que no
> cupieran por la puerta de la casa en que se velaba al difunto. (72–23)

La desmesura del gesto que, por su exceso, por salirse de su marco
referencial, deforma la intención original del objeto, es resaltada por la
autora para señalizar el horror contenido en el acto; cual si carnavali-
zándolo (Stam, *Subversive* 123) pudiese, ella también, descentralizar las
fuerzas con que el poder y la ideología oficial someten a los sectores
ubicados en las orillas del sistema. Evidentemente, como toda acción
subversiva proveniente de la resistencia artística, su efecto es limitado y
sólo ha servido para corroborar, una vez más, el hecho de que las mentes más lúcidas nunca estarán con el Estado –aunque en ocasiones ciertos creadores hayan luchado por detentar el poder político del cual, finalmente, se han desprendido desencantados. Carlos Vives, director de
la Orquesta Sinfónica e hijo de general, no supo hacerlo a tiempo y Andrés Ascencio lo manda a matar; más por ello –creo– que por ser
amante de Catalina quien, desde ese instante, huye del centro y se evade
en el kitsch inherente a la domesticidad de la casa poblana: celebracio-
nes familiares, consultorios sentimentales, tertulias con las amigas,
compras compulsivas, y al final un amante director de películas para corroborar, quizás, la afirmación de que como "todo cabe en el cine"
(203) éste es un medio propenso por excelencia al doble kitsch, el propio y el del espectador, de una manera cambiante, flexible e indetenible.
Tal cual apunta Lotte H. Eisner, "cada fotograma deja sólo una impresión pasajera rápidamente reemplazada por el fotograma siguiente"
("Kitsch" 197), pudiendo así mostrarse un catálogo kitsch riquísimo en
esa mutación vertiginosa de fotogramas, además de estimularse con la

misma velocidad la capacidad del público para discernir entre los diversos grados del kitsch contenidos dentro del film.

Ernesto Shóó en su novela *Función de gala*, revertirá la afirmación de Mastretta y llevará al límite la aseveración de Eisner, al mostrar cómo todo el kitsch cabe también dentro de una fotografía. Partiendo de la imagen donde se muestra a una mujer y un entorno a la usanza cursi de finales del siglo XIX, el autor estructurará la historia de la tía Pupé en el Buenos Aires de la época y de las primeras décadas del siglo XX. Como las flores de papel proustianas, la fotografía que el narrador observa, ochenta y cinco años después de ser tomada, se expandirá hasta desbordar los límites de la imagen misma y reconstruir el mundo que no se ve pero ya está incluido en ese fotograma; un mundo con características muy distintas al de otras ciudades latinoamericanas.

La sociedad rioplatense es una sociedad de obsesiones provenientes de su frustración por haber surgido en el lado equivocado del Atlántico, por no ser Europa; de ahí que Buenos Aires, construida básicamente como simulacro de las grandes capitales europeas, abarque todas las posibilidades del kitsch no permeabilizado por el mestizaje. De hecho, la transposición de modas, estilos, objetos y actitudes desde los centros a la periferia, se realizó en estado "puro", estableciéndose así la diferencia con el kitsch caribeño –desde todo punto de vista "contaminado" por el cruce de razas y culturas. Por ello *Función de gala* se constituye en una parodia camp del comportamiento inherente a las clases altas argentinas, en un momento cuando el país era más europeo que nunca.

Al ser el universo de la novela ese exceso que desborda el retrato, Shóó no escatimará recursos para describir, desde un tiempo dislocado, la abundancia existente en el espacio urbano, las casas y los cuerpos de sus personajes. De Pupé, por ejemplo, ataviada con vestidos, joyas, sombreros y maquillajes imposibles, descendiendo la escalera dorada del Casino de París para encontrarse con Luis XIV; simulando ser la Venus de las pieles en la corte de Ludwig II de Baviera; y acompañando a Tony –gigolo amante de Lolo– al "Aux Matelots", pero especialmente a la función de gala en el Teatro Colón: apoteosis del artificio, teatro del gesto y el detalle, espacio desdibujado por la decoración propia y humana como espacio arquitectónico, para ser reencontrado como espacio de la representación personal, que en el caso de Lolo:

implicaba, entre otras cosas, un día entero para estar presentable. El sastre para ajustar el frac, toda la tarde en el club para hacer gimnasia, ser masajeado, desintoxicarse, ponerse en línea, lustrarse las uñas, hacerse afeitar escrupulosamente, retocar el pelo. Ser radiante: la piel luminosa, los ojos brillantes, la boca fresca, el ánimo despreocupado. (96–97)

Y en el caso de Pupé pedía:

los anillos. Los dos solitarios ¿eh?, uno en cada mano. Acá, en la derecha, también los rubíes, y el de perlas con caídas. En el escote, la libélula que le regaló Ludwig. Yo diría de ponerle todas las pulseras, ¿qué le parece? La de brillantes grandes, la de brillantitos, la de esmalte con perlitas, la de zafiros ... el collar. Pupecita, yo le aconsejo que se ponga todas las perlas juntas, y los brillantes, y la gargantilla también. (141–42)

Al tiempo que el espacio arquitectónico se hace piel, "el cuerpo se edifica como una arquitectura" (Calabrese 205) donde, siguiendo el modelo de ciertas construcciones barrocas, "la pobreza estructural y de materiales se oculta bajo recargadas máscaras, en un arte cuyo fin es *aparentar* y cubrir un efectivo vacío interior" (Checa 88). El lenguaje de Ernesto Schóó escruta largamente el maquillaje que envuelve esas carencias, y al hacerlo las acentúa resaltándolas y delineando así los rasgos de una clase social presta a depositar en el kitsch europeo su ansiedad y su deseo. Perfumes, brocados, galicismos y gestos se combinan entonces en diálogos y monólogos de un camp clasista, al interior de espacios como escenografías más aptas para la representación que para la vida cotidiana: el círculo de Citerea, por ejemplo, creación de María Cleofé *a la manera* de los salones inmortalizados por Proust, y hecho doblemente cursi a través de la parodia del género pastoral al travestir los integrantes su identidad bajo nombres contenidos en las églogas. O los apartamentos y habitaciones de hotel en que se suceden encuentros eróticos, crisis pasionales y conversaciones telefónicas tendientes al derroche de tiempo, energía, dinero y belleza, con una furia proveniente del capricho en mostrar y mostrarse, pero sin alterar las formas ni abandonarse impúdicamente a los altibajos de la pasión como ocurre más al norte del continente –no en vano el argentino privilegia el conten(d)er propio del tango al desenfreno sensual del bolero.

Schóó llevará tal actitud hasta la irrisión cuando incorpore la cotidianeidad del Buenos Aires de arrabal al melodrama cinemático. *Corazón de tango* de Manuel Ferreyra –espejeó quizás de los films silentes de José Agustín Ferreyra como *La muchacha del arrabal*, *Mi último tango* o *La costurerita que dio aquel mal paso*– será la película escogida para narrar la vida de Tony, cuando es arrojado fuera del marco kitsch constituido por la actitud propia de la burguesía del siglo XIX. Un kitsch que Broch calificaría de "maligno" pues se basa "en una existencia impuesta sobre la hipocresía universal, extraviada entre una inmensa maraña de sentimientos y convenciones" (*Kitsch* 29):

> Al salir, va mirando por última vez aquella opulencia que sus fantasías de niño alguna vez pudieron hacerle creer que le pertenecía a él también. No era cierto: ese es el mundo de los otros, de los ricos capaces de arrojar a un pobre huérfano a la calle, sin esperar que se aplaque un tanto (porque esa herida nunca restaña del todo) el dolor por la reciente pérdida de su madre. Pero no importa: él tiene sobre ellos la ventaja de su juventud, su honradez, de su noble alma y, sobre todo, la de ser pueblo. No temerá entonces enfrentarse en ardua lucha con esa maestra incomparable: la vida. (81)

Lenguaje de folletín puesto a parodiar la fascinación del público medio (la "¡Pobre chusma!" diría, muy camp, Maneco 154) por el melodrama: "real como la vida misma" o quizás más real aún; ya que el kitsch de la radionovela, la fotonovela, la telenovela es el más cercano al hiperreal por el modo en que los ídolos populares encarnan todos los excesos que el individuo corriente no puede vivir o vive a escala mínima, sin el *glamour* y el carisma que estructura como estrellas a sus protagonistas: *La Novela Semanal, El Suplemento, Rosalinda* (75). Vehículos entonces para hacerse con el objeto del deseo mediante su simulación kitsch; lugares del juego y de un estar en juego que seducen pues apelan a la ansiedad por saber qué ocurrirá en el episodio siguiente: placer de la suspensión y del suspense; kitsch democrático, homogeneizador del mercado consumidor. Ciudades y pueblos absortos por igual ante las peripecias que viven, capítulo a capítulo, fascículo a fascículo, los protagonistas; siempre las mismas pues es la reiteración de escándalos, encuentros, abandonos y traiciones lo que atrapa a la audiencia; tal vez porque la repetición calca el movimiento cíclico de los problemas en los cuales constantemente nos sentimos atrapados –por ello el afán de originalidad es también el peor enemigo del *rating* en las telenovelas y del volumen de ventas en las fotonovelas.

Y si en *Función de gala* la cotidianeidad entra para intertextualizarse con el camp y el kitsch a través del folletín y el melodrama del cine sentimental argentino, en *Consultorio sentimental* de Oscar Hermes Villordo lo cursi alimenta la anécdota para intrincarse en el folletín literal y literariamente, pues aquí son las "revistas femeninas" (7) lugar de la simulación y la parodia: el narrador obtiene un trabajo como redactor del consultorio sentimental en una de esas publicaciones, travistiéndose entonces bajo el seudónimo de Jacqueline Saint–Pierre y organizando un concurso para galardonar el mejor poema de amor escrito por una de las lectoras; concurso que terminará en carnavalización kitsch de la escritura, al presentarse "una cabalgata de sorpresas con mujeres malabaristas y chicas sonrientes con bandejas, no de cigarrillos sino de versos" (61) para acompañar la entrega de premios. El conjunto, sin embargo, eludirá el lugar común del discurso simbólico clásico a favor del que ocupa al interior del discurso tecnológico neobarroco:

> Si bien, simbólicamente, la poesía va en carroza, en la realidad debe ir en automóvil. Los otros premios han sido eliminados. Nada de tapados, de gorros o de muñecas. A todas, regalos confortables: heladeras, televisores, batidoras. Debemos dar la sensación del confort, que es la imagen de la felicidad. (61)

Con este desplazamiento Villordo hace de la palabra artefacto cultural dable de mitigar, en el trueque tecnológico, la ansiedad consumista de un mercado cautivo ávido por evadirse de dicha *lingua franca* que, como tal, permeabiliza a la masa en todos los rincones de nuestra aldea global, y la predispone al bombardeo indiscriminado del kitsch manufacturado; en otras palabras, fruición y vicariedad puestas al servicio del efecto:

> En una pasarela, especie de Cuerno de la Abundancia, estaban expuestos, para aprovechar el lugar, algunos de los premios ... porque el direc-

tor había pensado también en este golpe de efecto: el automóvil sport y el combinado estereofónico del primero y segundo premio giraban sobre plataformas iluminadas por reflectores. (145)

Desde esta perspectiva, el cuerpo, la casa y Buenos Aires —entrevisto sólo a través de puertas entornadas, cortinas a medio cerrar y miradas de soslayo; como quien al pasar observa vitrinas—, se constituirán una vez más en escenarios de la representación, permitiéndole al autor explorar las repercusiones intelectuales y afectivas que el correo del corazón tiene sobre sus protagonistas; al tiempo que desde el lenguaje del folletín se expone la represión sentimental y el abuso machista sobrellevado —aún hoy— como destino por la mujer latinoamericana.

En efecto: Jacqueline se enamorará de una desconocida a través de los poemas que, equivocadamente, ella había enviado a la redacción del consultorio y motivaron la idea del concurso. Poemas destruidos accidentalmente pero impresos en la memoria de este narrador quien, a lo largo del texto, propondrá diferentes versiones de los mismos a fin de parodiar lo cursi del lenguaje de la "poetisa" puesto a simular la métrica renacentista y el lenguaje modernista, hasta el punto de reproducir algunos versos de Góngora y Darío para expresar su angustia por la manipulación de la cual es objeto.

Y es que la queja de Victoria Ocampo ante la "colonización" sufrida por la mujer hasta fines del siglo XIX, a pesar de haberse completado ya el proceso independentista (*Testimonios* 236), sigue siendo válida hoy; como si el exceso machista fuese lo que mantiene el equilibrio sentimental de la sociedad latinoamericana. Al abordar desde el kitsch del folletín la situación de inferioridad y dependencia a la cual se halla supeditada la mujer —especialmente aquéllas poco educadas, aisladas en la provincia o en los márgenes urbanos, y a quienes "ni siquiera sus novios las toman en serio" (11)— Villordo, como Puig, funda un espacio textual donde lo femenino, que se hallaba reprimido, encuentra voz para manifestarse, y consagra una distancia irónica con respecto al poder alienador de la cultura popular que, una vez más, demuestra ser el sustrato fundamental de toda obra neobarroca.

En este sentido, dos novelas de autores nacidos en la década del sesenta —*Yo soy la rumba* de Angel Gustavo Infante y *El vuelo de los avestruces* de Boris Izaguirre— retoman para la sociedad de los noventa cier-

tos iconos del cine, la música popular, el cómic y la arquitectura de los
años cincuenta, como una manera de hacerse eco del éxito que lo moderno vuelve a tener entre el público joven.

Así, la Lupe, Jorge Negrete, el Trío Los Panchos, Petula Clark, Ka-
tharine Hepburn, Periquita, El Hombre Araña, las casas venezolanas
construidas durante la dictadura perezjimenista, son reciclados por una
generación rebelándose, en ese gesto, contra una modernidad que la ha
llevado a depositar en el delirio tecnológico su ansiedad y su deseo. Ello
al tiempo de recuperar una tradición que había quedado relegada al bar
de la rockola, las salas de arte y ensayo, o la novelística de Donoso y
Cabrera Infante con la cual la generación del post–*boom* no sabía iden-
tificarse totalmente.

Se cumple una vez más el principio de reapropiación de lo clásico y
lo barroco como "conjuntos de opciones de categorías que se pueden
volver a encontrar aún con soluciones individuales diversas en toda la
historia del arte" (Calabrese 34).

Será, pues, en esta combinación policéntrica de épocas y estilos –
cuyo exceso viene motorizado por un indetenible frenesí, donde se da
continuamente la reproducción *ad infinitum* de discursos, producto de
una hipersofisticación de las formas gracias a una no menos sofisticada
tecnología–lo que reincide en el neobarroco de fin de siglo y augura, para el próximo milenio, no el fin de la modernidad sino –como me comentaba en una entrevista Celeste Olalquiaga–[12] el enloquecimiento y
radicalización de la postmodernidad.

Yo soy la rumba representa, dentro de este contexto, la continuación
de una tendencia de la narrativa neobarroca donde el kitsch básico y el
manufacturado están puestos al servicio de lo popular, pero no para en-
sombrecerlo sino para realzarlo, pues aquí lo grotesco no es el gusto de

---

12. "La postmodernidad sigue vivita y coleando. Lo que ocurre es que en el nuevo
milenio se va a enloquecer y radicalizar mucho más. Por un lado nos encontraremos
con más fragmentación y vicariedad, alejándonos cada vez más de la experiencia inmediata; y por otro, surgirán más grupos fundamentalistas que buscarán devolverle a los
fenómenos culturales un centro y un foco que ya no tienen. La batalla se hará más agu-
da en todos los aspectos: religión, arte, sexualidad, etnicidad. Veo la radicalización de la
pelea cultural" (Varderi, "Yo sí").

las masas sino la manera cómo, desde lo sublime de su condición, las élites abusan de su poder a fin de oprimirlas.

La novela de Infante, como hipertexto, se inserta así abiertamente en una serie de textos previos a los cuales dedica el capítulo "Se formó la rumbantela": *Sóngoro cosongo* y *Motivos del son* de Nicolás Guillén, "Delito por bailar el Cha Cha Chá" y *Tres tristes tigres* de Cabrera Infante, *Si yo fuera Pedro Infante* de Eduardo Liendo, *Los reyes del mambo tocan canciones de amor* de Oscar Hijuelos, *La guaracha del Macho Camacho* de Luis Rafael Sánchez, *Mi sangre aunque plebeya* de Sánchez Juliao. Hipotextos, todos, a los cuales el autor rinde homenaje sobre un escenario donde los escritores intérpretes se abandonan al sabor del son, la rumba, el mambo, la pachanga y el bolero para que las obras se impriman con *sangre de amor [no] correspondido*:

> El despecho se nos ha metido en el alma como una enredadera. Abrimos la casa para poder escribir entre todos la crónica del corazón con su tinta de sangre. (100)

Y que sea la fiesta dionisíaca, el carnaval bajtiniano, la orgía erótica de Bataille ("Todo es fiesta. Hasta la muerte misma es fiesta". *Visions* 141) lo que lubrique la escritura, provoque el jadeo del lenguaje, descubra orificios y protuberancias –siempre desmesurados: "la vulva rosada que, extendiéndose hasta las rodillas, se abría como una enciclopedia", "el pubis tan grande como una coliflor australiana" (18), los falos enarbolados cual "mástiles potentes" (20)–, enajene en fin los contornos de esta época donde los contenidos se estregan y se estrellan, buscando que de esa fricción–colisión la obra estalle y se expanda. *Big–bang*:

> Obra no centrada: de todas partes, sin emisor identificable ni privilegiado, nos llega su irradiación material, el vestigio arqueológico de su estallido inicial, comienzo de la expansión de signos, vibración fonética constante e isotrópica, rumor de lengua de fondo: frote de consonantes, ondulación abierta de vocales. (Sarduy, *Ensayos* 204)

Ulular de la letra, escozor de la grafía, irritación de la página: "*décalage* hacia el rojo" (*Ibid.* 205) del soporte de una escritura puesta a penetrar nuestra contemporaneidad, mientras Infante pasa revista a la modernidad venezolana –por extensión, latinoamericana– con una mirada irónica, escéptica y crítica que no deja sin embargo de abrirse a la ocurrencia y el goce.

Esta manera de ver se resuelve en *El vuelo de los avestruces* a través del gesto camp con el cual el narrador celebra las incongruencias y sin sentidos, surgidos de la interacción entre lo sublime del vivir en las clases altas venezolanas y lo grotesco de la situación del pueblo; produciéndose así un contrapunteo constante entre esnobismo y rudeza, que las preferencias sexuales permeabilizan nivelando comportamientos y democratizando estratos. La percepción del kitsch dependerá entonces de la dirección de la mirada: el homosexual y la mujer –independientemente de su extracción social– harán suyo el kitsch manufacturado, en tanto que el hombre heterosexual quedará nivelado por el kitsch básico.

Enmarcado por esta estrategia, el efecto transgresor del lenguaje provendrá del modo como la generación de los noventa aborda la realidad latinoamericana. Un modo mucho más crítico que el de grupos anteriores, al ser ésta una generación a caballo entre el comportamiento de una sociedad que busca deslumbrarla con el poder y el dinero; y la situación oprimida de otra abriéndole los ojos a la concientización social más radicalmente, dado el fracaso de las ideologías, el empobrecimiento generalizado y la agudización de la situación de dependencia de la periferia con respecto a los centros, como constantes en la era neobarroca:

> Avanzaba la tarde, la casa de playa de los Baleares tomaba un aspecto decididamente Bahamas, incluyendo quizás la presencia, también decidida, de ranchos alrededor de la casa. (126)

> La Avenida Victoria es el remanente de una época caraqueña. Es el eje arquitectónico del sueño perezjimenista. Toda ella es una formación militar, con semáforos en cada esquina alineados como niñas en un colegio de monjas inglesas. (70)

> Noté en los párpados cerrados de Cerro que empleó, a pesar del traje, su secreto más preciado de belleza: el creyón de sombras marrón que no era el marrón común que caracteriza la vestimenta de cualquier hombre caribeño. Ese marrón que se confunde, más que con la mierda, con la poca claridad mental, el futuro incierto, la desatinada fantasía latinoamericana. (65)

La ciudad, la casa y el cuerpo vuelven a ser, en la novela de Izaguirre, los marcos referenciales donde se fermenta la anécdota y la escritura se dilata; siempre a partir del detalle, pues es la partícula constituida por un retazo del vivir de los protagonistas en la intimidad, lo que el texto ofrece desde la incertidumbre y el conflicto. Fragmento hecho "más de verdad" (90), más real que lo real, en el camp de las casas pertenecientes a la burguesía caraqueña, y el kitsch de los decorados propios de las telenovelas vernáculas.

Sobre este doble escenario Manolo —enano precoz fascinado por los zapatos Viviers de la madre muerta–, Cerro —travesti transformado en diseñador de modas para las damas de sociedad–, y James —mulato marxista amante del Ministro de Sanidad– actúan su historia y al hacerlo reconstruyen la modernidad del país, que es también la de Latinoamérica oscilando, siempre, entre la saturación y el vacío, el exceso y la escasez, lo sublime y lo grotesco. Los extremos una vez más; porque llevar las situaciones al límite resulta ser también una forma de resistencia y rebelión, al ello conllevar la desestabilización de un cierto orden que desde los centros le ha sido impuesto al continente, y los frecuentes gobiernos militares se han encargado de reforzar. En tal sentido, el kitsch y el camp, en la narrativa latinoamericana neobarroca, han jugado un papel similar al de lo cursi en el cine español de la dictadura —que hizo la vida más llevadera a las generaciones de la postguerra, cuya plena entrada en la modernidad sólo tendría lugar tras la muerte del caudillo.

3. Entre tinieblas y el kitsch: lo cursi en el cine español de la dictadura

El español es propenso a la juerga, el derroche, la sensualidad y el pitorreo, férreamente dosificados durante el franquismo por la Iglesia y el Estado, para los que el pueblo era como un niño a quien debía meterse en cintura. Esta actitud paternalista y represiva, heredada por Latinoamérica, actuó en el cine a través de la censura, haciendo de la junta de clasificación el tribunal puesto a legislar en cuanto a lo que convenía y no convenía ver; por eso, durante cuarenta años, España vivió una modernidad cinemática mutilada en sus zonas más estimulantes: las maneras de amar y de pensar, de desenvolverse y mirar el mundo, implacablemente cortadas por la tijera del censor y catalogadas de acuerdo a su grado de riesgo, para la tranquilidad moral de los ciudadanos bienpensantes:

> Lo primero que tenías que hacer para meterte en un cine con la conciencia tranquila y la cabeza muy alta era pasarte por la parroquia y ver las fichas con las calificaciones de las películas que estaban en cartelera. Un 1 significaba apta para todos los públicos; un 2, para jóvenes; un 3, para mayores; un 3R, mayores con reparos; y un 4, gravemente peligrosa. (Rossetti 77)

Si en la inmediata posguerra España había quedado incomunicada del mundo bajo una neutralidad abiertamente inclinada hacia los países del Eje, e internamente vivía supeditada a la escasez material –que las cartillas de racionamiento se encargaban de controlar– y al opio espiritual –que las misas masivas se ocupaban de distribuir equitativamente–; el cine privilegiaba lo cursi, contenido en el musical, las adaptaciones históricas y el melodrama, tanto de los films hollywoodenses con Deanna Durbin, Mickey Rooney, Judy Garland para MGM, Tyrone Power para la Fox, Bette Davis para Warner Bros., como de la producción nacional bajo la dirección de Florián Rey, Benito Perojo, Juan de Orduña, José Luis Sáenz de Heredia o Rafael Gil.

A los cines de barrio llegaba la familia completa, provista de la merienda y el punto, para que comer y tejer constituyesen el fondo de un doble diálogo: el que se sucedía en pantalla, y el que salpicaba las conversaciones del público opinando acerca de la trama y los actores; con lo cual la oscuridad de la sala perdía el misterio barthesiano pero ganaba el ingenio de la tertulia hasta el punto –el otro– de escucharse los gritos de "¡acomodador! ¡acomodador!" buscando alguien imponer orden en el recinto.

De todas las variantes de lo cursi la más fértil es, a mi entender, el drama histórico, no sólo porque distorsiona la memoria escrita sino porque permite manipular la conciencia colectiva a través de los paralelismos entre la cronología pasada y presente. Ello tuvo durante la dictadura objetivos muy concretos, pues se proponía la simulación de episodios representativos del "glorioso" pasado español en un presente donde prevalecían el atraso, la miseria y el desencanto, buscando así estimular la fe patriótica y fomentar la unidad nacional desde el exceso:

> La comedia española por excelencia, la más crispante y con el tiempo más divertida, es el drama histórico. En este apartado Cifesa ocupa un insustituible primer lugar. (Soria 35)

Tal afirmación de Pedro Almodóvar a partir de la primera productora nacional (la Compañía Industrial Film Española, S.A., fundada en 1932) y esencial en hacer del cine una industria, se encuentra avalada por una filmografía sustanciosa dentro del género de época: *El último húsar* (1940), *La princesa de los Ursinos* (1947), *Locura de amor* (1948), *Alba de América* (1951). Películas "de *qualité* para las clases medias" (Fanés 208) nacientes que buscaban recobrar en la apoteosis de trajes, joyas y decorados, el esplendor del imperio perdido; a la vez que permitían olvidar momentáneamente a los vencidos, el olor de la picadura, el sabor del pan negro y las *farinetes*; o los remiendos en el único par de medias de nilon, arrancado con gran sacrificio al estraperlo y del cual ninguna mujer que se preciara podía prescindir, pues no debemos perder de vista el hecho de que, para ese entonces, el lugar erótico no residía en la piel sino en las prendas interpuestas entre la mirada y la envoltura natural del cuerpo velándolo para develarlo. Cotillas, mantillas, polisones, refajos, batas y ropajes: significantes del lenguaje erótico, puestos a ofrecer la apariencia de un cuerpo, prometido pero prohibido por ser pecado. Cuerpo culpable entonces de las flaquezas morales del "casto varón español" quien debía conformarse, en la pantalla, con imaginar las formas veladas por la certeza del traje; pues durante el franquismo fue la ropa lo que activó el deseo y estructuró el imaginario seductor; fue el vestido el que generó el discurso sexual y, en definitiva, lo que el cine de la dictadura aprovechó a su favor, imprimiéndole así su sello al kitsch histórico y al folklórico.

Goyescas (1942), *La nao Capitana* (1946), *Reina Santa* (1947), *La Tirana* (1958), para otras productoras, se unieron a la labor aleccionadora del régimen, consciente del poder de la imagen como vehículo propagador de ideas e información –apartado especial merecen los NOticiarios y DOcumentales cinematográficos (NO–DO), como historia cronológica del franquismo desconstruida por Basilio Martín Patiño en *Canciones para después de una guerra* (1970).

Si como suponía Gómez de la Serna, el sentimentalismo asociado
con la decadencia predispone a lo cursi, no es de extrañar que los films
arriba citados pudieran desplazarse tan fácilmente de la exaltación na-
cionalista a la tragedia romántica, dentro de un marco donde la precisión histórica quedaría supeditada a las exigencias del guión; con lo cual
–a semejanza de las películas con Kirk Douglas o Errol Flynn– los directores españoles aplicaban la fórmula de la intriga político–amorosa,
pero añadiéndo el ingrediente folklórico, que daría justamente su sabor
peculiar a la cinematografía nacional. Una cinematografía que pondría
el cuerpo femenino velado a privilegiar los episodios heroicos de los
vencedores: la unificación de la península y la expulsión de los moros
(*Locura de amor*), el predominio de Castilla sobre las autonomías (*La
nao Capitana*) y sobre el nuevo mundo (*Alba de América*), el poder de la
nobleza castellana y andaluza en la corte madrileña (*Goyescas*, *La Tirana*), la influencia de España en la corte napoleónica (*Violetas Imperiales*,
1953). Con ello el régimen franquista adoctrinaba al pueblo de la postguerra, a la vez que se justificaba como continuación natural de la historia de España construida a base de imposiciones e intolerancia hacia la
diversidad: "cuando Castilla habla, todas las voces escuchan ... la voz de
esta muchacha ha logrado la unidad nacional". Estas palabras de un
oficial de la Capitana –dichas mientras una joven de virginal pureza en
el rostro encuadrado por un *close–up* de la cámara, canta ataviada con el
traje regional castellano típico– de cierto modo encierra la esencia del
kitsch histórico cinemático cifrado en el vestido, dado su poder de abarcar, en un sólo plano secuencia, el desplazamiento instantáneo de lo
sublime a lo grotesco que exige el momento kitsch; incluso la actitud
del capitán de la nave espejea, a la manera de *Raza* (1941), el comportamiento del Caudillo: con mano dura todo funciona mejor. Sólo así le
es dado al oficial mantener el control sobre "un trozo desprendido de
España" que, entre pasiones y ambiciones, navega hacia tierras americanas.

El vaivén del afecto y la cronología tiene en *Goyescas* y *La Tirana* un
idéntico trasfondo kitsch constituido por el exceso en el uso de la reproducción y la copia de la obra de Goya. En ambas películas los cuadros y dibujos del pintor aragonés pierden la seriedad que les da su estatus como obras de arte, para ganar en humor y picardía al parodiar el
referente histórico.

Así, en *Goyescas*, el doble retrato como Maja de la duquesa de Alba, le permite a Benito Perojo tejer las intrigas de dos mujeres enamoradas del mismo hombre; dos mujeres que son la misma: Imperio Argentina interpretando a la maja Petrilla y a la condesa de Gualda –simulacro de la duquesa de Alba– simultáneamente. A lo largo del film la cámara kitschifizará el referente pictórico al presentar, tanto un plano de conjunto donde la actriz aparece en la misma posición que la Maja (vestida, por supuesto), como el *travelling* en varios planos donde los actores reproducen "al natural", es decir, hiperrealizan, las escenas campestres y taurinas de Goya. Este último conjunto conforma una sucesión de "cuadros vivos" aprovechados por Perojo para introducir lo que en el cine español resulta ser la apoteosis de lo cursi: los números musicales.

Invariablemente la estrella del film –ya sea Imperio Argentina, Juanita Reina, Estrellita Castro o Paquita Rico– entrará resueltamente en escena con un balanceo de faldas, y animada por las palabras (siempre las mismas) de "sí, venga mujer, canta", borrándose ahí todo tipo de alusión histórica a favor del kitsch folklórico puro –que alcanzará su punto álgido en el film de Perojo, en la escena donde, intercalando varios primeros planos, se nos presenta el "duelo" de tonadillas entre Petrilla y la de Gualda. Tal uso del kitsch folklórico llegará al paroxismo en films como *La Reina Mora* (1954) donde el guión –basado en la leyenda del amor entre un cristiano andaluz y la hija de un rey moro– será mero soporte para los números musicales de Antoñita Moreno y Pepe Marchena.

Igualmente situada, como nos indica la caja del video, "en el ambiente fascinante y romántico del Madrid dieciochesco", *La Tirana* de Orduña recurre a la kitschifización de Goya, no sólo en su obra sino literalmente, ya que el pintor resulta ser uno de los protagonistas del film: amigo de "La Tirana" y mediador en la lucha a muerte entre dos nobles por el amor de la actriz, estará continuamente pendiente de la intriga político–amorosa, cual si fuera sólo el guión de la película lo que diese sentido a su trabajo pictórico. Esta transposición referencial se traslada –antes, durante y después de los números musicales– a la obra de Goya, reproduciéndose nuevamente las escenas taurinas, y ciertos retratos para los que La Tirana modela cuando no está cantando tonadillas o interpretando a las heroínas de la tragedia griega.

Con esta estrategia el personaje de Paquita Rico incurre, como el de Imperio Argentina, en una doble simulación, pero ya no en cuanto a la identidad sino en lo que a la representación respecta, pues sus trajes nos brindan una Antígona a la flamenca: encumbramiento del kitsch del vestido, que logrará sus cuotas máximas de irrisión en los enfrentamientos entre las vaporosas batas con volantes de La Tirana y los sobrios vestidos cerrados de Virtudes –su doncella y espía del hombre que la somete– interpretada nada menos que por Nùria Espert quien, posteriormente, alcanzaría amplio reconocimiento internacional como actriz dramática y directora de escena en obras claves del teatro clásico griego.

De manera semejante *Violetas imperiales* de Richard Pottier trivializará las razones de Estado que llevaron a la unión de la monarquía española y el imperio napoleónico, a través de lo cursi del vestido que Eugenia de Montijo necesitaba para ir al baile del Emperador y seducirlo. Filmada casi enteramente en decorados puestos a simular La Alhambra y París, la película combina el kitsch folklórico y el histórico con el candor del cuento de la Cenicienta –reproducido en la escena donde don Juan de Ayala (Luis Mariano) le pide a un grupo de jóvenes modistas en domingo, que dejen de divertirse y, como las hadas, creen el vestido para Eugenia en una sola tarde.

Carmen Sevilla será el eje del kitsch folklórico, al interpretar a una gitana enamorada de don Juan, que predice el porvenir, se vuelve dama de compañía de la Emperatriz, taconea en la corte francesa, e interpreta una zambra en algún "colmao" granadino; además de constituirse en el eslabón entre la ingenuidad del género y el melodrama del *woman's film* cuando, travistiéndose con la ropa de Eugenia, arriesgue su vida para salvar a la Emperatriz, en un gesto que le ganará el amor de don Juan aunque sólo sea una gitana "forrá de seda de arriba abajo".

Pottier enfatizará el tono hiperreal de la trama con una *mise–en–scène* excesiva, opacada sin embargo en los planos de conjunto por las enormes faldas, polisones y miriñaques de las protagonistas –siempre a punto de arrasar con los candelabros, *chiffonières* y bibelots, puestos a citar desde el rococó hasta el estilo imperio, pasando por el mozárabe y, especialmente, el regional del sur español. Pues no podemos olvidar que, a lo largo de la dictadura, el cine buscará ocultar las diferencias culturales existentes en la península bajo el kitsch folklórico andaluz, a fin de vender al mundo la imagen de una España donde en todas partes se baila flamenco y se tocan las castañuelas.

La banalización de los eventos históricos igualmente encuentra en *Reina Santa* de Rafael Gil y *Locura de amor* de Orduña territorio idóneo para desplegarse. Y es que las fórmulas para dar pie a la intriga siempre son idénticas, lo único distinto es la apariencia que el artificio adopta: en una lo que se simula es la corte medieval portuguesa, en la otra la España imperial, en ambas los decorados y el vestuario sufren alteraciones menores, sin embargo las situaciones melodramáticas son prácticamente las mismas; cual si Juana la Loca e Isabel de Aragón hubiesen – desde el exceso del delirio y el misticismo, respectivamente– auyentado a unos maridos que buscarían en el exotismo de Sarita Montiel – princesa mora– y Mery Martin –campesina lusitana hablando español con acento gringo– neutralizar aquel despilfarro, custodiado, sin embargo, por el joven oficial secretamente enamorado de su reina. No obstante, a ellas volverán Felipe y Dionis arrepentidos, a fin de que vuelva a prevalecer el orden en sus imperios.

Pero, entre todos, son sin duda los films netamente folklóricos los más aplaudidos por el gran público, pues abarcan el conjunto de elementos propios del carácter regional con los cuales dicho público se identifica; elementos que transpuestos exhaustivamente al cine se estereotipan, constituyéndose ahí las películas en invalorables compendios de lo cursi.

Así, si es la reiteración lo que kitschifiza el referente, ello explicaría por qué *Nobleza baturra* –tanto en versión de Florián Rey (1935) como de Juan de Orduña (1964)– a pesar de contener el folklore aragonés no cae en ello, mientras que el enorme número de películas dedicadas al folklore andaluz han terminado por kitschifizarlo.

Tal proceso se hace doblemente cursi cuando el film incurre en su desterritorialización a fin de transplantarlo a una geografía ajena: encontramos entonces tonadillas en París (*Mariquilla Terremoto*, 1939), cante jondo en Buenos Aires (*La guitarra de Gardel*, 1948) o bulerías en México (*La Faraona*, 1956).

La guitarra de Gardel de Leon Klimovsky, por ejemplo, resulta ser un modelo perfecto de este tipo de cine, pues enlaza el triángulo sentimental por excelencia de las inmigraciones y exilios iberoamericanos – Buenos Aires, Ciudad de México, Madrid– a partir de un elemento que contiene los ingredientes del kitsch popular: la guitarra de Gardel.

Raúl, aspirante a tanguista internacional, obtiene de su maestro una guitarra y el consejo de buscar la que perteneció a Carlos Gardel, a fin de alcanzar con ella el triunfo. El artista se dedica entonces a buscarla por aquellas tres ciudades y obtiene un gran éxito como cantante, dándose cuenta al final de que no había necesidad de buscarla, pues la suya era la guitarra de Gardel.

Klimovsky trabaja doblemente el kitsch del extrañamiento, porque al de Raúl se une el suyo propio, ya que con la llegada del peronismo debió exilarse en España. Por eso los "duelos" entre el tango argentino y el corrido mexicano –suavizados con los bailes andaluces de Carmen Sevilla– se convierten en páginas de una autobiografía consistentemente atraída hacia la intensidad sentimental, que la iconografía popular proyecta sobre el yo del intérprete y del director: "¡México, México, qué lejos estás!" en boca de Raúl, se lee también entonces, como el temblor porteño ante el recuerdo de las calles de Buenos Aires y la añoranza cañí por la verbena de San Antonio.

Ello en un momento histórico que le exigía al exilado a ambos lados del océano, compaginar su ambición de triunfo y su frustración ante el *décalage* geográfico–cultural, con las exigencias de modernización y puesta al día de las estructuras económicas en la periferia: "antes un cantor triunfaba cantando, ahora necesita propaganda". Esta queja de Raúl encierra, quizás, el dilema de la generación de la postguerra: debatiéndose entre la preservación de la tradición y la adaptación a una modernidad cada vez más apremiante, resuelta en la mayoría de los casos aferrándose al objeto kitsch.

Lola Flores será sin embargo, más que ninguna otra folklórica de la dictadura, quien mejor encarne el sentimentalismo de la dislocación espacio–temporal del español proveniente de las regiones más pobres, a través de films como *Pena, Penita, Pena* (1953) y *Lola Torbellino* (1955).

La orden de "prepara el equipaje y la tortilla", que ya Carlos le había dado a Estrellita Castro en *Mariquilla*, se perpetuará mediante estas producciones hispano–mexicanas, a través de una Lola siempre dispuesta a vender lo que tiene y tomar un avión –el primero en su vida– rumbo a México donde la esperan el éxito y el amor. Aquí las rumbas y farrucas, si bien más inofensivas que la cruz y la espada, serán igualmente emblemas del desplazamiento de los referentes socioculturales que, puestos en contacto con sus correspondientes estereotipos en una realidad ajena, se kitschifizan produciendo idéntico efecto al de los charros caminando por La Puerta del Sol y gritándole "chula" a las mujeres que pasan.

Pena, Penita, Pena de Miguel Morayta explotará con creces este doble efecto, al presentar tanto a los hermanos Carlos y Luis vestidos de charros en un colmado madrileño, como a Lola en el café–cantante "España cañí" del D.F. mexicano: enclave nostálgico donde, al igual que en las peñas tangueras de Caracas y en los rincones mexicanos de Buenos Aires, se articulan los componentes de la simulación. Simulación que en su afán de reproducir lo real, de crear la ilusión de estar allí, se excede traspasando el límite y transformándose –por obra y gracia de lo cursi– en una caricatura del original.

Por eso en lo vicario del placer que "España cañí" como apariencia proporciona, se pueden rastrear los lugares comunes que el kitsch folklórico nos ofrece con cariño. Así, el propietario del local, al ver a Lola por primera vez, ya sabe que hay material para taconeo pues, tal cual le comenta a un parroquiano, "todas las mocicas de mi tierra cantan y bailan". Efectivamente, a la voz –una vez más– de "sí, venga mujer, canta", Lola subirá al escenario para (en)cantar al cotarro –tal cual Daniel Pineda Novo nos cuenta, con un lenguaje cuya afectación se adapta admirablemente al kitsch de la escena:

> con toda esa fuerza desgarradora que ella posee, luciendo un traje de flamenca, con el cuerpo superior en color negro y de cintura para abajo, blanco con volantes y lunares negros ... Y la melena suelta al viento ... Está Lola de una belleza natural, primitiva, sorprendente:

> *Y es un desierto de arena,*
> *pena,*
> *y mi gloria es una pená,*
> *ay pená, ay pená,*
> *ay pena, penita, pena...! (Las folklóricas 160)*

Entona "La Faraona", enmarcada por el plano fijo y enfatizada por una iluminación puesta a resaltar los contrastes del vestido, el cabello y la piel, acentuados por el blanco y negro del film, hasta lograr el efecto "dramático" que tan famosa hizo esta escena dentro del género.

En un país donde era pecado mortal ver una película que la censura oficial habría clasificado con un 4 de "gravemente peligrosa", no resulta extraño que hasta mediados de los años sesenta el kitsch religioso sirviera para contrarrestar el anatema, la excomunión y el descenso eterno a los infiernos; por ello las jóvenes en edad impresionable, se escudaban de las tentaciones tras su ejemplar de *La doncella cristiana* y repetían en las fiestas del Sagrado Corazón de Jesús y la Inmaculada la oración siguiente:

> Pues para no ser nosotras de ésos, que primero te sonríen y luego te apenan, nos comprometemos a no asistir a las películas de cine que la censura califica de número 3 con reparos.
>
> No queremos abstenernos sólo de lo gravemente peligroso, sino de lo que puede empañar una conciencia íntegramente cristiana, con peligros morales, aunque no sean graves.
>
> Te renovaremos con frecuencia este propósito, no sólo colectivamente, sino privado. No permitas, Señora, que el cine, que Dios hizo para recreo del hombre, se convierta en daño a una sociedad redimida por la misma sangre de Cristo. Amén. (Martínez–Bretón 74–75)

Paralelamente a los films "edificantes" que el Estado financiaba y clasificaba como de "Interés Nacional" (*La Señora de Fátima* 1951, *Sor Intrépida* 1952, *Marcelino pan y vino* 1954, *El canto del gallo* 1955), hechos con la intención de atacar el pecado desde adentro y reclutar almas para el cielo; se multiplicaban las versiones de películas folklórico-religiosas como *La hermana san Sulpicio* (1952), y se añadían de nuevas a la lista —*La hermana Alegría* (1954)— a fin de inculcar la religión con gracia y redimir por bulerías a las pecadoras. Y aquí es interesante observar cómo muchas de estas películas, o pretendían estereotipar lo intuitivo del niño (*Marcelino pan y vino*), o buscaban disculpar el papel del machismo en la situación de marginación e inferioridad de la mujer, llevándola a resignarse y aceptar su suerte; como si la religión estuviese hecha para justificar el comportamiento masculino y castigarla a ella, pues, tal cual asegura la hermana san Sulpicio —refiriéndose al director del hospital donde presta servicios— "cuando regaña siempre tiene razón".

En este sentido *Sor Intrépida* explota la vocación de una joven, interpretada por Dominique Blanchard, quien sacrifica su carrera como

cantante y se hace monja, fortalecida por la intolerancia de lo masculino, a fin de probar y probarse con mayor rigor cada vez, hasta dejar su
convento de Alcalá y partir hacia las Misiones.

Producido por Aspa Films —empresa creada para manufacturar películas de tema religioso, y apoyada por asociaciones como Acción Católica, el Opus Dei y las Congregaciones Marianas—, el film de Rafael Gil
manipula la capacidad de decisión de la mujer, dejándola a merced de
los designios del hombre quien, aún condenado a muerte, se resiste a
aceptar la absolución o convertirse al catolicismo, sin embargo la perse-
verancia de la monja acabará por convencerlo, salvándose para la vida
eterna.

Esa inquebrantable resolución de sor Intrépida provendrá de la kitschificación del imaginario sagrado con el cual establece una relación de
dependencia y obediencia. Dicho proceso tiene lugar cuando se borra la
distancia entre la imagen de un santo y lo que esa imagen representa, a
través de la estrategia de hacerlo hablar: repetidamente la cámara pre-
sentará un primer plano del santo y una voz en *off* diciéndole a sor Intrépida lo que debe hacer en todo momento. Se refuerza así el valor
icónico del kitsch de primer grado, al tiempo que se busca reafirmar en
el espectador la creencia incondicional en el poder de la religión para
dirigir su vida.

La predilección de la película por un decorado donde todo es inma-
culado o estudiadamente caótico, y el uso de una fotografía que enmar-
ca con un halo luminoso los primeros planos del rostro de la actriz,
contribuyeron a reforzar la apariencia de asepsia que la Iglesia pretendía
mostrar, en un momento cuando el régimen franquista empezaba a
contar con el apoyo de los Estados Unidos y el Vaticano: el año anterior
a su estreno había vuelto a Madrid el embajador norteamericano, y se
celebraba ese año 52 el Congreso Eucarístico Internacional en Barcelona, realizándose misas masivas y suspendiéndose temporalmente las
restricciones eléctricas, a fin de iluminar iglesias y monumentos, y que
la ciudad brillara en la noche con la luz purificadora del catolicismo.

Sor Intrépida también atacará el problema de la escasez de vocaciones
para la evangelización en ultramar ("con el patrocinio de la Dirección
de las Obras Misionales Pontificias", Martínez–Bretón 66), llevando a
la monja a partir hacia la India donde se dedicará a catequizar a todas
las almas descarriadas que se crucen en su camino, hasta morir acribilla-

da por las balas de las tribus enemigas. El último *close–up* del rostro "caído" de la monja, en un "valle" como imagen de efecto kitsch –al ser simulación de los rostros en éxtasis místico propios del imaginario religioso, desde la Santa Teresa de Bernini hasta las representaciones en serie y con un colorido hiperrealista del órgano sangrante en las estampitas del Sagrado Corazón– sería llevado por la dictadura hasta lo grotesco en la monumentalidad de su homónimo ubicado cerca de El Escorial.

Este film de Gil tendrá en la versión de *La hermana san Sulpicio*, rodada el mismo año por Luis Lucía, su contrapartida netamente cursi; y al establecer ciertos paralelismos entre ambas, ésta terminará por kitschifizar completamente el melodrama de Gil, pues aquí la monja no será una actriz francesa con la voz doblada al español y cantando música sacra, sino la muy castiza Carmen Sevilla arrancándose por soleares y enseñándole flamenco a una novicia tirolesa quien, tras su paso por el convento, decidirá irse a las Misiones con la resolución de que "en cuanto llegue a la India me dedicaré a convertir inditos y a darles clases de sevillanas".

Los repetidos planos generales de cuadros flamencos, y los planos medios de Carmen Sevilla monja rasgueando la guitarra o cantando en *off* mientras reza en la capilla del convento, unidos a los planos encadenados de vistas de Andalucía y Galicia, se nos presentan cargados de un exceso sentimental que pretendía hacer de España un país atractivo para el resto del mundo; con lo cual el kitsch folklórico–religioso cumplía paralelamente una función turística que, sin embargo, sólo privilegiaba las regiones fieles al Caudillo, obliterando así la riqueza cultural de las autonomías sometidas. Prueba de ello es que la arquitectura catalana modernista, por ejemplo, no sería redescubierta y plenamente revalorizada, ni aún por los mismos españoles, hasta la llegada del socialismo.

La hermana Alegría, también de Luis Lucía e interpretada por Lola Flores, acabará de llevar a la irrisión las películas de Aspa Films, kitschifizando completamente los principios de la religión católica mediante el exceso folklórico de su protagonista: entre la Lola en bata de cola y la Lola con hábito, "hay un paso ... hay un paso". A diferencia de la hermana san Sulpicio, la hermana Consolación cantará abiertamente entre las jóvenes del reformatorio, a quienes intenta redimir con la costura y las tonadillas a fin de que descubran su vocación y –sí– se vayan a las

Misiones o dediquen su vida a "un hombre que me quiera y un montón de chavales que todo lo revuelvan".

La Iglesia buscaba, así, adoctrinar a la última generación de mujeres anterior a los movimientos feministas, en un intento final por conservar su influencia y privilegios cuando las ideas de la modernidad −y sobre todo los hábitos de consumo europeos y norteamericanos− empezaban a entrar con la televisión y el turismo en las mentes de los nuevos españoles. De ahí que desde mediados de la década, el género empezase a perder fuerza −a pesar de la "Semana de Cine Religioso" y los encendidos discursos de la "Cruzada de la Decencia"− quedando en "los felices sesenta" sólo para las comedias tipo *Sor Citroën* (1967) de Pedro Lazaga, donde se cuentan las aventuras de una monja quien, a la voz de "aumentaremos la productividad" y "hay que mecanizarse", se saca el carnet y se convierte en el terror de los automovilistas madrileños.

Aquí el Citroën cargado de hábitos en movimiento, arrasando con los vendedores de globos, helados y melones quienes, tal cual ellos mismos indican, venden su mercancía por las calles pues "en Madrid se están acabando los parques"; alegoriza el proceso aún lento por el cual el país, en su afán de entrar en la modernidad, quería deshacerse de aquellos otros parques y "jardines" −"de las delicias" y los "demonios"− que Carlos Saura y Manuel Gutiérrez Aragón irónicamente diseccionarían después; cual una manera de exponer esa "falsa utopía del jardín hispánico" (Martí−Olivella 97) que respondía a la manera como "el aparato estatal franquista [intentaba] 'regular' el juego, es decir, promocionar la imagen de España como un enorme 'jardín de infancia', un espacio idílico donde uno pudiera olvidar(se de) su conciencia histórica". (Id. 97)

La impotencia del aparato eclesiástico para seguir imponiéndose con el terror y la represión sobre un país que quería a toda costa ponerse los pantalones largos, se presentó en el cine de monjas, y hasta la llegada de Pedro Almodóvar con *Laberinto de pasiones*, a través de su infantilización llevada en *Sor Citroën* a la irrisión, mediante el personaje de la monja−niña interpretado por Gracita Morales. Las reiteradas escenas donde se nos la muestra buscando a los niños o entre niños, mientras con su voz infantil censura a la mujer que quiere liberarse del yugo masculino, o ataca al contribuyente harto de darle dinero a la Iglesia, con frases como "las mujeres son débiles y necesitan la comprensión de sus maridos" y "es que a la gente le cuesta mucho meterse la mano en el bolsillo"; ejemplifican las estrategias de sobrevivencia del clero, y su manera de desaprobar los aún tímidos cambios sociales durante la última etapa de la dictadura.

Dentro del país como jardín de infancia, la explotación de la intemperie del otro se hace doblemente cursi en el caso particular del niño, pues no sólo se estereotipa el comportamiento infantil, sino que al llevarlo al exceso sentimental se kitschifiza el repertorio afectivo del espectador, pero con una vuelta de tuerca, pues bajo la aparente pureza se busca ocultar la ignorancia e intolerancia del mundo adulto; con lo cual la imagen cinemática del joven prodigio se convierte en objeto manipulado por el poder: Joselito (*El ruiseñor de las cumbres* 1958, *Aventuras de Joselito en América* 1960), Marisol (*Tómbola* 1963, *Marisol rumbo a Río* 1963), Rocío Dúrcal (*Canción de juventud, Rocío de La Mancha* 1962) constituyen el núcleo del kitsch infantil, motorizado generalmente por la ausencia de una estructura familiar estable, lo cual les lleva a lanzarse al mundo para enderezar entuertos y seducir al personal con sus canciones.

En el caso de Joselito tal estrategia buscaba revalorizar el espíritu de sacrificio de la España rural de la dictadura donde el analfabetismo, la insalubridad y la falta de trabajo empujaban grandes contingentes humanos hacia las áreas urbanas de la Península e Hispanoamérica; con lo cual el niño cantor se convirtió en alegoría del afán por sobrevivir de la provincia constreñida al interior de una sociedad semifeudal.

Así, *El ruiseñor de las cumbres* de Antonio del Amo, aglutina los temores y penurias del campesino sometido a la explotación del terrateniente y el control de la iglesia, a través de la figura de un pastorcillo quien vive "feliz" cuidando un rebaño de ovejas y cantándole a la naturaleza, hasta descubrir un día que su padre, borracho, maltrata a la madre, entonces decide huir con un vagabundo para ganar dinero cantando y salvarla a ella de la miseria. El (ab)uso de la panorámica y el *travelling*, buscando con ello señalizar el paisaje donde vibra la voz en *off* de Joselito, termina por alienarlo hasta no ser más que un reclamo turístico para atraer veraneantes hacia la sierra; al tiempo que los planos de conjunto en los pueblos, alternados con los primeros planos de Joselito, explotan el tipismo y parodian la simpleza de sus habitantes quienes, cuando el niño empieza a cantar, en un trance casi hipnótico, lo dejan todo y corren a escucharle.

Los desplazamientos de masas, hechos con la intención de realzar la imagen de Joselito, igualmente enfatizan el poder del niño para cambiar la conducta de los adultos: enmarcado por entornos multitudinarios, el vagabundo que lo quería explotar acaba por ser su amigo, y el padre arrepentido le pide perdón y jura no volver a beber. Aquí, renovar la fe y convencer a los aldeanos de que no emigren se constituyen en las tareas subyacentes bajo la banalidad de la trama.

De hecho, Joselito, por un lado, se aboca espontáneamente a reparar una ermita abandonada y tallar una santa en madera para que la cuide; cual si la nueva generación, ciegamente adoctrinada en los preceptos católicos, se diese a la tarea de reconstruir todo aquello que sus mayores habían destruido con la guerra. Y por otro, rehúsa la propuesta del vagabundo para irse con él diciendo: "no me iré a la ciudad, me quedaré aquí con mis padres". Esto último se reitera a través de la escena final cuando, en un plano secuencia del pueblo postrado de rodillas ante el altar de la virgen de la ermita, Joselito canta "jamás me pienso ir de aquí", congelando así la imagen y con ella a todos los lugareños junto a su hacha y su azadón.

La trivialización del dislocamiento referencial producido por la huida y los viajes forzados, encuentra en *Aventuras de Joselito en América* —también de Antonio del Amo— terreno idóneo donde manifestarse, pues aquí se trabaja con la yuxtaposición de temas, paisajes y costumbres desde la perspectiva infantil; si bien la hipersimplificación del *dècalage* geográfico–cultural lo que busca en el fondo es desdramatizar el grave problema de las emigraciones, además de justificar el imperialismo norteamericano en Latinoamérica y la transculturación. Por eso cuando el guión pone en boca de Joselito y Pulgarcito —su *alter ego* mexicano— frases como "voy a América y ahora vuelvo" o "ya sé lo que dices [refiriéndose a los turistas gringos], en mi país llegan con un dinero que vale muchas pesetas", se desplazan tales conflictos hacia lo grotesco. Ello enfatizado por el uso de locaciones naturales y *sets* donde se ha maquillado la pobreza para mostrarla aséptica, deslastrada de la brutalidad y el miedo; cual si la miseria fuese tan limpia como la de los héroes del film.

En tal sentido se destaca la escena donde, con un *travelling* de la cámara, Joselito y Pulgarcito, en ruta hacia el D.F., caminan por un campo —que poco tiene en común con el de Rulfo— cantándole al torero español; así como el planosecuencia frente a un restaurante de la capital en el que un hombre come glotonamente, ante la mirada hambrienta de los muchachos, y un "cuadro típico azteca" baila la banalización del discurso relativo a la identidad latinoamericana.

Este último punto tiene en *Marisol rumbo a Río* un enfoque mucho más directo, y por ende peligroso. Claro, con los años sesenta se inicia el despegue económico, la pérdida de poder del ramo eclesiástico y una aparente liberalización del régimen franquista; con lo cual el país comienza a mostrar una imagen más desinhibida que vuelve a poner en evidencia el aspecto colonialista del español, si bien ya no desde lo cursi de los dramas históricos tipo Cifesa, sino a partir del kitsch asociado con el afán consumista de los mercados urbanos. Y es que no debemos perder de vista el hecho de que si Joselito buscaba reforzar las bases económicas en la sociedad rural, Marisol surge como su contrapartida citadina y busca seducir a las clases medias que comienzan a tener acceso al confort moderno.

Dispuesta a reunirse con su hermana gemela, quien vive con el tío rico en Río, Marisol deja la casa de vecindad madrileña y se embarca con su madre rumbo a América. La primera impresión de deslumbramiento, por ser "las parientes pobres de España", delante de las panorámicas turísticas de la ciudad, dará paso a los comentarios racistas de la madrastra de Marisol–Mariluz, como "allí viven los negros que son todos malos" ante un plano general de las favelas, seguido de un plano medio al chofer del auto y la joven sirvienta de color a quien –frenesí del desparpajo– llaman Copito; o ya de Marisol-Mariluz "para tener lo que tiene debe trabajar como un negro", aludiendo a la fortuna que ha hecho el tío asturiano en Brasil; y "Tarzán, tú a lo tuyo con las monas", despachando Marisol al joven brasileño en la fiesta de cumpleaños cuando intentaba mostrarse amistoso, mientras con un ademán señala a las demás invitadas.

De esta manera se buscaba encubrir, bajo una aparente gracia de la niña prodigio, la intolerancia hacia las diferencias, y la ambigüedad de sentimientos que despertaba América en el español –remedo quizás del mito clásico del paraíso perdido que hechizó a los primeros conquistadores– en un momento cuando la crisis social, política y económica latinoamericana no había alcanzado los niveles críticos del fin de siglo, y aquello de "voy a América a hacer fortuna" –presente también en el film de Joselito– sonaba menos grotesco que en la actualidad.

La última etapa del franquismo fue también la más desesperante, no sólo porque el desfase del régimen con respecto a la modernidad europea convirtió a las instituciones en animales fosilizados –sin dejar por ello de ser peligrosos– sino porque se esterilizó el kitsch privándolo de su capacidad para fertilizar el drama y la comedia:

> Del cine oficial pienso que es un repugnante y eficaz medio de enajenación colectiva y, a la vez, una triste muestra expresiva de la misma.
> Del cine no oficial pienso que es un producto hecho siempre a contrapelo, aquí y ahora. Por ello mismo se me aparece dubitativo, retorcido, lleno de errores y lleno de aciertos, profundamente neurótico y, quizá, en trance de liberación. En cualquier caso, de estas tensiones y estos desequilibrios, incluso de estos errores, nacerá nuestro cine de liberación, que apunta aquí y allá, que nace y muere cada día. (Martínez Torres 83)

Así resume la época el director José Luis Egea. Y es que no sólo el cine sino el país exigía ser partícipe de una liberación que permitiera revisitar y poner al día las estructuras, en un momento cuando la economía se abría al consumo masivo, la sociedad reclamaba la aceptación pública del exceso sexual y los mitos cursi de los años cincuenta luchaban por mantenerse en el candelero.

Sin embargo el cine no supo responder a tales urgencias, limitándose a repetir las fórmulas del pasado que ante la nueva realidad perdieron eficacia convirtiéndose en mueca: *La ciudad no es para mí* (1965), y *Abuelo made in Spain* (1968) de Pedro Lazaga, por ejemplo, apelaban al sentimentalismo familiar a través de la figura del abuelo, quien abandona la tranquilidad del campo para visitar a sus hijos en la ciudad y con su presencia evita el adulterio de la nuera ("quiere mucho a tu marido que trabaja para que puedas darte estos lujos"), el que un nieto experimente con drogas ("que quieras fumar guarradas no lo consiento") y reunifica a la prole ("la obligación de los padres es cuidar de los hijos y sobre todo de los nietos"); cual si la generación que había ganado la guerra pudiese aún seguir imponiendo el orden a través de la contención.

El uso de las panorámicas de Madrid buscando señalizar el paroxismo citadino, que lleva al pluriempleo a los padres de familia para poder pagar "el colegio de los niños, la nevera y los plazos del 600", ya no tendrán sin embargo el poder evocador, por lo nostálgico, de los films de Klimovsky o Morayta, sino serán la visión forzada de una realidad que excede la estrecha visión de Lazaga. Aún la utilización de los jóvenes como metáfora de un albedrío que la dictadura les había escatimado a sus mayores ("son geniales, primitivos, nos han traído la independencia, la libertad") perderá su posible tono discordante para caer en la representación acartonada de la nueva generación a partir de los estereotipos foráneos; de hecho, las infaltables escenas en las discotecas de moda – construidas como simulacro de las *boîtes* francesas y los *pubs* londinenses– donde se confronta la brecha generacional entre el abuelo y los nietos, serán sólo remedos desabridos de los auténticos espacios alternativos en los cuales se fraguaba la España que vendría después.

Desde finales de la década y hasta la muerte del dictador, el desgaste temático tuvo en la comedia picante su lugar más patético, pues al no poder mostrarse de un modo más abierto, la sexualidad empezó a escurrirse por las orillas del sistema, derramándose grotescamente entre las manos de actores que representaban al español medio, sosteniendo con nerviosismo una prenda interior femenina o devorando con los ojos el cuerpo de las extranjeras.

Por eso la cámara en *Viva los novios* (1969) de Berlanga o *Vente a Alemania, Pepe* (1971) de Lazaga, nunca sensualizará la piel de la mujer sino la mostrará descuidadamente; como si ella fuese animal de matadero: senos, nalgas, sexos –aún camuflados bajo el bikini y la blusa semitransparente– encuadrados por el primer plano de la urgencia contenida. Trozos hurtados a la fantasía erótica del español, quien veía en el turismo sueco y el milagro alemán la oportunidad para traspasar los límites impuestos por la represión a la mujer española.

Para ese entonces el cine seguía perpetuando el mito de la extranjera liberada ("hay que trabajar a las extranjeras") y de la virilidad a toda prueba ("[h]ombre español, servicio permanente") del macho ibérico quien, eso sí, para casarse buscaba a una paisana que siempre era decente aun cuando le pusiera cuernos.

Así, en *Un adulterio decente* (1969) de Rafael Gil, por ejemplo, la ya madura Carmen Sevilla, a pesar de tener un amante más joven, "engaña al señor de una manera decente" pues le ha dicho al galán que es viuda. El la creerá a rajatabla ya que "las mujeres son libros en blanco hasta que un hombre las quiere", y actúan "de ese modo extremado en que las mujeres hacen todo: amar, odiar, comprarse zapatos"; con lo cual se enfatizaba la estupidez y lo irreflexivo como rasgos dominantes del temperamento femenino español.

Cuanto más nos acerquemos al final de las tinieblas, mejor comenzará a vislumbrarse la claridad de un destape que desplaza hacia las españolas el deseo hasta entonces reservado a las nórdicas: Carmen Sevilla con *La paloma y la loba* (1973) mostrará el primer seno del cine español. Y María Luisa San José (*Mi mujer es muy decente... dentro de lo que cabe* 1974), Josele Román (*El adulterio* 1975), Helga Liné (*Un lujo a su alcance* 1975), Carmen Maura (*La mujer es cosa de hombres* 1975), Bárbara Rey (*Zorrita Martínez* 1975), María José Cantudo (*Las delicias de los verdes años* 1976), Victoria Abril (*El puente* 1976) abrirán ese espacio durante la época de transición, con films que, pese a contar con el respaldo de una permisibilidad nunca vista, no le darán a la mujer el control sobre sus órganos, ni harán un uso productivo del kitsch y lo cursi; pues aún se hallaba en gestación toda la movida que le daría a Pedro Almodóvar las claves para retomar tales ingredientes —que tan fecundos se habían probado en las dos primeras décadas de la dictadura—, rescatándolos del olvido e integrándolos a un conjunto de películas puestas a reflejar con desenfado y humor la España postmoderna.

4. Severo Sarduy y Pedro Almodóvar, complicidad estética y sabor de lo popular: la pausa que refresca

Dentro de la estética neobarroca la obra de Severo Sarduy ocupa un espacio muy sugerente porque, a pesar de haber sido seducida por la calidad barthesiana del cuerpo textual, nunca dejó de acudir al kitsch, el camp y lo cursi para mostrarse guapachosa, ocurrente y sabrosona: sabrosa, en fin, y que el saber y el sabor se imbricaran, a través de textos donde uno tiene la oportunidad de probar, pero no tanto para verificar el saber sino más bien para degustar el sabor de la lengua. El sabor será entonces "lo que puede conducirnos por los vericuetos seductores y enceguecedores de Eros en la lengua, la lengua deseante, apetente y apetitosa" (Palacios 19), hasta develarnos al autor, en tanto paladeamos la sazón de su escritura.

El gusto y el humor —componentes necesarios de la estética kitsch— han estado asociados con Sarduy desde su primer trabajo literario:

> esa hoja doble, que hubo que reimprimir porque la primera versión quedó con faltas, que publiqué en Camagüey, Cuba, en 1953. Era un poema de vanguardia ... el ejemplar que aún conservo, tiene anotados en su reverso los productos que, visiblemente, se emplearon en casa, en un día del año 1953, para cocinar un arroz con pollo. La escritura es materna y entre los ingredientes está algo denominado "petipoá" evidente adaptación de los guisantes en francés. Pienso, no sin cierta nostalgia gastronómica, en lo bueno que debió estar ese arroz! (Fossey, "Cinco preguntas")

A partir de aquel guiso primigenio la obra sarduyana se cocinó al fuego del artificio, aderezada por una escritura excesiva; como si la desmesura en describir cuerpos, casas y paisajes los hiciese más visibles y resultara entonces mucho más difícil perderlos. Y es que no debemos olvidar que el kitsch, como estilo asociado al barroco, el neobarroco y el camp, también busca producir un efecto, *mirage* o *trompe l'oeil* identificado a tal punto con el referente que el original queda mimetizado por su simulación.

Tal estrategia le permitió a Sarduy no sólo concebir una de las obras que, a mi entender, mejor sintonizan con los movimientos estéticos de la postmodernidad, sino que le ayudó a asumir y sobrellevar su propia desterritorialización: Cuba, fragmentada por el big–bang inicial, que descentró para siempre al autor lanzándolo contra los límites de la elipse, irá siendo reconstruida, desde el hiperreal, a través del retablo constituido por sus textos narrativos, de los cuales *Pájaros de la playa* —publicado póstumamente— en un primer momento debio de haberse llamado *Caimán* y ser "la novela del regreso" (Fossey, "Cinco preguntas"):

> Mi pensamiento constante, por otra parte que es la misma: el país natal. Nada me preocupa ni me aflige más que Cuba. Nada está más presente. (Guerrero 2)

La narrativa sarduyana se halla así motorizada por la nostalgia de lo perdido que, como en Proust, sólo la memoria puede recobrar. Sin embargo en el cubano esa *recherche* no pretende alzar piedra a piedra una catedral, sino más bien armar una casa playera con muchos cuartos donde reciclar —sin jerarquizarlos— estilos, ambientes y personajes, hasta producir un todo ecléctico, teatral y exagerado; en una palabra, kitsch. Y aquí es necesario apuntar que el mismo Sarduy se ha reconocido depositario de dicha estética, pues aun cuando en los años setenta calificaba como "avatares" el camp y el kitsch,[13] en la década siguiente se retractó asumiéndolos completamente:

> Yo no soy sólo un escritor cubano sino que estoy en la más rancia tradición cubana, que es la de la abundancia, la ornamentación excesiva y el kitsch. (Díaz 179)

Claro: Sarduy como buen conocedor, cayó en cuenta de que en su obra narrativa se había apropiado, con un gesto camp, del kitsch; pues por ser el fenómeno estético más cónsono con la modernidad, era el que mejor podía explicar el sabor de su escritura, su curiosidad por los movimientos artísticos surgidos a partir del Pop, y su fascinación por reinterpretar el pasado clásico y barroco dentro de la postmodernidad.

Así, al hablar de *Cobra*, por ejemplo, podría inscribirse el título como paratexto, en la estética del kitsch literario y cinematográfico de la modernidad, refiriéndolo al texto "The Artificial Princess" de Ronald Firbank, donde Cobra es el sobrenombre puesto a simbolizar todo el artificio contenido en los gestos y la vestimenta de la protagonista, en un modo similar al de la Cobra de Sarduy. Y a nivel fílmico, películas de Ken Jacobs como *Little Cobra Dance* (1957) y *Blonde Cobra* (1962), muestran a Jack Smith —actor del film *Camp* (1965) de Andy Warhol y autor de un film como *Flaming Creatures* (1964) donde pulula un universo de personajes sarduyanos travestidos— parodiando a Maria Mon-

---

13. "Los estudiosos han agotado la historia del *barroco*; poco se ha denunciado el prejuicio persistente, mantenido sobre todo por el oscurantismo de los diccionarios, que identifica lo barroco a lo estrambótico, lo excéntrico y hasta lo barato, sin excluir sus avatares más reciente de *camp* y *kitsch*" (*Ensayos* 149).

tez como la Mujer Cobra, y aludiendo a caracteres con los cuales Sarduy
tendrá mucho en común; de hecho, en *Blonde Cobra* parte del monólo-
go escrito por el mismo Smith, versa sobre Madame Nascience, la superiora del convento —cercana a la Madama de *Cobra*— quien flagela a
las novicias con un rosario, para castigarlas por haber usado una imagen
de Jesús como si fuese un dildo (Dyer 146).

Por otro lado, en *Maitreya* se observa que la casa de la Tremenda es
sólo decoración:

> junto a un teléfono de manigueta, adosado a la pared —papel chinoso,
> flores y fénix— un tubillo de neón blanco trazaba un cuadrado ... Un
> paraván de dos póstigos ... figurada con puntos acrílicos, vermellón en
> la córnea de los ojos, mejillas verdes, una obesa cantábile. (117)

Por lo tanto resulta ser un ejemplo del kitsch básico que "la Sontag",
como diría Sarduy, desde la óptica del conocedor probablemente cele-
braría como un ejemplo del camp en su estado más "puro".[14] Algo que
para el mismo Sarduy ha sido motivo de divertimento al haberle dado el
nombre de "la Sontag en joyas de Cartier y mesas reservadas en Ma-
xim's" (15) a una de sus enanas en *Cobra*.

En este sentido, el kitsch de los nombres también se vuelve presencia
desde el camp del autor, en las actitudes de Help y Mercy (*De donde son
los cantantes*), la Tremenda y la Divina (*Maitreya*), la Señora y Pub
(*Cobra*), la Regente (*Colibrí*), la Bondadosa (*Cocuyo*), Siempreviva
(*Pájaros*). *Nombres de nombres* todos, pero que, a diferencia de los
proustianos, en lugar de remitirnos a una tradición centrada en la memoria histórica de la modernidad, abogan por un desplazamiento hacia
la otredad —que había quedado relegada a los márgenes de aquella misma memoria— para trasladarla a un primer plano y hacerla audible.

Por eso las voces que la escritura de Sarduy privilegia, si bien pierden
resonancia —al producir un eco que no pertenece a inmensas fortalezas,

---

14. "Los ejemplos más puros del Camp no son intencionales sino totalmente en serio. El artesano que hace una lámpara art—nouveau con una serpiente enrollada alrededor, no está bromeando ni tratando de hacerse el gracioso. Está diciendo, con toda
propiedad, ¡Voilá! ¡El Oriente!" (Sontag, *Against* 282).

palacios y castillos– ganan en color, humor y –una vez más– sabor, al
provenir de prostíbulos, cafés, boticas y laberintos: putas, transexuales,
enanas, travestis, chulos y gigantes se mueven con salero, de lo sublime
a lo grotesco, enmarcados por un paisaje fundamentalmente caribeño,
pero cuya arquitectura se constituye en un pastiche de épocas y estilos,
dentro de casas donde se combinan, sin categorizarlos, desde el barroco
español hasta el art–nouveau de las colonias.

Moviéndome hacia Almodóvar, *Laberinto de pasiones* es al director
manchego lo que *Camp* fue para Warhol: un catálogo de la postmodernidad; con una fotografía que el mismo Almodóvar considera
"barroca" (Vidal 46), y donde ciertos personajes de la "movida" madrileña –Sexilia, Reza Niro, Toraya– escriben, decoran, pintan, se visten y
actúan como en una especie de *Factory*, con el fin de convertirse en estrellas y ser reconocidos por el *establishment* a fuerza de parodiarlo, de la
manera que Andy Warhol, con sus estrellas paralelas –Candy Darling,
Holly Woodlawn, Ingrid Superstar– parodió el Hollywood de los años
cuarenta y cincuenta (Smith, *Andy* 145).

Igualmente escenas de otros films suyos –la meada en *Pepi*; la confe-
sión del transexual en *La ley*; la venta de Miguel, el hijo de doce años,
por parte de la madre, al dentista del barrio para que sea su amante en
¿Qué he hecho yo?– nos hablan, por la naturalidad en que están hechas,
de una amoralidad propia del humor camp (Kiernan 148). Porque sus
artífices, como el artesano del que habla Sontag, tampoco están bromeando: la espontaneidad y franqueza de estos actos rompe los tabúes
sociales, rebelándose sin proponérselo contra el comportamiento de la
clase media en general.

Esta manera de actuar ha estado presente en el cine de Pedro Almodóvar desde sus comienzos, y abre una brecha por donde la irreverencia
respira dentro de la coacción e intolerancia del sistema. Tal vez sea por
eso que cada una de sus películas es esperada con el afán de quien ve en
ellas la oportunidad para liberarse momentáneamente de los compromi-
sos, presiones y claudicaciones que signan la vida personal y nos someten.

Público, periodistas, críticos, artistas, encuentran en los films del director manchego motivo de celebración y fiesta, al ser expresiones del
carnaval neobarroco y material con el cual apasionarse, ya sea a favor o
en contra, pero apasionarse: febrilmente, como ese joven masturbándo-

se en el baño del cine después de ver *La ley* –donde Antonio Banderas
es, quizás, su simulacro– o con reservas, como Susan Sontag, a quien de
un modo parecido a Sarduy, Almodóvar también campifica tras haberla
visto en el *set* de *Mujeres*:

> Pepa abusa del tacón y falta tubo. La verdad es que favorecen pero la
> obligan a ciertos andares que a Susan Sontag, según declaró a la revista
> *Elle*, después de asistir al rodaje, no le parecen propios de una mujer con-
> temporánea. Entiendo y estoy de acuerdo con Sontag cuando se opone a
> la polarización de los sexos, pero esto no va con Pepa. (García 194)

Como el cubano, Almodóvar en sus actrices –Julieta Serrano, *Pepi*,
Mari Carrillo, *Entre tinieblas*, Verónica Forqué, *¿Qué he hecho yo?*, Helga Liné, *La ley*– igualmente hace una apología de lo cursi a partir de los
personajes que ellas representan, al ser éstos, a mi entender, copia de
ciertos iconos camp: Greta Garbo (Serrano), Elsie de Wolfe (Carrillo),
Betty Page (Forqué) y Concha Piquer (Liné).

Claro: ambos creadores comulgan en la kitschifización de lo establecido y la consagración de la desmesura, artificializando lo popular
hasta llevarlo al hiperreal y rescatar, para la generación postmoderna, el
kitsch que no han vivido. No en vano la edición del CD con las mejores
canciones de La Lupe –quien en los noventa ha hecho furor dentro de
España entre la gente de menos de treinta años– se titula "Laberinto de
pasiones" y está dedicado a Pedro Almodóvar:

> Teatro,
> lo tuyo es puro teatro:
> falsedad bien ensayada
> estudiado simulacro...

En rueda de prensa con Pedro Almodóvar (Casa de España) a raíz
del estreno de *¡Átame!*– tuve ocasión de preguntarle qué puntos de
contacto encontraba entre su obra y la de Severo Sarduy. Almodóvar
me dijo entonces que:

> en ambas existen influencias de la cultura popular: la fotonovela, los
> folletines radiales, los temas latinos –el bolero, por ejemplo, se ha crea-

do pensando en mis películas: Lola Beltrán, Los Panchos, Chavela Vargas ... me siento culturalmente muy cerca. Igualmente, quizás, el barroco, el venir de ello. Se da una inserción de mi obra donde lo barroco también participa.

Por su parte Sarduy, en carta del 25 de febrero de 1992 ("hoy cumplo 55") desde París me comentaba:

> Ví pues y reví *Tacones lejanos* y las precedentes en video o en la televisión. La primera percepción es la de una fuente común –el *eidos* popular, la *doxa* de lo hispánico desde La Celestina hasta Lola Flores– con dos desbordamientos o excesos: la imagen y la frase. La sorna, el cachondeo –como diría Almodóvar– la irrisión y el cubanísimo choteo –indagado por Mañach– como programas estéticos, como mecánica de aprehensión de lo real. Se prescinde de todo enfoque frontal y lógico, de todo discurso sintácticamente encadenado; la unidad de trabajo es la ausencia y no la totalidad, algo patente en *Tacones*. Realismo, sí, porque el barroco lo es desde el Caravaggio; pero en una anamorfosis de irreverencia e irrisión.

En una conversación telefónica (26 de enero de 1992), Sarduy me propuso, justamente, partir del Caravaggio y la técnica del claroscuro para analizar su obra y la de Almodóvar, pues consideraba que el barroco como "(hiper)realismo" era una de las *conjunciones* entre ambos. Será entonces ese barroco furioso, en su relación con el camp y el kitsch, lo importante al analizar las ciudades y cuerpos; que el *Caravaggio* de Derek Jarman traspone a lo cinemático, tanto en las poses de los modelos y los colores cálidos de la fotografía y vestuarios, como en el componente camp de los cuadros mismos –visible cuando se alude al intertexto bíblico de las composiciones caravaggiescas. Algo que ya Philip Core apuntó al referirse al pintor, diciendo que:

> Sus muchachos de la calle, exhibiéndose y riéndose desde la ambigüedad de los óleos, y revelando las delicias de su carne en medio de cestas llenas de fruta madura, o sometiéndose al poder de hombres mucho mayores que ellos, resultan demasiado eróticos como para ser algo más que camp, cuando caemos en cuenta de que están supuestos a representar santos o virtudes. (*Camp* 48)

Capítulo III

LA CIUDAD

Madrid es una ciudad vieja y experta, pero llena de vida. Ese deterioro cuya restauración parece interminable, representa las ganas de vivir de esta ciudad. Como mis personajes, Madrid es un espacio gastado al que no le basta tener pasado porque el futuro le sigue excitando.

Pedro Almodóvar

En Roma el rumor de las fuentes puede guiarnos en el laberinto de las callejuelas, en La Habana el olor del mar, en Estambul la voz de los almuédanos, pero sólo flechas y paneles hipergráficos podrán guiarnos en medio del trébol de carreteras superpuestas de Estocolmo, a lo largo de las avenidas idénticas del suburbio parisino. Elementos esquemáticos, colectivos, que estructuran nuestra imagen de la ciudad. A ellos debemos nuestro sentido de la totalidad urbana. Ellos señalan nuestro trayecto hacia el Otro.

Severo Sarduy

Ni Pedro Almodóvar ni Severo Sarduy se mueven en el marco de las ciudades artificiales como Lost City en Sudáfrica —simulacro urbano o parque de atracciones puesto a reciclar el imaginario africano, deslastrándolo de lo real para encontrarlo en un entorno seguro y aséptico— ni en las ciudades tipo Tokio —tecnópolis cuyo sentido de la eficiencia contrasta con los islotes artificiales frente a la bahía, donde se acumulan los desperdicios como una mala memoria que, siguiendo la compulsión nipona por el empaque, serían un perfecto blanco para los superenvoltorios de Christo. No. Ambos creadores enmarcan sus obras al interior

de ambientes que recuperan para la postmodernidad el sentido barroco
del espacio, donde "lo que se estima no es ya la buena administración,
el gobierno, la salubridad o la belleza de la ciudad, sino *su tamaño y el
número de sus habitantes*" (Checa 144); exponiendo así la hipocresía de
los centros, tendientes a desplegar una preocupación por el caos urbano
de la periferia, mientras perpetúan las condiciones de miseria y atraso
para poder seguir defendiendo sus intereses en nuestras megalópolis.

Evidentemente, entre el Madrid de Gracián y el de Almodóvar hay
tantas diferencias como las existentes entre la ciudad caribeña y la capital ibérica; sin embargo todas estas capas de sentido se hallan íntimamente imbricadas, al comulgar en un mismo afán por consignar la explosión del exceso que, si en el barroco estaba contenido en el esplendor
de la forma para reproducir el de la Corte, en el neobarroco da paso a la
revalorización de la ruina para señalizar la decadencia urbana, a partir
de una arquitectura que se alza desde la cita irónica a los estilos del pasado. Ello sin dejar a un lado la variante que más ha contribuido a la
metamorfosis de las ciudades, es decir, el desplazamiento incontenible
de la masa rural hacia los cascos urbanos;[1] presencia esta que se mostrará en ambas obras desde una nostalgia permanentemente asociada a los
dos paisajes.

Para Sarduy la ciudad originaria tendrá en su destino la escritura y el
recuerdo borroso, tanto de vasijas para recoger las secreciones del cielo y
de la casa, como de las estructuras que abrazan todos los símbolos de la
fe:

> Camagüey, ciudad de tinajones y de iglesias más o menos barrocas
> (recuerdo un espléndido altar de madera), ciudad también de poetas y
> de acalambrada retórica. ("Cronología" 9)

---

1. Se prevee que para el año 2000 más gente vivirá en las áreas urbanas que en las
rurales existiendo "21 'megaciudades' con poblaciones de 10 millones o más. De éstas
18 estarán en países en vías de desarrollo, incluyendo algunos de los países más pobres
del mundo. Ciudad de México ya alcanza hoy los 20 millones de habitantes y Calcuta
los 12. De acuerdo con el Banco Mundial algunas ciudades en Africa están creciendo a
la inusitada tasa del 10% anual" (Linden 31).

Elementos reencontrados al interior del cofre de la Señora, en el reverso de cuya tapa se extendía:

> una ciudad tropical –al fondo se veían palmeras, fachadas coloniales, un ingenio azucarero– entraba un Cristo de madera, majestuoso y muriente. (*Cobra* 69)

Como si este apartado de la memoria fuese el intertexto necesario que la novela recupera al interior de un marco cuya desmesura vendrá dada por la carga sensorial contenida en la luz, los olores y la arquitectura. "Polis" donde los límites sociales se confunden, y las viviendas humildes crecen en simbiosis con las de las clases altas. Para Sarduy lo fundamental serán La Habana y su entorno como extensión del paisaje que ya Lezama Lima había desarrollado en sus dos vertientes: la de las estancias y sus "cafetales, plantaciones cañeras o sembradíos extensos y sutiles" (*La cantidad* 53), y la de la ciudad propiamente dicha donde:

> al lado de una casa de típica burguesía verdadera, se entreabre un café de pueblo, con sus mesas mal pulimentadas, pero donde la leche hierve como en la trastienda de la casa de un arreador de ganado. (*Paradiso* 416)

La novelística sarduyana se hace eco del paisaje que Lezama había descrito en sus obras para, con humor e ironía, reinterpretarlo multívocamente, al asociarlo a la arquitectura precolombina, hindú, neoclásica, románica y medieval cual gesto propio del postmodernismo. Y es que así como Robert Venturi, Charles Jencks y Paolo Portoguesi empezaron a articular una crítica en torno a la modernidad urbana, rescatando la complicidad de la forma que la arquitectura de la Bauhaus había rechazado, a fin de crear una ciudad moderna con memoria, igualmente Sarduy en sus novelas:

> reinterpreta el pasado de múltiples maneras, yendo de lo lúdico a lo nostálgico, e incluyendo actitudes y estados de ánimo donde se combina lo irreverente, la paradoja y el comentario. (Calinescu 283)

En este sentido *Cobra*, entre otras muchas, nos ofrece una ciudad que puede verse como la síntesis de la *polis* postmoderna:

(Sobre un promontorio, se extendía una ciudad nueva, de arquitectura romana, con cúpulas de piedra, techos cónicos, mármoles rosados y azules y una profusión de bronces aplicados a las volutas de los capiteles, a la crestería de las casas, a los ángulos de las cornisas. Un bosque de cipreses la dominaba. El color del mar era muy verde, el aire muy frío. Sobre las montañas,
en el horizonte,
nieve). (71)

Y *Cocuyo* la urbe caribeña que el protagonista mira desde una ventana, y que no es sino recuerdo borroso, resto de la ciudad barroca construida a imagen y semejanza de la española, superficie sin profundidad, simulacro de la ciudad real:

El cielo estaba leproso. La humedad y el calor, como un ácido, habían corroído las fachadas encaramadas las unas encima de las otras; cascarones morados, como postillas o chancros supurantes, se desprendían de dinteles incompletos, pórticos triangulares y resquebrajadas volutas. En los techos hundidos anidaban pájaros marinos, lagartos jaspeados de colas espinosas, guacamayas alborotadas y gatos embelesados, indiferentes a las hordas de roedores. (102)

Pedro Almodóvar, por otra parte, ha hecho del Madrid de las dos últimas décadas el protagonista de su filmografía. Claro: ella, como sus películas, pertenece al conjunto de aquellas urbes que "a través de los años y los cambios continúan dándole forma al deseo" (Calvino 35). La ciudad que envisionó Benito Pérez Galdós dentro de la decadencia postcolonial, y perfiló Camilo José Cela en los años del oscurantismo franquista, adquiere con Almodóvar el color de la "movida" artística democrática caracterizada por su humor, ironía e irreverencia hacia las instituciones.

Llevando entonces a cabo la operación consagrada por el pop ("crear lo nuevo significa muchas veces acudir a lo viejo o a lo ya existente". Venturi, *Learning* 91), el cineasta reinventa la ciudad "desmantelando la cultura hispánica" (González Echevarría, *La ruta* 9), al reinsertar elementos pertenecientes a la tradición española dentro de la contemporaneidad democrática. Así, en *Matador*, el plano medio de María y Diego sobre el paso elevado del viaducto Segovia, nos la muestra a ella con un conjunto puesto a simular el traje de luces y diciéndole al torero: "recién llegada a Madrid vi un suicidio en este puente", con lo cual el disloca-miento referencial del vestido queda reforzado por la memoria de una mirada ajena sobre la metrópolis postmoderna cuyo sustrato fundamen-tal está constituido por inmigrantes.

La ciudad como un todo panorámico también aparece repetidamen-te. *¿Qué he hecho yo?* se abre con el paneo de la cámara sobre una plaza donde lo urbano queda reiterado por la filmación del equipo con que Almodóvar está a su vez filmando esa misma escena; igualmente la ac-ción queda enmarcada por los continuos planos fijos sobre la zona su-burbana, concretamente el barrio de la Concepción surgido de la poco afortunada concepción arquitectónica puesta en práctica por el fran-quismo en los años sesenta. Por otra parte, desde el balcón de *Kika* un Madrid más real que el real –hiperreal diría Baudrillard ("The Preces-sion" 253) o simulado, apuntaría Sarduy– sirve de fondo al drama de la protagonista.

Ciudad que en toda la filmografía almodovariana contiene la imagen de lo rural desterritorializándolo, a través de personajes con un doble comportamiento: insertos en lo urbano pero cuya procedencia rural les hace devolverse al campo como nostalgia. Ello como proyección de la actitud dual del propio Almodóvar, quien vive hasta el final de la ado-lescencia en un pueblo de La Mancha antes de incorporarse al Madrid de la *movida*.[2] No en vano el campo y el deseo de regresar allí movilizan el deseo de la abuela y el nieto, quien ayudado por ésta trafica con he-roína para ahorrar dinero e irse al campo a poner un rancho y trabajar como labrador en *¿Qué he hecho yo?*; y Pepa, en *Mujeres*, a pesar de vivir el pulso de la contemporaneidad citadina no deja de tener su corralito en la terraza.

Por supuesto no sólo la arquitectura guarda la memoria de la casa, también los objetos son "testimonio bien sensible de una *necesidad de*

_____

2. "Pienso que la gente está muy adaptada a las ciudades, pero, por otra parte, también tiene una gran nostalgia de la naturaleza... Por eso en mis películas siempre hay como una especie de negación a perder el origen. La gente en el año dos mil tendrá su corralito en la terraza" (Vidal 389).

secreto, de la inteligencia del escondite" (Bachelard, *La poétique* 85).
Armarios, cómodas, cajones, cortinas, espejos, sofás preservan y restitu-
yen el tiempo perdido de quienes los han tenido: no en vano Rebeca los
fotografía para llevarlos siempre consigo cuando abandona la casa (en
una escena cuyo doloroso desenlace le quita a los objetos su carácter
inofensivo, aludiendo oblicualmente así a *El fantasma de la libertad* de
Buñuel, donde la gente grita ante simples tarjetas postales); y Cocuyo
literalmente se oculta en el *récamier* de casa de la Bondadosa para soñar.

En el caso de Almodóvar y Sarduy, además de consignar esta memoria, los objetos de la casa son elementos clave para insertar los hipertextos dentro de los hipogéneros que me interesa descatar aquí, pues
tanto muebles como decorados contendrán una gran dosis de artificio.
Así, la habitación de Sexilia (*Laberinto*) concebida en rosas, verdes y
rojos por Pérez Villalta —decorador favorito de la movida madrileña— o
los muebles cubiertos de peluche, las flores gigantescas de plástico y los
escalones alfombrados que dan a la bañera en el apartamento de Cristal
(*¿Qué he hecho yo?*), se asocian a las "repisas, puertas de armarios exóti-
cos, y hasta, cortados en óvalos, chinerías de medallones angulares para
el rococó versallesco" (76) de *Maitreya*, al "diván circular, tapizado en
seda, listas moradas y paralelas siguen la curva del espaldar, marcan de
sus reflejos un muro verde" (65) de *Cobra*, a las cortinas de canutillo y
las coquetas de *Colibrí*, y a las lámparas florales de *Cocuyo*.

Y es que existe en ambos artistas una marcada predilección por el escenario cerrado, por la complejidad de un decorado ficticio donde los
personajes se representan teatralmente. Observación que es:

> [u]n rasgo temático común entre los escritores llamados "neobarrocos".
> Recordemos, por ejemplo, las farsas de *El siglo de las luces*, los famosos
> shows del cabaret Tropicana en *Tres tristes tigres*, y las visiones carnava-
> lescas en *Paradiso*. (Guerrero, *La estrategia* 35)

Igualmente, las operaciones que tienen lugar dentro de la casa cum-
plen como los objetos un rol importante, en la inserción de ambos artistas dentro de la estética neobarroca. Cocinar, por ejemplo, platos siempre muy elaborados, en situaciones inesperadas y llenas de humor:
desde el bacalao al pil–pil que Pepi le prepara a Bom a las tres de la mañana, después de la escena de la discoteca donde Julieta Serrano aparece

vestida como la Dama de las Camelias; la tarta hecha con la sangre de Cristo (*Entre tinieblas*) elaborada por sor Estiércol, en medio de una alucinación producto del LSD; la salsa de camarones "batida con lujuria" (*Colibrí*) y el congrí que se sazonan en la cocina, mientras Colibrí espera a su contrincante para la pelea bailando un mambo; hasta el platillo mozárabe que Cocuyo, en su papel de recadero, lleva el día entero de los gabinetes a la bodega de la esquina:

> Y donde se tambalean empañados vasitos de café con leche condensada, mediasnoches, bizcochos enchumbados de un almíbar claro, milhojas, religiosas, torticas de Morón y casquitos de guayaba con queso crema. (*Cocuyo* 63)

1. Ciudades encontradas

Las auténticas ciudades se constituyen en depositarios del residuo que queda cuando la vida pasa, por eso son inmortales, y la existencia acumulada en sus cimientos tiene la gravedad de las cosas que no han sido movidas en mucho tiempo. Sólo en ellas la muerte cobra sentido pues en la piel de sus piedras es posible recorrer a quienes han desaparecido, pudiendo entonces reconstruirlos en los espacios que una vez ocuparon: allí se sedimenta el recuerdo, especialmente en las ocultas; ciudades subterráneas que crecen por debajo de la otra, la grande, la del frenesí económico y el poder político. Ciudades fascinantes pues se nutren justamente de la parte que se desperdicia; la que resulta improductiva para la ciudad de arriba pero sin embargo queda en la obra y la memoria: el París de Genet, el Manhattan de Dos Pasos, la Roma de Pasolini, el Berlín de Isherwood, el Buenos Aires borgiano. Ámbitos, todos, que en el modernismo no precisaban de señales ajenas a las que los sentidos exigían a fin de ser leídas, pero que en la postmodernidad exigen *algo más* para ser aprehendidas.

La capacidad de apropiación del pasado que nuestra contemporaneidad ofrece, tiene en el artificio tecnológico su causalidad más certera: en la simultaneidad de la pantalla la memoria converge y la ciudad vir-

tual toma sentido, pues allí se borra la separación espacio–tiempo a favor de una inmediatez puesta a producir un "desorden de las apariencias" (Virilo 31) donde aquella ciudad y la real, "compleja y contradictoria" (Venturi, *Complexity* 54), se construirán, a efectos de este trabajo,
desde el desgaste almodovariano –otra manera de nombrar la erosión de
la distancia entre el orden simbólico y el referencial (Virilo 30)– y el
conjunto de paneles hipergráficos sarduyanos como vías que canalizan
el descentramiento de la metrópolis neobarroca. La doble superficie,
página–pantalla, será entonces red en cuyo tramado ambas ciudades se
imbrican, no como totalidad sino como fragmentos dables de construir
el mapa[3] que las novelas y las películas privilegian.

Severo Sarduy y Pedro Almodóvar saben lo fundamental de las señales urbanas en la identificación del espacio postmoderno: vallas, avisos
luminosos, marcas anticipadoras de conglomerados residenciales y comerciales, signos en estaciones de metro y parabrisas de los automóviles
se hacen visibles antes que el referente: "el signo es más importante que
la arquitectura" (Venturi, *Learning* 13), y hacia ellos la atención de la
cámara y la escritura se desplazan.

Del primer plano a las ventanas entrevistas tras las plantas en la terraza de *Pepi*, hasta los "oxidados caparazones de autos y latones de ba-
sura" (52) en *Pájaros*, para ambos creadores el vértigo urbano fue primero simulacro: "mapa" apre(he)ndido a través del detalle. Igualmente,
espacio que se hizo necesario ganar, no dádiva ni entorno natural: como
la Caroline en *Sister Carrie* de Theodore Dreiser o como el Mismo en
The Lost City de F. Scott Fitzgerald, Sarduy y Almodóvar debieron
abrirse lugar a su llegada desde la provincia, al tiempo que articulaban la
ciudad virtual y la real teniendo como única referencia el cine y la escritura.

----

3. "La simulación ya no es más la de un territorio, un ente referencial o una subs-
tancia. Es la generación hecha por modelos de un real sin origen o realidad: un hiperreal. El territorio ya no precede más al mapa, no lo sobrevive. De hecho es el mapa el
que precede al territorio" (Baudrillard, "The Precession" 253).

"Crear nuevos índices, concebir superficies de orientación, mareas totalmente artificiales: esa es nuestra actitud frente a la ciudad, esa es la explicación de nuestro *vértigo
de señalización*" (Sarduy, *Ensayos* 306).

Para Almodóvar la reflexión en torno a la pulsión urbana se organiza-
ría desde los cambios de valores y costumbres llegados con la democracia
y la europeización de la capital ibérica, mientras que en Sarduy privaría la
visión nostálgica de una urbe plural, al haberse visto La Habana sometida
al ostracismo y el deterioro físico: modernidad *versus* ruina; sobre estos
dos conceptos se sedimenta la desmesura. En el español lo excesivo proviene de la excentricidad, rareza, peculiaridad, novedad, movida; y en el
cubano se genera a partir de la distorsión temporal por acción del recuerdo, que hace de la memoria herramienta activa para recobrar los fragmentos de una ciudad despedazada por la intolerancia y la intransigencia tanto
del régimen castrista como del bloqueo norteamericano.

Si la ciudad almodovariana es una, la que escribe Sarduy resulta ser
más bien un cuadro pop:

> Bajo la lluvia, la ciudad le pareció un tejido de bandas diagonales, de
> todos los colores pulverizados, pegados sobre un fondo de cartón blan-
> co. (*Cocuyo* 24)

Pintura donde convergen la urbe ibérica y la caribeña: La Gran Vía
madrileña ("su pretensión lo llevó a concebir cosas sublimes, rosadas y
con pisos, como un cake helado de La Gran Vía" *Maitreya* 112), el Barrio Chino barcelonés ("'La Neutral', una casa de gomas y trucos del
Barrio Chino de Barcelona" *Cobra* 27), el valle de Caracas ("el exceso
de helechos, y sobre todo lo picúo de ese paisaje alpestre ... pero qué ca-
sualidad, me encuentro una Polar, que me tomo en seguida para repo-
nerme" *Colibrí* 112), La Habana, Camagüey, conforman el plano sarduyano, del modo como Madrid traza el almodovariano –si bien no
puede perderse de vista el hecho de que el cineasta manchego alude
constantemente al mapa hispanoamericano, llenando el espacio citadino
con el sentimentalismo de la música ranchera y el bolero.

2. Severo Sarduy: la metrópolis neobarroca

> No me fui y no me he ido, porque siempre he estado en Cuba, aunque
> en un momento determinado me fuera a vivir a París. (Díaz 179)

A pesar de la yuxtaposición de ciudades, Sarduy se mantiene fiel al barroco cubano; y la arquitectura de fachadas, retablos, techumbres mudéjares, armaduras de madera –citada en castillos bávaros, templos hindúes o mansiones neoclásicas francesas– erige la escena que sus personajes llenan con la desmesura de la casa. Allí Cobra, la Tremenda, Colibrí, la Regente, Cocuyo, actúan y al hacerlo señalan las distintas direcciones por donde el imaginario sarduyano nos orienta. De este modo, las construcciones proporcionan el marco dentro del cual los caracteres dirigen nuestro trayecto hacia el Otro y lo otro, es decir, hacia todo aquello que empieza siempre fuera de uno mismo e imanta nuestra curiosidad por absorberlo o rechazarlo. Esto lógicamente produce una dispersión, llevándonos a volcar fascinados sobre la escritura: superficie que ilimitadamente se transforma pues por ella todo pasa.

Hacia donde quiera que sigamos el mapa sarduyano, "lo *legible urbano* (Sarduy, *Ensayos* 305) converge en dos ciudades encontradas: la virtual y la real; a ellas se entra generalmente por el mar, y las señales "vallas de la Shell –un corazón ribeteado por un tubillo de neón rojo–" (*Cobra* 188) anticipan la ruina ("pórticos triangulares y resquebrajadas volutas". *Cocuyo* 102) o adelantan la memoria desde la pantalla:

> Cinerama a todo retro–color (donde) se va definiendo un paisaje ... Sobre la uniformidad de las casas blancas el dibujo de las calles. (*Cobra* 63)

Ciudad doble, puesta a reivindicar el deseo por recorrerla desde el placer del lenguaje que la describe, partiendo del entrecruzamiento de señales extraídas de la geografía caribeña, oriental, neoyorkina, francesa y española; con lo cual el mapa urbano se diversifica convirtiéndose en un mosaico sin especificidad, complejo y contradictorio, que privilegia lo híbrido, la distorsión y la ambigüedad sobre la pureza, la linealidad y la articulación modernista.[4] Ello le permite al autor desplazar a sus personajes de uno a otro continente para encontrarlos en puntos geográficos que espejean ciu-

---

4. "Me gustan los elementos que son híbridos más que 'puros', comprometidos más que 'limpios', distorsionados más que 'lineales', ambiguos más que 'articulados'" (Venturi, *Complexity* 16).

dades reales, a las cuales el barroco cubano como constante lleva al límite donde se vuelven apariencia y lo superan; superan el límite en ese afán del lenguaje sarduyano por reproducir no la esencia del original sino su efecto. Por esto el autor continuamente incurre en un *vértigo de señalización* (*Ensayos* 306) anticipador de esa simulación de la ciudad real que es, en última instancia, la metrópolis neobarroca.

Instalada en un mapa donde confluyen el Oriente y el Occidente, Cobra va hacia la India, pero las ciudades que puntúan este primer viaje o están vistas desde la distancia como un cuadro del mismo Sarduy ("La ciudad a lo lejos era un cúmulo de puntos grises" *Cobra* 75), o inventan sus propias construcciones a partir de "techos cónicos", "fachadas coloniales" y "la arquitectura romana". A su regreso Cobra saldrá en busca del doctor Ktazob rumbo a Tánger donde el lector llegará siguiendo las líneas que la Señora y Pup han dibujado a su paso por Madrid y Toledo: ciudades que el *décalage* temporal ubica entre un barroco de "molduras procesionales", "tabernáculos platerescos" y "relicarios ojivales"; y un churrigueresco con sus

> nudos y flechas, orlas y volutas, lámparas mudéjares que oscilan, capiteles de frutas sefardíes, retablos virreinales y espesas coronas góticas suspendidas sobre remolinantes angelotes tridentinos. (86)

Empezando con la última sección de la primera parte, el lector entra a la ciudad escoltando a Cobra desde adentro: el metro penetra el casco urbano que la enumeración sarduyana arma a partir de señales en descomposición –"flechas al revés, rampas que se derrumban, pasajes sin salida, urinarios encharcados" (127)–, y con ello irrumpe en su narrativa una arquitectura de "retorcidos pasamanos", "columnas niqueladas que se abren en corolas contra el plafón" (126), imbricándose lo barroco con la noción de ruina, propia de la megalópolis post–industrial.

Con los desplazamientos del *gang* motorizado compuesto por Totem, Tigre, Escorpión y Tundra, el autor trazará un conjunto de flechas y paneles hipergráficos que descentran la ciudad expandiéndola:

> hacia las afueras, [entre] [i]dénticas avenidas ... incompletos castillos góticos de hormigón armado ... torres sin iglesias cuyas campanas eléctricas llaman al ángelus. (151)

Este movimiento, propio de la anamorfosis barroca, provocará una
vuelta de tuerca muy sarduyana cuando el paisaje —identificable hasta
aquí con el suburbio parisino o madrileño— desemboque en "un bosque" que es más bien selva tropical donde el *gang*, deshaciéndose de toda señal distintiva de la postmodernidad urbana, se adentre a pie, "entre
plumas negras y escamas de culebra", observados todos por "iguanas,
camaleones bravos; en la maleza pelean serpientes" (151). Allí los mo-
torizados someterán a Cobra a la iniciación ritual tántrica, tras lo cual el
grupo regresará a la ciudad, pero por un paisaje cuyos "[p]inos, cipreses
y ciruelos de invierno" (154–55) producen otra dislocación y añaden
un hilo más a la red con que Sarduy entreteje el Otro y lo otro, Oriente
y Occidente, lo masculino y lo femenino, el Caribe y Europa.

Polifonía generadora del concierto neobarroco que se escucha en la
novela e igualmente actúa, en *Maitreya*, como fondo musical de las
traslaciones de las Tremendas por La Habana, Miami, Nueva York y
Tánger; traslaciones al interior de una arquitectura donde el trópico y el
barroco de las colonias ya no quedan apuntados solamente, cual era el
caso de *Cobra*, sino invaden el trazado del mapa urbano. Tal estrategia
le permite al autor moverse de un continente a otro pero sin abandonar
del todo su isla.

Ubicadas "en un palacio colonial de madera, con tabiques labrados y
balcones curvos cargados de esferas armilares, anclas y cuerdas" (89), las
Tremendas se valen de sus poderes curativos en ambientes que aluden al
barroco no sólo desde la decoración de exteriores e interiores, sino en la
utilización del principio multiplicador del espacio y la mirada utilizado
por Velázquez en *Las Meninas*, ya que las hermanas viven dentro del
cuadro acompañadas por "sus meninas ... y un enano, antiguo modelo
para *Monstruas Vestidas* de la Escuela de Bellas Artes" (89). Superficie
que se desdobla entonces desde los espejos de los aposentos, prolongán-
dose así el fondo de la tela hacia la escritura y el texto.

Esta táctica se repetirá en el capítulo siguiente cuando Sarduy haga ate-
rrizar a la Tremenda "en una piscina, frente a una iglesia de la Caridad, en
las afueras de Miami, entre delfines que la recibieron con gritos indigna-
dos" (99), camp—ificando *El nacimiento de Venus* y llevando a la irrisión el
kitsch de los espacios donde se movilizan ciertos cubanos en el exilio.

El extrañamiento por causa del castrismo que igualmente desterrito-
rializaría a Sarduy se reterritorializa en el trópico como simulación,

cuando "Pedacito de Cuba" –guardián del kitsch básico autóctono– lo reproduzca en los muros mayameros, buscando así preservar lo que el devenir histórico le ha hurtado.

Como si fuera un cuadro de Wifredo Lam, Sarduy irá rodando ese paisaje de una ciudad a otra reencontrándolo seguidamente, junto con el art–nouveau de las colonias, al interior del mapa neoyorkino: decorado de la *mise–en–scène* ("volutas coloniales y cristales azules ensamblados en colas de pavo real" 126) en la *boîte* boricua donde la Tremenda canta "vestida de flor enferma"; y al hacerlo satura el imaginario nostálgico caribeño, ya no desde "las canciones más ampulosas de Olga Guillot, ni de los psicodramas de La Lupe" (125), sino con la impostura de los "agudos renales" atribuidos a otro icono camp por excelencia: María Callas. Sarduy aúna entonces, sobre un mismo escenario, los elementos constitutivos de la estética que mejor explica el exceso neobarroco, y predice un repunte de la misma en el gusto de la audiencia dentro de la postmodernidad:

> El público –pontificaba sin recato, alabando los agudos renales que emitía y barajando similitudes con la Callas– se ha empedernido con el kitsch en los últimos tiempos. (126)

La última sección de *Maitreya* recobrará "con nitidez excesiva" (153) para el trazado de la ciudad sarduyana, los minaretes orientales que igualmente cerraban *Cobra*, pero ya no desde el reflejo de un río sino sobre los cristales del parabrisas de un automóvil en el cual la Tremenda y el enano –remanente de *Las Meninas* velazcanas– atraviesan el mapa urbano hacia el desierto árabe donde, "hundidos entre pozos de petróleo", agotan "hasta la idiotez o el cansancio" el repertorio concerniente a los rituales tántricos.

El desgaste asociado con ese repertorio geográfico–gestual devolverá la escritura de Sarduy, en *Colibrí*, a una exuberancia cromática y vegetal donde quedará definitivamente intrincada la ciudad tropical como ruina, desde los restos de las civilizaciones precolombinas incorporadas a la urbe post–colonial de la periferia, en una labor de reciclaje donde también se integra el aparato tecnológico y el arte de los centros. Es a partir de este "travestismo cultural" (Olalquiaga 86) desde donde me interesa leer el mapa sarduyano en *Colibrí*, pues nos ubica al interior de un paí-

saje selvático que en vez de constituir un regreso de Sarduy a los orígenes –siguiendo las huellas de *Los pasos perdidos* de Alejo Carpentier y los
lodazales cubiertos por manglares del Rómulo Gallegos de *Doña Bárbara* y *Canaima*–, a mi entender comprende una revisitación y un desmantelamiento de la naturaleza para reencontrarla en el contexto postmoderno, donde se ilumina con un colorido que debe más al pop que a
la luz del trópico caribeño:

> Era un claro del bosque. Llegaba desde el cénit, inmaterial y blanca, la
> plena luz del día. Soplaba el viento fresco. Tuvo sed y sueño.
>   Se recostó al tronco de un ramaje cimbreante y ligero y grandes co-
> rolas rojas y moradas.
>   En la más alta, como una rodaja de limón al borde de un daiquirí,
> vino a posarse un tucán. (37)

Como en las serigrafías de Andy Warhol, de una escena a otra el paisaje quedará alterado sólo en apariencia, restringiéndose a un cambio de
color por causa del celofán naranja que envuelve las luces del bar donde
Colibrí actúa; o insertándose en un "paisaje de invierno –fácil oxímoron
de los decorados tropicales–" (15) pintado sobre las paredes de la Casona desde donde la Regente y –una vez más– la Enanota organizan el
tráfico de jóvenes y drogas.

A partir de estas variaciones la selva se integrará dentro de la narración,
no como "abigarrada y senil consagración de la primavera" (41) sino como
elemento que asedia la arquitectura para devorarla, dejando sólo un rastro
–"la cabeza colosal olmeca"– o los escombros –"amasijo de volutas y ara-
bescos mohosos, espirales truncas, verandas derrumbadas, peldaños desu-
nidos y vitrales rotos" (153)– de las casas convertidas entonces en señales
anticipadoras de la memoria que la escritura empezará a recobrar.

Se inicia así con *Colibrí* el proceso de recuperación del paisaje netamente caribeño, puesto a trazar las flechas y paneles hipergráficos que
marcarán el camino de "regreso al país natal", en un viaje al cual *Cocuyo*
y *Pájaros de la playa* pondrán punto final:

> Quiero ir a reposar en el cementerio de Camagüey, junto a la Dolores
> Rondón autora de una décima calderoniana, que, aunque es su única
> obra literaria, ya la sitúa en un panteón. (Guerrero, "Entrevista" 2)

Aun cuando Sarduy acabará descansando bajo el blanco —"de ti yo sólo vi, días después, flores blancas y tierra removida" (Guzmán, 2)— de cierto cementerio emplazado en una encrucijada de esas "avenidas idénticas del suburbio parisino"; como si el afán descentralizador puesto en su obra le hubiera impedido volver al origen, a la isla y a la casa.

Si la casa de *Cobra* resultaba ser, como la de Asterión, laberíntica, con celdas y corredores —"un caracol de cocinas, cámaras de vapor y camerinos" (13)— la Casona de *Colibrí* es "de precaria arquitectura" (34) porque la acción transcurrirá afuera, en la que crece hasta abarcarlo todo —parafraseando a Borges, la que "es del tamaño del mundo" (*El Aleph* 71). Allí se disponen espejos, "arcas simétricas y floripondios de papel" (51) a fin de que, aún bajo la sobriedad de una ceiba, la casa no deje de estar ornada, no deje de tener detalles kitsch.

La de *Cocuyo*, por otra parte, es prueba sensible del regreso del autor a la intimidad, y a la Cuba que había dejado tras esa explosión de *Big Bang* que lo lanzó a la periferia cuando abandonó la isla. A lo largo del texto la casa, sin perder su artificiosidad en la decoración:

> lámparas florales, barandas en arabesco, vitrales opalinos y ese estilo vegetal nacarado, todo en curvas, que marcó exageradamente el Art Nouveau de las colonias. (34)

es la casa "donde un niño quiere des—existir. Ser otro" (53). Casa recobrada desde el tiempo proustiano, es decir, el tiempo "evaporado, de los años transcurridos no separados de nosotros" (*El tiempo* 419). Tiempo que cuando aún no había sido vivido le obligó a aprender el exilio:

> Sabía, eso sí, que ya nunca más tendría casa ni familia, ni lugar de reposo, ni de origen. La fuga lo había desraizado, lanzado a un exilio sin regreso. Aunque acababa de abandonarlos, ya le parecían muy lejanos, como un recuerdo impreciso, casi como un sueño, el regazo de su madre, la voz de su hermana, una cama repleta de regalos y, al levantarse, el olor del pan con aceite salado y el tazón de café. (54)

Un exilio que duró lo que Sarduy tardó en recuperar con su escritura el tiempo, y que constituyó el mapa urbano parisino del cual, a diferencia de Proust, no extrajo la materia, sino que la utilizó como mirador desde donde recobrar a Cuba –haciéndose más y más nítida de obra a obra. Claro: la casa nos pone en contacto con lo que somos; regresar a casa es volver al lugar de donde procedemos, y la escritura se constituye en el instrumento más idóneo para recobrarla con todo lo que ella contiene, antes de que el tiempo se aleje de nosotros cuando la vida se apague.[5]

Cocuyo, al explorar el "otro lado de la bahía" (187), atraviesa "vastas casonas azulosas" construidas sobre estacas a orillas del agua, semejantes a los palafitos sobre el Lago de Maracaibo que –y aquí incluyo una pequeña digresión para ilustrar la importancia de la casa– le recordaron a Américo Vespucio las casas de su Venecia, por lo cual llamó a aquel país recién descubierto "la pequeña venecia" o Venezuela.

En Cocuyo la imagen de sus casonas también pone a funcionar la memoria involuntaria, transportándolo a la casa primera para recobrarla, envuelta por la "ensoñación" bachelardiana que le permitió, como a Proust, imaginarla de nuevo.[6] Ello a través de una operación que la idealiza y la deslastra de todo lo doloroso vivido allí una vez:

> Había olvidado el cansancio y el hambre: ignoraba la llovizna fresca que comenzaba a azotar esas marismas. Recordó el patio del tinajón, sombreado por las flores rojas del flamboyán, afectuoso y tibio, y luego, como si en la memoria todo se decantara, el patio del hospicio, con su juego de agua. Olvidaba el cepo. (*Cocuyo* 189–90)

Ese proceso de decantación de la memoria alcanza el blanco total –inmortalizado por Armando Reverón en sus paisajes caribeños– con *Pájaros de la playa*: "al blanco (debe)/ su fulguración/ el color" (221); blanco de Reverón, blanco de Paz, "en el blanco, en lo blanco" (González E., *La ruta* 160) cerrándose así la obra narrativa sarduyana

---

5. "Pues, después de la muerte, el Tiempo se retira del cuerpo, y los recuerdos tan indiferentes, tan empalidecidos, se borrar en [el] que ya no existe y pronto se borrarán en aquel a quien aún torturan, pero en el cual acabarán por perecer cuando deje de sustentarlo el deseo de un cuerpo vivo" (*El tiempo* 420).

6. "Toda nuestra infancia debe ser imaginada de nuevo. Al reimaginarla tendremos la suerte de volver a encontrarla en la propia vida de nuestras ensoñaciones de niño solitario" (Bachelard, *La poética* 151).

con la misma imagen y sentido que tenía en *De donde son los cantantes*; si bien la entrada en la muerte desde el blanco ya no será de Cristo sino de los personajes y del propio Sarduy; puesto que *Pájaros* está concebido como vehículo purificador y testamento, regreso definitivo del recuerdo a la isla transformada en casa: "la breve utopía de un arquitecto que consideraba toda la naturaleza como un solo ser vivo" (93). Reencuentro de la escritura con "la explosión inicial", Big–Bang; lenguaje que traza el mapa de la isla como "casa transparente y vasta" (93), y en su descripción recuerda a *Fallingwater* de Frank Lloyd Wright, pues "se desplegaba sobre una cascada, sin destruir las piedras ni los árboles, y en la que siempre se oía el murmullo del agua al caer" (93–94).

Casa depurada de todo exceso entonces, que se expande no como espacio barroco sino como ámbito que espejea la arquitectura de la Bauhaus; cual si en su viaje inverso, de restitución al origen, la isla, la ciudad en ruinas y la casa, Sarduy hubiese querido deslastrar las construcciones de su ambigüedad ornamental para recobrarlas y recobrarse desde un paisaje exacto:

> Aquí, en las islas, en el corazón de las variaciones oceánicas, no hay lugar para la imprecisión: todo es neto, implacablemente preciso. (163)

Hacia tal concisión y claridad se desplaza el mapa urbano, "rumbo al mar" –título de la penúltima sección del libro– y en busca de un sur sin especificidad, que tangencialmente alude al mapa urbano sevillano con la alusión a una "antigua cartuja, tan restaurada que parece una maqueta, o un edificio recién construido con injertos de ruinas" (206); y en torno a la cual fue construida una ciudad desarmable de "postmoderna arquitectura" (206), sede de la Exposición Universal –*Expo 92*– que Sarduy visitó poco antes de concluir su último ejercicio narrativo.

3. Pedro Almodóvar: el kitsch del contexto urbano

> ¿Mis cosas favoritas? La moda, los taxis, los grandes almacenes de barrio, Madrid, la radio, la televisión, y todas las revistas y periódicos. Y las cafeterías. (Vidal 20)

Como para el Pasolini de *Noches romanas*, la ciudad guarda en Almodóvar la forma de sus personajes: edad, gestos, el grado en que la piel de afuera y la de adentro quedan expuestas al placer de quien las observa; espectador o *voyeur* comulgando en la presencia de una ciudad que lo marca y lo señala. Por eso aquí la importancia del mapa urbano es doble: los films de Almodóvar surgen de la ciudad[7] y, a mi entender, sólo un receptor inmerso en ese espacio puede entenderlos a cabalidad.

Pepi, Laberinto, Entre tinieblas, ¿Qué he hecho yo?, Matador, Mujeres, Kika se abren con un plano general de Madrid o un paneo de la cámara sobre un signo que tiene a la capital como referente, dándose también el caso contrario donde es la ciudad la que se mimetiza con el signo — hablando por ejemplo de la receptividad de *Pepi* en Valencia, Almodóvar apuntó que "cierta fauna urbana ha hecho suyas algunas frases de la película" (Vidal 38).

Claro, en el cine del director manchego el mapa urbano es como la piel de la culebra que se desgasta y se regenera —"[e]n verano, Madrid

---

7. "Madrid ... contiene para mí mil ciudades en una. Ocho de ellas han aparecido en mis respectivas películas. *Pepi*... combinaba lo rústico con lo metropolitano. Sus personajes lo mismo hacían punto sobre una mesa camilla que se iban de petardeo a la discoteca más disparatada. Los exteriores manifestaban esa misma polarización: las esquinas del barrio de Prosperidad, el perfil neoyorkino del Azca, los bajos de Princesa, el Rastro...

En *Laberinto*... yo proponía un Madrid explosivo y cosmopolita, centro neurálgico del mundo, donde todo pasaba o de todo se pasaba. Puterío y recogimiento en *Entre tinieblas* (de nuevo el Rastro, un convento en la calle Fuencarral combinado con la sala de fiestas El Molino y ese mar sin fondo que es la M–30, en *Qué he hecho yo*... El insondable Viaducto de las Vistillas, la Casa de Campo y un matadero de Legazpi en *Matador*. La noche estival llena de sudor, terrazas y meaderas en *La ley del deseo*. Y un Madrid recién maquillado, con la telefónica y la Gran Vía al fondo (uno de mis paisajes favoritos) en *Mujeres*... *Átame* también transcurre aquí, un Madrid destruido en continua reconstrucción. Siempre he encontrado un paisaje perfecto y una fauna incorrecta e ideal para cada una de mis películas. Es una pena que ahora llegue un concejal del PP que, para ganarse unos cuantos votos de vecinos reticentes, se empeñe en borrar de Madrid lo que tiene de característico, aquello que la convierte en ciudad única y madrileña al fin y al cabo: la vida nocturna. La vida, en definitiva. Madrid no se lo merece, y si la ciudad no se lo merece nosotros tampoco (*Patty* 110).

cambia de piel, regenera su vieja superficie" (Vidal 204). Ello le brinda al cineasta un catálogo de situaciones siempre cambiantes, que llevará al límite: un plano medio de Pepi cocinando bacalao al pil–pil, por ejemplo, mientras le dice a Bom "tú y Luci os casáis de blanco"; o un primer plano de sor Perdida en el convento de *Entre tinieblas* tocando los bongos mientras le da de comer a un tigre y piensa en volverse a Albacete.

Y al llegar a este punto es necesario volver al hecho de que si el mapa sarduyano se arma desde una metrópolis de coordenadas múltiples, el mapa almodovariano favorece una ciudad particular, Madrid, y por ende la idiosincracia de unos caracteres provenientes de los pueblos pobres de España que se han mimetizado con una urbe híbrida pero sin perder sus rasgos autóctonos.

Almodóvar logra entonces desplazarse de la modernidad a la "España profunda" de rasgos medievales sin abandonar el mapa urbano, e insertar a su vez el conjunto en el estadio de lo postmoderno, moviéndose siempre con el pulso de la ciudad, pues es en definitiva el ritmo madrileño el que ha quedado impreso en su cine. Un ritmo que como este mismo cine, desde la explosión y efervescencia del inmediato post–franquismo ha ido perdiendo intensidad, volviéndose en los noventa mucho más convencional y autocomplaciente.

Así, *Pepi, Luci, Bom y otras chicas del montón* (1980) "coincide con el momento en que Madrid está más vivo" (Vidal 15), y ello se refleja en la dislocación espacio–temporal del film, armado desde una lectura fragmentaria de la ciudad; no sólo dadas las dificultades de producción que obligaron a Almodóvar a rodar materialmente a trozos, sino porque la exaltación del mapa urbano lo exigía. De este modo, la construcción de un universo diegético fragmentario se justifica y funciona, tanto a nivel de las acciones como del marco histórico–social y del perfil de los personajes, en espacios intervenidos por el kitsch manufacturado: un primer plano a las macetas de plástico en casa de Pepi, el plano medio en la tienda donde un rockero y su novia compran platos de plástico ("¿no sabe usted que los platos de plástico están de moda?") para la casa antes de volverse a Cuenca, o el *travelling* sobre los afiches de chicas y chicos sexy mezclados con uno de la Reina Fabiola en la casa donde Bom practica boxeo. De hecho, Almodóvar comenzó a escribir su primer guión como una parodia al kitsch existente en las películas del destape:

> Mientras escribía el guión pensaba en esas películas de Cantudo, Agata
> y Bárbara, donde para desnudarse sólo necesitaban estar vestidas (que
> conste que algunas son ya verdaderas joyas del *kitsch*). (Vidal 21)

Esta distancia irónica le permitió apropiarse del kitsch contenido en
el porno blando de los años de la transición y *campificarlo*, al revestirlo
de una naturalidad y comicidad que le daría justamente el sello personal
a su cine. Por eso el plano medio de Luci haciéndole un *fellatio* al gana-
dor del concurso "erecciones generales", o el *close–up* de su rostro satis-
fecho al recibir la orina de Bom, dejan de ser pornográficos cuando Almodóvar los integra, sin transiciones, a la diégesis del film.

El mapa madrileño igualmente se presta para que el director manchego lleve a la irrisión ciertos iconos del camp y se apropie del kitsch
básico latinoamericano, en escenas como la que incluye una secuencia
de Julieta Serrano cual simulación de Camille–Scarlett (Greta Garbo–
Vivian Leigh) corriendo por una callejuela a la salida de la discoteca "El
Bo" en el barrio de Azca; y el plano general en el puente que cruza la ca-
rretera de Andalucía desde la residencia Primero de Octubre, donde
Pepi le sugiere a Bom que se haga cantante de boleros –"¿como Olga
Guillot?"–, en vista de que el pop ya ha pasado de moda.

Tales mecanismos llegarán al desenfado absoluto en *Laberinto de
pasiones* (1982), cuando algunos caracteres incluidos en el catálogo internacional del camp, como el príncipe iraní Reza y la ex–emperatriz
Soraya, se desplacen mediante sus respectivas similaciones –Riza y Toraya– al contexto madrileño, en una época cuando la ciudad para Almodóvar "era la clave del mundo" (Vidal 42); resultando ser el film un
"catálogo de modernidades ... porque resume lo que era 'ser moderno'
en Madrid" (Vidal 39).

La película lleva entonces a la histeria[8] lo moderno dentro del mapa
urbano, dado el frenesí con que los personajes buscan lo nuevo preten-
diendo asombrar, divertir y sorprender –actualización quizás del *épater
le bourgeois* modernista–; al tiempo que el sentido de la parodia, el uso

---

8. Para una lectura de la histeria en ésta y otras películas de Almodóvar sugiero el
estudio de Brad Epps "Hysterical Histrionics: Entertainment and the Economy of
Mental Health".

del pastiche y el movimiento hacia el centro de la cultura madrileña de ciertos modos de vida que habían quedado relegados a los márgenes del sistema, llevan el conjunto al estadio de lo postmoderno.

De esta manera *Laberinto* se convierte en la película ideal para entender la entrada de la capital española en la postmodernidad que se había ido gestando desde 1977, es decir, durante los años de transición cuando el país buscaba la fórmula política que le permitiera deshacerse del fantasma de la dictadura. La estrategia de tal "movida" será justamente trabajar a espaldas de ese pasado, si bien los artistas no dejarán de desmantelar usos y costumbres de la tradición hispánica a fin de reconstruirlos en la contemporaneidad democrática.

A nivel de operaciones transtextuales *Laberinto* podría considerarse como hipotexto de varios de los hipertextos posteriores de Pedro Almodóvar, por el hecho de compendiar ciertas secuencias que quedarán imbricadas en el tejido cinemático de sus películas siguientes. Así, el plano americano de Queti atada a la cama por el padre a fin de poder violarla y con un Cristo en la cabecera, se traslada a la relación entre Ricky y Marina en *¡Átame!* tanto en su propósito de parodiar el sadomasoquismo del porno, como de destacar la presencia del kitsch de primer grado en la sociedad española.

Igualmente el *travelling* que muestra a Sexilia caminando por la noche de Madrid con una capa roja pensando en Riza, hallará su contrapartida en la María de *Matador* dirigiéndose hacia el viaducto donde la encontrará Diego. En ambos casos las escenas logran realzar el extrañamiento de la mujer dentro del contexto urbano, al tiempo que la encuadran como imagen inaccesible al control masculino.

Del mismo modo, el aeropuerto donde convergen los personajes para el desenlace del film, tendrá idéntica función en *Mujeres*, reiterando así el director manchego su importancia como espacio generador de (des)encuentros y punto que demarca el área periférica del mapa urbano descentrándolo.

Con *Entre tinieblas* (1983) se perfila la distinción entre el espacio privado y el público dentro del contexto urbano, al privilegiar la película los pormenores del drama desencadenado en la intimidad, y por ende la exploración psicológica de personajes muy específicos. Pero aún en el ámbito cerrado del convento de la calle Hortaleza la película no deja Madrid; del afuera provienen los ingredientes que movilizan las historias: Yolanda y Merche para poner a prueba la capacidad de amar y decidir el objeto del deseo en la madre superiora; las novelas del corazón, escritas bajo seudónimo por sor Rata, que kitschifizan para Yolanda el melodrama conventual; los afiches de ciertos iconos del camp cinemático que justifican el desbordamiento sentimental desde la contención de la superiora; el bolero como expresión extrema del lenguaje con que se canta la pasión, y de cuyo reciclaje en las zonas metropolitanas españolas ha tenido mucho que ver el proyecto almodovariano.

Ello se aúna a la puesta en escena que más aproxima la filmografía almodovariana al barroco, tanto en el uso de una iluminación cuyo referente son los claroscuros de los cuadros de Zurbarán" (Vidal 73), como en la creación de una atmósfera dramática y opresiva calificada por el director mismo de "barroca" (*Ibid.*). Así, los planos que conforman la escena donde la cámara en panorámica nos muestra a Yolanda y la superiora duplicando a Lucho Gatica en el bolero "Encadenados", pueden entenderse como cuadros de un retablo que, siguiendo a Zurbarán, utiliza la *repetición serial* (Checa 49) para reiterar la dependencia entre las dos mujeres. Aquí las sombras también buscan realzar la carga emotiva de los cuerpos, empujados desde la oscuridad del fondo a la claridad de los sentidos –algo que, como había notado Sarduy, también acerca a Almodóvar al Caravaggio.

Hiperrealismo de lo sobrenatural entonces, puesto a traducir la tensión entre oposiciones binarias: espacio público–espacio privado, cantante–monja, profano–sagrado, libertad–cárcel, hurtarse–entregarse; "tensión espiritual" que, de un modo semejante a los *San Francisco* de Zurbarán, "es el resultado de una actividad interior, tan violenta como la que realizan los santos y los mártires" (Checa 242). La relación Yolanda–madre superiora alcanza, pues, su apoteosis barroca, "la fiesta religiosa adquiere una fuerte dimensión urbana" (Checa 80), y la película profundiza en el sondeo de la complejidad emocional femenina que será una de las constantes en la filmografía posterior del director manchego.

¿Qué he hecho yo para merecer esto! (1984) es, a mi entender, donde más acertadamente se expone la inclemencia del mapa urbano al interior de sus dos espacios público–privado en contraste con lo rural. Lo grotesco del kitsch surgido de tal combinación es aprovechado por Almodóvar para, por un lado, denunciar las malas condiciones de vida de la clase trabajadora en Madrid y compararlas con una provincia que

tampoco ofrece perspectivas de mejoría al contingente que se desplaza hacia las áreas metropolitanas de la península; y por otro, mostrar la falta de oportunidades de la mujer para desarrollarse en un entorno machista y castrador.

En tal sentido Gloria se hace depositaria de la "mirada bòrnia" –tuerta– que Montserrat Roig define como la norma de las mujeres de su generación[9], que con un ojo miran y con el otro se miran, pero no para admirarse sino para dejarse anular lo más sistemáticamente posible a manos del Otro. Así, ese espacio urbano público constituido por el Madrid periférico de la clase obrera, adquiere todo su sentido opresivo desde el ojo con que Gloria en el balcón y a punto de suicidarse, mira hacia afuera y lo que ve es el paisaje de después de la batalla, constituido por la arquitectura del simulacro de modernidad para la clase obrera impuesto a las ciudades, durante el franquismo en los años sesenta.

El reducido espacio interior en que se amontona la familia, también adquiere un papel protagónico en el plano secuencia donde la cámara es el ojo de Gloria recorriendo el apartamento vacío; y la geografía de muebles y objetos –cada uno en su lugar preciso– determina la fuerza del paisaje, entonces en reposo pero que al ser alterado por la acción, ha mantenido la tensión de la trama a lo largo del film. Sólo desde esa soledad definitiva, una vez que el marido ha muerto y los hijos y la abuela la han abandonado, Gloria se mira, pero el resultado de su acción es tan desesperante que prefiere desaparecer a seguirse mirando.

¿Qué he hecho yo? igualmente actúa como intertexto donde se imbrican el cine de la dictadura y el Hollywood de los años cincuenta, al aludir a lo cursi contenido en *Splendor in the Grass* (1961), y lo denigrante del tratamiento de la mujer en películas del tipo *Vivan los novios* y *Vente a Alemania, Pepe*. La primera le sirve al director para hacer más grotesco el deseo de la abuela y el nieto de irse a vivir al pueblo "a poner un rancho como en la película", pues en los campos españoles la hierba jamás brilla tanto como los pastos perfectamente cuidados del melo-

---

9. "Mi mirada era tuerta. Un ojo se aprovechaba de aquella Europa que hubiera querido que fuese mía, era un ojo que no tenía sexo. El otro miraba hacia adentro con el recuerdo de mi condición, el recuerdo de aquella *que se siente excluída*" (Roig, *Digues* 105).

drama de Elia Kazan. Y las siguientes ridiculizan la nostalgia del español que en los sesentas fue a trabajar a Alemania, a través del marido de Gloria quien constantemente le restriega en la cara a su mujer lo estimulante de su *affaire* con Ingrid Muller, buscando así humillarla y someterla todavía más.

Matador (1986), inversamente, pondrá el control en manos de las mujeres que dominan no sólo al hombre sino a la ciudad, manejándolos a su antojo. Al hombre, pues es ella quien decide cuándo y cómo matar o morir por él, además de degradarlo en caso de que quiera abusarla; y la ciudad, pues ellas poseen la independencia emocional y económica que les permite conservar su autonomía.

La madrileña calle Santa Isabel donde se ruedan los interiores, la Feria del Campo en que se habilita la escuela de tauromaquia, y el antiguo matadero de Legazpi escenario del pase de modelos, enmarcan la dicotomía espacio público–espacio privado; mientras que la erosión de la distancia entre el orden real y el simbólico en el ámbito cosmológico, se constituye en la estrategia necesaria para poder Almodóvar abocarse a una introspección de la cual surge la mimetización de lo femenino con el mapa urbano.

La mujer será entonces territorio intocable, ofreciéndose y hurtándose según sus propios designios. Ella no busca sino *es* esa *habitación propia* de Virginia Woolf. Ella es quien agita el cielo y provoca los eclipses: Eva en plano americano desplazándose por la noche madrileña, espejea la tormenta puesta a desencadenarse durante el fallido intento de violación de Antonio, inundándolo y llevando a la irrisión su acto; María en un *travelling* por la ciudad y hacia el viaducto protegida con los rojos y amarillos de su capa, se mimetizará con el sol brillando sobre el concreto de las calles, hasta que el encuentro definitivo con Diego ocasione el eclipse que oscurezca al astro y apague la vida de los protagonistas.

La constancia con que el director encuadra el espacio mujer dentro de su filmografía se desvía en *La ley del deseo* (1987) hacia los personajes masculinos quienes actúan la pasión urbana *around the clock*. Nunca el mapa metropolitano había sido aprovechado desde tantos ángulos: el espacio público y el privado, la noche, la madrugada, la mañana, el mediodía, la tarde están absolutamente presentes; es como si Almodóvar hubiese querido concentrar en un mismo film todo su Madrid, el Madrid que ama y maneja —no en vano resulta ser ésta su película favorita.[10]. Un Madrid puesto a redimensionar las casas, los cafés, las discotecas y teatros donde Pablo, Tina, Antonio, Juan, actúan el deseo hasta sus últimas consecuencias, sobre un escenario en el cual se inscribe el kitsch básico correspondiente al imaginario religioso y el bolero.

A plena luz o en penumbra, el altar de casa de Tina recicla los elementos que configuran la parafernalia del catolicismo, yuxtaponiéndolos en un pastiche cuyo sentido proviene de la historia personal de quienes lo construyen: un transexual —mujer en la vida real— y la hija de la mujer —transexual en la vida real— con quien Tina vivió en el pasado. Esta táctica le permite al cineasta enriquecer la simbología de las imágenes con un catálogo de súplicas, ruegos y exigencias que excede los límites impuestos por la moral tradicional a la religión, llevándola al hiperreal, además de desmantelar en su desafío la historia de constreñimientos, coerción, agravios y frustraciones que la Cruz impuso a España hasta la muerte del Caudillo.

El uso del bolero, por otra parte, recontextualiza el ardor tropical al insertarlo dentro del Madrid postmoderno y en boca de la nueva generación representada por Antonio, el joven andaluz locamente apasionado por Pablo hasta el punto de matar a Juan, el ex—amante de éste, y matarse ante el altar de Tina, tras hacer el amor con su objeto ("necesitaba tenerte así al precio que fuera") al ritmo del bolero "Lo dudo". Con ello Almodóvar no sólo unifica, a través del kitsch de primer grado, lo hispánico a ambos lados del Atlántico, sino que desconstruye el machismo existente en los dos continentes desviándolo hacia el hombre mismo.

Con *La ley* se replantea el lugar del hombre dentro del melodrama al quedar ubicado del lado reservado a la mujer, focalizándose entonces el deseo reprimido en los márgenes de la sociedad española, y llevando así Almodóvar el melo hacia un territorio que ni los directores norteamericanos del mismo —Douglas Sirk, Vincent Minnelli, Elia Kazan— ni los españoles —Florián Rey, Juan de Orduña, Rafael Gil— se hubieran atrevido a abordar.

---

10. "*Manía:* dormir siete horas. *Comida favorita:* cocido madrileño. *Fetiche:* máquina de escribir. *Mito de cine:* Bette Davis. *Director favorito:* Hitchcock. *Director vivo favorito:* Billy Wilder. *Película:* Eva al desnudo. *Su película favorita:* La ley del deseo" (Conesa 18).

También la cámara por primera vez en la filmografía almodovariana dejará Madrid, buscando un sur que para el director "no tiene una especificidad" (Vidal 218). Tal desterritorialización unida al uso de una iluminación que, como la de la selva sarduyana, deviene *"plus vrai que nature"* (*Colibrí* 61), hiperrealiza el paisaje; especialmente en la escena del faro donde Antonio asesinará a su rival, pues ni a la luz del día ni en la oscuridad de la noche el lugar guarda semejanza con los tonos naturales de la costa de Cádiz, sustrayéndolo ahí Almodóvar a unas connotaciones geográficas que no son sino apariencias.

Se privilegia, una vez más, el mapa baudrillariano desarmable, transportable y rearmable que genera, ya no una selva de plástico sino un decorador donde se alude tanto a la iluminación del Wim Wenders de *Paris–Texas* como al Reiner M. Fassbinder de *Querelle*. Claro, la capacidad del nuevo cine alemán para combinar la cultura popular con las técnicas vanguardistas, retomada por otros cineastas como Stephen Frears en Inglaterra y Jim Jarmusch en Estados Unidos, adquiere con Almodóvar connotaciones mucho más cercanas a nosotros, pues se afinca en la cultura hispánica haciéndola legible a las vanguardias del desarrollo. De la misma manera, Sarduy se constituyó en el escritor más alejado de un regionalismo manido que, no obstante y a diferencia del cine, sigue siendo hoy donde otras culturas mejor reconocen lo latinoamericano en la literatura de habla hispana.

La terraza de Pepa en *Mujeres al borde de un ataque de nervios* (1988) es posiblemente el espacio privado dentro del mapa urbano que mejor reproduce el hiperreal almodovariano, pues por su artificiosidad se constituye en el eje de la historia al interior de un Madrid simulado; no sólo porque la mayor parte del film se rueda en decorados construidos dentro de unos galpones industriales próximos al aeropuerto de Barajas (Vidal 374), sino porque el cineasta ha pretendido erigir una ciudad que espejea tanto la arquitectura postmoderna como el *studio system* anterior al *underground* norteamericano de los años sesenta:

> He intentado hacer una película donde todo sea muy bonito y muy agradable, aunque no sea real. Quiero dar la impresión de que la sociedad por fin se ha humanizado. La gente viste bien, vive en bonitas casas con preciosas vistas. Los servicios públicos son eficaces y las farmacéuticas no piden recetas. Todo es hermoso, artificial y estilizado. (Blanco 103)

El teléfono –ingrediente indispensable en las comedias americanas desde Carole Lombard hasta Doris Day– movilizará el drama de la protagonista, en crisis tras ser abandonada por su amante. Una vez más, la cultura popular latinoamericana encuadra el film mimetizándose con la pasión del argumento: "Soy infeliz", cantado por Lola Beltrán, preludia en la primera escena el tono al imbricarse con el mensaje que Iván deja en el contestador –"Pepa, cariño, no quiero nunca oirte decir 'soy infeliz'"–; y "Teatro" por La Lupe, en la escena final, reitera la condición de la terraza como simulacro y depositario del final de un amor. Efectivamente: en su eclecticismo ("hay un corralito con animales como en La Mancha, tiene hamacas como en Los Angeles y palmeras como en Hawai", Vidal 378) y teatralidad, esta terraza abierta sobre una Gran Vía de cartón piedra, se erige como prueba sensible del éxito de Pedro Almodóvar, quien en sólo ocho años pasó del minúsculo balcón de Pepi al terrazón de Pepa, cerrándose además el ciclo Maura en su filmografía y en su vida:

–¿Echa algo de menos?
–Lo muchísimo que nos divertíamos en la movida.
–¿Y a Carmen Maura?
–¿Como actriz? Sí.
–¿Y como persona? Eran muy amigos.
–No, como persona no. Sólo como actriz. (Conesa 36)

Victoria Abril, quien había comenzado su carrera en el cine de la transición, ocupa a partir de ¡Átame! (1990) el lugar de Carmen Maura como primera actriz. Su estilizada presencia y aire distante no exento de frialdad contrastan con la sensualidad de Maura, adaptándose admirablemente al nuevo período en la filmografía del director manchego, caracterizado por el preciosismo técnico y una puesta en escena que espejea tanto el tecnicolor años cincuenta, como el pop y el esplendor cromático del kitsch religioso puestos al servicio del mapa urbano.

En tal sentido, el espacio público y privado de *Mujeres* se intertextualiza con el film, ya que los decorados del ático y la maqueta del Madrid visto desde la terraza se desplazan al *set* donde Marina rueda *El fantasma de medianoche* –a su vez una alusión al *trash* de John Waters y al *gore* de su ídolo Russ Meyer. Y en el apartamento de Marina y el ático de su vecino los objetos retoman la excesiva nitidez de las cosas de Pepa, uniformizando así Almodóvar el *look* del espacio urbano en esta etapa de su producción que se prolonga hasta *Kika*.

Nuevamente el campo como nostalgia y memoria de lo perdido se hace presente en la ciudad a través del lenguaje y las acciones de sus protagonistas. Marina como Pepa –quien hablaba de "darle la vuelta a los animales" de su corral en la terraza– si bien se mimetiza con la apariencia y el ritmo del Madrid postmoderno, no ha perdido sus vínculos con la España rural que queda integrada a la urbe en la escena cuando, terminado el rodaje, Marina ve una burra y levantándole la pata comenta: "pobrecita, tiene un descalzo", y ante la mirada perpleja del técnico aclara: "un callo blando en la pezuña", dándole seguidamente consejos al hombre para curarla. Igualmente Ricki quiere que Marina se enamore lo antes posible de él a fin de dejar Madrid y volverse al pueblo; de hecho la escena del reencuentro de la pareja ocurrirá en las ruinas del villorrio extremeño a donde Ricki regresó buscando la casa familiar a partir de una vieja fotografía de sus padres muertos.

Esta identificación entre la casa y la memoria que empuja al regreso buscando recuperarla con todo lo que contuvo una vez, tiene en *Tacones lejanos* (1991) su continuación más certera. Becki, actriz y cantante adscrita a la generación de "los felices sesenta", regresa a Madrid tras una larga estadía en México, y se instala en la portería de su infancia: un semisótano que, cuando ella crecía, probablemente encerraba el blanco y negro de la humedad, el olor a frituras y la represión franquista; pero que veinte años después respira el confort, el placer por la cocina ligera y el socialismo democrático, en el brillo de los azules, verdes y rojos con que su dueña lo pinta y lo decora. Cual si desde ese cromatismo furioso, puesto a cubrir el espacio cinemático, Almodóvar quisiera ganar para su filmografía el tecnicolor que en su momento el atraso, la miseria y la dictadura le hurtaron a España.

Incluso la observación de Becki sobre su hija ("salvaje y primitiva como nosotros") en un *flash–back* del año 72 a unas vacaciones en la Isla de Margarita, parodia el estereotipo de la juventud sesentera ("son geniales, primitivos, nos han traido la independencia, la libertad") presentado en *Abuelo made in Spain*. Y es que sólo desde la ironía y el gag humorístico, la vuelta al pasado absolutista se hace para Almodóvar tolerable:

Hay muchas cosas que yo deliberadamente había olvidado y que, por ejemplo, los americanos me han hecho recordar. Franco y la dictadura es una de ellas. Yo que había rechazado su existencia, que había elegido como particular venganza negarle hasta la memoria, lo he recuperado en los viajes de promoción. (Blanco 131)

Es quizás la necesidad de deshacerse de ello lo que ha motivado al cineasta a ubicar a sus personajes en espacios cada vez más sofisticados y alejados de las coordenadas reales de Madrid, y por extensión de otras ciudades donde la intolerancia hacia las diferencias sigue estando presente. Por eso resulta a mi entender poco ajustado con los hechos el generalizar, a partir de Almodóvar, en cuanto a la ausencia de tabúes y el total libre albedrío en la España de los noventa.[11]

El país, en su inserción socioeconómica dentro del contexto industrializado, atrae importantes contingentes migratorios de la periferia: el norte de Africa, Filipinas, el Caribe se abren lugar en el mapa urbano postmoderno, no sin resistencia por parte de una sociedad ya de por sí fragmentada, orgullosa de sus autonomías, lenguas y regionalismos que históricamente estuvieron supeditados al gobierno central hasta la muerte del dictador. En tal sentido el cine del director manchego inaugura un espacio donde el sincretismo religioso, la diversidad étnica y las variaciones lingüísticas tienen cabida, abogando entonces por una mayor flexibilidad y la erosión de los prejuicios contra el extranjero, que de lo contrario podrían llevar a una desestabilización de la sociedad española a mediano y largo plazo.

No puede sin embargo perderse de vista que hasta *Kika* lo latinoamericano se ha reducido a una alusión dentro de la puesta en escena, la música y la presencia tangencial de ciertos caracteres, si bien persiste en Almodóvar la fascinación por el continente y su deseo de profundizar en una cultura con la cual se identifica:

Con América Latina tengo una deuda enorme. Tengo que ir a México y, sobre todo, el Caribe me inspira muchísimo. De hecho, yo he cono-

---

11. "En la España de los noventa (donde nada es tabú, donde todo puede ser dicho) la familia ha dejado de ser la arena para una vuelta a la represión psíquica y los traumas sociales" (Smith, *Desire* 130).

cido el Caribe después de hacer cine, precisamente después de *¡Átame!*
Y me he dado cuenta de que las raíces de mi estética están ahí: su ba-
rroquismo y sus colores son los míos. (Minero 33)

Descalificando además con ello ciertos intentos del cine de Hollywood por apropiarse del imaginario latinoamericano ("pienso que es
muy fácil convencer a la gente con un trabajo tan falso como *La casa de
los espíritus*", Lipton 19), y que a su vez desaprovecha el talento de los
actores lanzados por él, cual ha sido el caso de Antonio Banderas: "El
talento que puedes ver cuando él trabaja en inglés es un 15 por ciento
de su actual talento". (Musto 34)

Kika (1994) representa, desde mi perspectiva, el agotamiento del hiperrealismo y la parodia almodovarianos, el momento cuando el exceso
asfixia y la película "colapsa... bajo el peso de su propio desorden"
(Maslin, "Another" 8). Lo predecible del kitsch y el pop en los espacios
interiores, la recurrencia poco afortunada del ritmo de Pérez Prado y
Xavier Cugat dentro de la trama, la falta de ingenio que convierte a Verónica Forqué en un *remake* de Cristal en *¿Qué he hecho yo?* y desperdicia las posibilidades dramáticas del personaje interpretado por Victoria
Abril, la ausencia de un guión fértil que sostenga la tensión del film,
exigen un cambio cuya necesidad también admite el propio Almodóvar:

> *Kika* es una película de transición hacia no sé dónde. A lo mejor, hacia
> mi ratificación, a volver a hacer las mismas películas que he hecho. Y
> por primera vez, por ejemplo, me planteo salir de Madrid. (Rubio 29)

Esta necesidad entonces de desplazarse como Sarduy, a través de las
flechas y paneles hipergráficos hacia la periferia del mapa urbano y más
allá a un reencuentro con su propio "Camagüey", se constituye igualmente en una vuelta al orden primigenio que la ciudad no consiente:

> La ciudad, que instaura lo cifrable y repetitivo, que metaforiza en la fra-
> se urbana la infinitud articulable en unidades, instaura también la
> ruptura sorpresiva y como escénica de esa continuidad, insiste en lo
> insólito, valoriza lo efímero, amenaza la perennidad de todo orden.
> (Sarduy, *Ensayos* 182)

Orden resguardado por la memoria de una infancia transcurrida entre las operaciones domésticas –la cocina, el lavado, la limpieza– que las obras privilegian, como si en el fondo sus artífices nunca las hubieran abandonado; algo en principio opuesto a la artificialidad de la urbe postmoderna, si bien no podemos perder de vista que estos artistas intentan responder a las contradicciones y la complejidad de un mapa negado a la diversidad y abierto al desencanto, y rechazan la simplificación que siempre conlleva una visión reductiva del mundo.

Integrar en el trazado del mapa metropolitano postmoderno, el "desorden vertical" (Sartre 199) modernista, el impacto del crecimiento demográfico con todas las tensiones que ello genera como herencia barroca, y la idea renacentista de compaginar la escala humana y la urbana (Checa 145), son preocupaciones presentes en la estética de Sarduy y Almodóvar; tanto, como la voluntad de regresar a los orígenes que ambos han manifestado al cierre de sus ciclos creativos: definitivo ante lo absoluto de la muerte, en el caso de Severo Sarduy, provisional y lleno de expectativas frente a un nuevo comienzo, en lo que a Pedro Almodóvar respecta; pero los dos indisolublemente ligados en el tejido donde se imbrican tendencias, formas y estilos dentro de la modernidad.

4. Severo Sarduy y Pedro Almodóvar, señales urbanas: el *bloody–Mary* y el gazpacho andaluz

Si la hibridización del mapa citadino responde a la "colisión" bajtiniana ("Discourse" 360) de puntos de vista encontrados, aproximaciones, direcciones y valores diversos como sustancias que se funden, se diluyen, se amalgaman en contacto con "el aire" de las ideologías, estilos, cultos, etnicidades, sexualidades dentro de la modernidad;[12] no es extraño que

---

12. "El entorno moderno y sus experiencias traspasan límites geográficos y étnicos, de clase y nacionalidad, de religión e ideología: en este sentido, puede decirse que la modernidad une lo humano. Pero es una unidad paradójica, una unión de la desunión: nos lanza a un remolino de perpetua desintegración y renovación, de lucha y contradicción, de ambigüedad y cólera. Ser moderno conlleva formar parte de un universo en

aquellos dos signos urbanos seduzcan el paladar de ambos creadores, pues para alcanzar su cometido los ingredientes también necesitan mezclarse, si bien en dosis precisas, las cuales, de un modo similar a las obras, a fin de producir el efecto deseado exigen ser llevadas a la sobredosis.

En el caso de Sarduy, invirtiendo las proporciones de vodka y tomate para insuflarle a la bebida el brío con que evadir el tedio y anclar la palabra. En lo que Almodóvar respecta, abusando del tomate, la pimienta, el vinagre, para densificar el líquido y llevarlo al punto exacto de acidez y picante indispensable también en la elaboración de su lenguaje cinemático.

Los riesgos de tal empresa: el exceso etílico y el adiposo. La certeza: el placer que "el *mixto*" (Sarduy, *El Cristo* 93) proporciona; un placer que "obedeciendo a los preceptos retóricos de la edad barroca" (*Ibid.* 91), surge de la "yuxtaposición de contrarios", constituyéndose además sus depositarios en marcas anticipádoras del trazado urbano vivencial de los artistas. París, porque sentado en el Café de Flora Severo Sarduy descubrió el *bloody–Mary*, y Madrid, pues el gazpacho esencializa el gusto por el pastiche, la nostalgia provinciana, y el poder regenerativo de la capital que tanto fascinan a Pedro Almodóvar.

En su composición también pueden rastrearse ciertos elementos que nos orientan a través de las obras. La presencia del rojo, por ejemplo, que otorgándole su color distintivo a aquellas mezclas, se imbrica con el universo diegético de películas y textos: en la noche de cabarets, bares y clubes donde canta ella (*Gestos*) y baila Colibrí (*Colibrí*), reinsertando en el tramado narrativo la atmósfera propia de los lugares idóneos para desplegar el deseo, el despecho y la confidencia, allí, entre la cadencia del bolero y el abigarramiento kitsch; o en la claridad de las casas en que Pepa (*Mujeres*) y Kika (*Kika*) viven los altibajos de la pasión rodeadas de cuadros, muebles y objetos de líneas ultramodernas donde predomina este color, como una manera de acentuar el dinamismo de las protagonistas y el vértigo de la acción.

Algo que en *Matador* determina con su presencia en los trajes, las flores, el sol y la fiesta taurina, los espacios donde se asienta la muerte; y

---

el cual, como Marx dijo, 'todo lo que es sólido se diluye en el aire'" (Berman 15).

en *Pájaros de la playa* desde la arena, los arrecifes, las crestas de los camaleones, puntúa la degradación física de los personajes y su final extinción. Una "luna roja" preside sobre el carnaval como fiesta barroca
(*Gestos*); y un sol de sangre reitera el rojo de la rosa con la cual Diego,
en un *travelling* de cámara, recorre el cuerpo de María preparándolo para la fiesta erótica de Bataille donde "la sangre es la última escritura"
(*Colibrí* 93) que la piel admite antes del eclipse definitivo. "El rojo y naranja sobre rojo: ésa es mi verdadera persona, la imagen que quisiera
dejar de mí" (Guerrero, "Entrevista" 2–3), confiesa igualmente Sarduy,
cuando predice su propia extinción evocando un juego cromático presente en los cuadros de Mark Rothko. Principio también utilizado por
Almodóvar para el *set* de *Mujeres* buscando enmarcar con el hiperreal de
los decorados —"que de tan cercano a la fotografía es casi irreal, casi
fantasmagórico" (Vidal 263)– la muerte de un amor.

Estos usos del claroscuro y el cromatismo furioso, provenientes de la
herencia barroca, en el estilo de ambos creadores, y que ya Severo Sarduy había señalado como una *conjunción* entre su obra y la del cineasta
manchego, se expresan en la composición del *bloody–Mary* a través del
efecto que la mezcla entre ingredientes opuestos produce sobre el paladar de quien lo disfruta:

> Bebida caravaggesca, el *bloody–Mary* edulcora la violencia tártara del
> vodka con el afectuoso aterciopelado del tomate, y la pimienta vesánica
> con la sorpresa del hielo *frappé*. Atenúa el tabasco mexicano, sacrificial
> y cortante como el curare, el toque amanerado —algo así como un rubí
> en la oreja derecha de un Bronzino— de una cereza. (Sarduy, *El Cristo*
> 91)

Y es que si el Caravaggio pretendía mediante tal maniobra "acentuar
una pasión, una actitud" (Checa 27), Sarduy y Almodóvar al llevarla al
hiperreal la radicalizan, rompiendo la cadena significativa y quebrando
la sintaxis y la unidad narrativa de las obras, a favor de un estallido —"la
anulación del centro único" (Sarduy, *Ensayos* 180)– que exige exceso y
desbordamiento hacia los extremos. Ello presentando situaciones límite
donde, sobre un mismo *margen de ficción* se pone a prueba la resistencia
del lenguaje cinemático y textual intensificando el maquillaje de los espacios y la escritura (*Mujeres*, *Cobra*), recalcando la presencia de una se-

xualidad alternativa (*La ley del deseo*, *Maitreya*), insistiendo en el abierto despliegue del sentimentalismo filial ante el rechazo materno (*Tacones*, *Cocuyo*), subrayando la importancia de la metrópolis en la gestación de una revolución social (*Gestos*) o íntima (*¿Qué he hecho yo?*); pero siempre desde una posición que aboga por la privacidad que brindan las operaciones concernientes a lo doméstico. Cocinar, limpiar, hacer la compra, lavar son intersecciones en la red donde se cruzan acciones tendientes a subvertir el tejido social, al yuxtaponer aquella intimidad aparentemente inofensiva con los temas que el *establishment* relega a las páginas de la crónica roja: crímenes pasionales de contenido homoerótico, parricidios, crueldad física y mental hacia la mujer, violencia contra el transexual y el travesti al interior de un marco urbano tan cambiante como las obras mismas.

El espesor del casco antiguo realzado por la ciudad barroca, comprimido por la ciudad modernista y desintegrado por la urbe postmoderna, alegoriza el movimiento transformador de novelas y films en un renacer constante que busca sobrevivir dentro del caos. Por eso si Chus Lampreave (*Matador*) en el papel de madre, para aplacar la angustia emocional de Eva –quien ha sido expulsada de la vida de Diego con su gesto´ de dejar junto a la puerta todas las cosas de ella metidas en una bolsa plástica– le dice a su hija "te he hecho el gazpacho como a ti te gusta"; o si desde un cuerpo y una casa desmesurados, la Bondadosa le ofrece a un Cocuyo recién exiliado del origen, la ciudad y la casa, un vasito de *crème de vie*; tales gestos recuperan para nuestra contemporaneidad la "consonancia" bachelardiana[13] entre el espacio íntimo y el exterior, pues en su familiaridad subrayan la soledad de los protagonistas que es, a fin de cuentas, lo que pone en contacto ambos espacios hasta fusionarlos.

El deterioro del entorno urbano –"la vida de la ciudad es lo menos parecido a lo que un ser humano necesita" (Castellano 34) confiesa Almodóvar– y nuestro afán por buscar en él las marcas puestas a guiarnos

---

13. "Parece entonces que es por su 'inmensidad' que los dos espacios: el espacio de la intimidad y el espacio del mundo devienen consonantes. Cuando se hace más vasta la gran soledad del hombre, las dos inmensidades se tocan, se confunden" (Bachelard, *La poètique* 184).

a través de "un espacio que ya no contiene ningún índice" (Sarduy, *Ensayos* 305), tal cual reflexiona Sarduy, son culpables de la inmolación de aquella intimidad; que habiendo sido sacrificada desde el punto de vista urbanístico por el modernismo de Moses en Nueva York, Le Corbusier en París, Núñez y Navarro en Madrid —cómplices de la desaparición del vecindario y el comercio al detalle, en aras de la mole impersonal de concreto y el supermercado aséptico—, busca sobrevivir en los intersticios del sistema recurriendo al ritual que es, para Sarduy y Almodóvar, ese trago en torno al cual arman su cotidianeidad.

El *bloody–Mary* tomado por Severo en el Flora; o ese vaso de gazpacho con mucha pimienta y vinagre tal cual le gusta a Pedro, y que le acerca la madre en su casa manchega,[14] o alguien le da entre dos instantes de la filmación, son entonces señales dables de orientar a ambos artistas, permitiéndoles conservar la lucidez necesaria para producir su obra dentro del desconcierto y las contradicciones que en la metrópolis postmoderna se generan.

---

14. Para una observación de la intimidad almodovariana en su casa manchega sugiero el documental de Chris Granlund *Pedro Almodóvar*.

Capítulo IV

EL CUERPO

Severo Sarduy, según sus propias declaraciones —nunca se encontró su acta de nacimiento, a pesar de la persistente investigación a que se entregaron sus estudiosos en las sacristías de su ciudad natal— nació en Camagüey, Cuba, el 25 de febrero de 1937. Su nombre de bautismo, parece ser, fue Eleonora, aunque para los suyos, siempre fue Nora, y luego, para Gustavo Guerrero, Juana Pérez. Para ella misma, fue sucesivamente María Antonieta Pons, Blanquita Amaro, Rosa Carmina, Tongolele o Ninón Sevilla, según fueron cambiando, con el tiempo, sus preferencias cinematográficas o rumberas.

Lady S.S.

El cuerpo me pide ser la madre Teresa de Calcuta.

Pedro Almodóvar

1. El placer del exceso

Así como los pájaros dan al nido la forma de sus cuerpos ("el nido es un fruto que se infla, que presiona sus propios límites". Bachelard, *La poétique* 101), es también el cuerpo instrumento que, dentro de la estética de Almodóvar y Sarduy, organiza, desorganiza, destruye y reconstruye el orden del espacio cinemático y textual en la metrópolis, mediante un proceso donde la escritura y la imagen fílmica, como los ingredientes contenidos en sus señales urbanas predilectas, también exigen ser llevadas a la sobredosis.

Es entonces el placer del exceso, una vez más, motor puesto a movilizar el comportamiento de unos caracteres que, de manera similar a sus artífices, se han deslindado de bordes, límites y emplazamientos fronterizos, apostando por un derroche pasional que los ubica en ese "momento de decisión y resplandor" definido por Bataille como "el instante de voluptuosidad" (*La literatura* 115) donde la razón sucumbe bajo el peso del deseo. Ahí, en tal momento de lucidez, quedan emplazadas la vida y la obra de ambos creadores; indisolublemente ligadas, como la ciudad y la casa, en el doble cuerpo real y virtual donde se inscriben, unificando las pieles y borrando la separación espacio–tiempo a favor de una inmediatez en que dicho cuerpo se debate como cuerpo real –y por ende dable de experimentar "el placer del cuerpo y del instante" (Sucre 341)–, y como simulacro o construcción propensa a transformarse infinitamente "en la persecución de una irrealidad ... cada vez más huidiza e inalcanzable" (Sarduy, *La simulación* 56).

Tal proceso no puede llevarse a cabo sin fricción, pérdida y, en última instancia, muerte por descarga: eyaculación –la *pequeña muerte* de Bataille (*Las lágrimas* 81)– que resulta ser la obra como lugar donde convergen el sueño y la vigilia, el éxtasis y el dolor, la voluntad y la volubilidad, el Mismo y el Otro, el cuerpo personal y el que queda expuesto sobre un *margen de ficción* cuyo soporte –pantalla o cuartilla– es la superficie donde se inscriben los lenguajes de estos creadores, a manera de un tatuaje cuyas coordenadas son siempre la intemperie y la memoria. A ellas acuden Sarduy y Almodóvar buscando consignar el gesto autorreferencial puesto a recuperar el tiempo y ganarlo para ese momento de enajenación y aniquilación en que se constituye el producto final. Textos y películas surgen, pues, de la confluencia entre el cuerpo y el instante, y como ellos "no buscan ni consolación ni recompensa: se saben a la intemperie" (Sucre 341), expuestos y vulnerables al acoso de quien se ubica del otro lado de la piel y se integra activamente al placer que el doble cuerpo proporciona.

"Descentramiento: repetición ... que nada interrumpa la continuidad silogística del texto urbano, de aceras y cornisas" (*Ensayos* 181) pedía Sarduy cuando reflexionaba en torno al espacio urbano como lugar de la representación. Puestos a moldear ese ámbito, los cuerpos que el escritor y el cineasta privilegian resultan doblemente excéntricos: por su proveniencia, asociada con las perversiones que el sistema considera son los modos de vida periféricos a la familia nuclear; y por su comportamiento, igualmente calificado de extravagante, desmedido, al borde del ataque de nervios o la histeria. Cuando es justamente en ese movimiento de anamorfosis, vértigo y separación donde reside su poder renovador, la posibilidad de renacer constantemente a fin de sobrevivir dentro del caos.

Cuerpos pues que, como las ciudades que les sirven de nidos, siguen dándole forma al deseo; ahí reside su eficacia, su capacidad fundadora y su facultad de seducir, es decir, de llevarnos al terreno de la simulación encantada: *trompe–l'oeil*[1] donde se vuelven apariencia y se proyectan desde el hiperreal hacia nosotros, mediante un lenguaje que lleva las obras al frenesí usando la estrategia de la repetición compulsiva. Táctica esta que genera placer por saturación de la libido a partir de la recurrencia metódica —otra *conjunción* entre ambos artistas— con todo lo que de ceremonial y obstinado hay en tal maniobra:

> Nada habrá atravesado mi exilio que no alcance su definición mejor en esa palabra: repetición. *Obsesiones, rituales, escrituras.* (*El Cristo* 53)

admite Sarduy al referirse no sólo a los textos sino a la técnica utilizada en su obra pictórica donde la pincelada es un único gesto tenazmente reiterado.

Almodóvar por su parte reconocía, ante la pregunta de Isabelle Huppert "¿Usted repite mucho?" (Strauss, "Entrevues" 86), que efectivamente repite mucho "aún antes de empezar a rodar". Tal insistencia se corresponde con su preocupación por el trabajo de actores y le permite controlar la textura de cada gesto hasta producir el llamado *efecto Al-*

---

1. "Simulación encantada: el trompe–l'oeil ... no se trata de confundirse con lo real, se trata de producir un simulacro con plena conciencia del juego y del artificio – remedando la tercera dimensión, sembrar la duda sobre la realidad de esta tercera dimensión– remedando y sobrepasando el efecto de loreal, sembrar una duda radical sobre el principio de realidad, pérdida de lo real *a través del mismo exceso de apariencias de lo real*" (Baudrillard, *De la seducción* 61; 64).

modóvar: simulación de una espontaneidad e improvisación ante la cámara, natural sólo en apariencia, y por ende generadora de una impresión de realidad puesta a provocar esa ilusión de accesibilidad y complicidad con el espectador que es justamente lo que nos seduce.

La interacción entre las obras y el destinatario se produce entonces a partir de la iteración del deseo puesto a circular por ellas como por un tejido, estableciendo así vínculos sensoriales entre los distintos cuerpos que configuran el conjunto, y donde los roles que aquí se juegan corresponden –como en todo encuentro afectivo– al del amante y al del ser amado. En tal sentido, textos y films responden a la imagen del cuerpo activo –no "muerto" como ya había anotado Metz–,[2] "exhibicionista y secreto a la vez" (*The Imaginary* 95) ya que la "pequeña muerte" de los autores en las obras y su consecuente desaparición dentro de la red transtextual ("su mano, desprendida de toda voz, guiada por el mero gesto de inscribir ... rastrea un espacio sin origen" (Barthes, *The Rustle* 52) lo vivifican, fijándolo en la órbita del estar enamorado –"quiero asir ferozmente, pero también sé dar activamente" (Barthes, *Fragmentos* 147). Se ubica con ello al espectador ante el significante textual o cinemático, cuya estrategia seductora reside en la ilusión,[3] es decir, en la producción del simulacro: *écriture* sarduyana que se dirige a su elusivo objeto desde la polifonía de voces, y discursos, al interior de un "espacio multidimensional donde se amalgaman distintas escrituras, ninguna de ellas original" (Barthes, *The Rustle* 53), y *apparatus* almodovariano que

---

2. "El film no es exhibicionista. Lo miro pero no me mira mirarlo. Sin embargo sabe que lo estoy mirando. Pero no quiere saberlo. Esta fundamental contradicción es lo que ha guiado la totalidad del cine clásico por la senda de la 'historia', borrando sistemáticamente sus bases discursivas y transformándolo, en el mejor de los casos, en un objeto cerrado que debe permanecer ajeno al placer que nos proporciona (literalmente, por encima de su propio cadáver), un objeto cuyos límites permanecen intactos y que por lo tanto no puede ofrecerse abiertamente por fuera y por dentro, como sujeto capaz de decir '¡Sí!'" (Metz, *The Imaginary* 94–95).

3. "La estrategia de la seducción es la de la ilusión. Acecha a todo lo que tiende a confundirse con su propia realidad. Ahí hay un recurso de una fabulosa potencia. Pues si la producción sólo sabe producir objetos, signos reales, y obtiene de ello algún poder, la seducción no produce más que ilusión y obtiene de ella todos los poderes" (Baudrillard, *De la seducción* 69).

cautiva[4] al espectador suspendiéndolo al interior de un espacio fílmico también múltiple donde converge un espectro amplio de referencias, no sólo al lenguaje cinemático de la comedia, el melodrama hollywoodense y el cine de la dictadura, sino al neobarroco latinoamericano en sus usos del kitsch y la cultura popular hispanoamericana.

Insertos en tal promiscuidad referencial donde ya uno no sabe si lo que lee es tacto o es texto,[5] las obras de ambos creadores se inscriben, como diría Sarduy, "en una red" (*Cobra* 68): superficie o piel en la cual todas aquellas referencias quedan grabadas como sobre un cuerpo que se expresa siempre desde los márgenes, trayendo consecuentemente a escena las identidades ocultadas, suprimidas, vejadas o simplemente ignoradas, hasta la postmodernidad, al presentar modos de vida alternativos a la "normalidad" aceptada por el sistema patriarcal falocéntrico. De hecho, ni Sarduy ni Almodóvar negaron nunca la dirección de su deseo, reconociéndose públicamente como homosexuales fascinados además por las imágenes del travesti y el transexual —producto de la sensibilización de las fronteras tendientes a delimitar los sexos—, y de la mujer cual ente capaz de decidir el sentido de su propia existencia.

Se desafía así el precario equilibrio social sustentado por la intolerancia hacia las diferencias característica de las sociedades hispánicas donde la homosexualidad, el incesto, el sida, los maltratos y el sometimiento de la mujer, son realidades de las cuales no se habla. El no confrontar abiertamente tales problemas produce una apariencia de aceptación que contribuye al mito de la naturalidad con que el hispano —se cree— aborda comportamientos muy problematizados en otros contex-

---

4. "[L]a imagen me cautiva, me captura: estoy *pegado* a la representación, y este pegamento es lo que establece la *artificialidad* (lo pseudo–natural) de la escena fílmica (un pegamento preparado con todos los ingredientes de la 'técnica'); lo real conoce sólo de distancias; lo simbólico sabe sólo de máscaras; sólo la imagen (la imagen–repertorio) se *acerca*, sólo la imagen es '*cierta*' (puede producir un eco de verdad)" (Barthes, *The Rustle* 348).

5. "El lenguaje es una piel: yo froto mi lenguaje contra el otro. Es como si tuviera palabras a guisa de dedos, o dedos en la punta de mis palabras. Mi lenguaje tiembla de deseo" (Barthes, *Fragmentos* 82).

tos; incluso el mismo Almodóvar tiende a caer en tal actitud cuando, refiriéndose a la sociedad española, apunta:

> En España, hay mucha más libertad con la homosexualidad [que en los Estados Unidos]. Nosotros no tenemos que ser tan militantes como en este país. La situación en España para los gays es mucho más natural. (Ellsworth 42)

Un mito que no puede seguir sosteniéndose, y más cuando la discriminación laboral y social contra el homosexual es un hecho, y el sida continúa infectando a la población hispana en proporción geométrica, ante la indiferencia de las instituciones y de la comunidad en general. La parodización, no obstante, que de la normalidad del *establishment* hacen las obras y los artistas mismos contribuye a desplazar la atención del público hacia los márgenes, y quizás en el largo plazo colaborará en la apertura de nuestras sociedades a una mayor acogida del multiculturalismo.

Como todo cuerpo pronto a seducir, el que configuran las obras se cubre y se descubre en puntos estratégicos para atraer distintos públicos: lectores interesados en el sabor cubano y el choteo, la filigrana lingüística, o el movimiento desenfadado de putas, chulos y travestis; espectadores curiosos por observar el desenvolvimiento social en los núcleos urbanos post–franquistas, el cuidadoso trabajo de cámara o el espejeo al cine hollywoodense, de vanguardia y de la dictadura. Recursos, todos, que tienen en la pasión por el cuerpo mismo su mejor objeto.

Efectivamente, si algo determina la dirección del deseo aquí es la común fascinación de ambos artistas por una detallada representación de las metamorfosis del cuerpo. Asistimos entonces a la total sensibilización del espacio cinemático y narrativo hacia las mutaciones físicas y emocionales, de caracteres que no temen exponerse y mostrar espontáneamente su ambigüedad. Es en tal franqueza –a veces ingenua– donde reside su poder seductor, asociado frecuentemente al magnetismo sexual del cual se saben inconscientes.

Esta combinación de vulnerabilidad y determinación también deja al descubierto zonas del cuerpo hábilmente dispuestas por Sarduy y Almodóvar, quienes acuden a la mímesis del maquillaje y el vestido para ocultarlas o resaltarlas insertando tal andamiaje de manera integral en la diégesis de las obras. Con esto, los instrumentos de la simulación devienen escritura e historia, cuentan en su triple acepción; porque no sólo participan activamente de la continuidad narrativa en películas y textos, sino que (e)numeran los desplazamientos de sus artífices en el tiempo incorporándose al discurrir cronológico de la autobiografía. De ahí que Sarduy recurra al simulacro del cuerpo cuando –citando a sus rumberas favoritas– dibuje con un gesto camp su propio autorretrato, y Almodóvar –a raíz de *Kika*– se sirva de la misma estrategia para, con idéntico humor, ubicarse "religiosamente" en el umbral de un nuevo ciclo creativo. Ello sin perder de vista la asociación con el ritual puramente místico, en el caso de Sarduy, tal cual él me lo hizo notar en una de sus cartas:

> Desde Camagüey, donde publiqué mi primer poema en 1953, hasta hoy –allá comencé con un círculo de adeptos a la Teosofía y luego Krishnamurti– todo lo que penosamente he ido hilvanando tiene un *funcionamiento* religioso, establece un protocolo con lo sagrado, tiene el carácter obsesional y compulsivo de lo ceremonial. Por supuesto, no digo que el tema sea religioso –casi nunca lo es, o lo es por azar biográfico–, sino que el dispositivo de la significación es sacramental.
>
> Un ejemplo significante es el del travestismo y el maquillaje capitales en *Tacones,* tienen siempre en Almodóvar una función de camuflaje o de ocultación; Miguel Bosé tiene que desaparecer bajo la panoplia, en aras de la maquinaria "trágica", en el sentido de Aristófanes, hasta la *anagnórisis* final. En mi caso la función del maquillaje y el travestismo está copiada del khatali, el actor se pinta no para anularse sino para acercarse a una imagen de la divinidad. Arturo Carrera ha dicho que en Cobra la *cosmética* es un acercamiento al *cosmos*. El pigmento en mí es transitivo (25 febrero 1992).

Quiero partir entonces de este proceso de transferencia del maquillaje y el tatuaje, con sus disyunciones –de lo sacramental en Sarduy a lo puramente ornamental en Almodóvar– y conjunciones –el ritual y el artificio– a fin de acercarme a las novelas y films, pero sin olvidar la importancia que para ambos creadores ha tenido siempre el cuerpo como estandarte de su propia identificación con las diferencias.

2. Severo Sarduy: transitividad del trazo

Encima de la piel el trazo (del) compacto (y) del tatuaje escribe(n) y se inscribe(n), pinta(n) un signo para identificar, cubrir, revelar o enmascarar una memoria. Sobre tal soporte se interpreta la vida y se expone la historia que la autobiografía forja, y cuyo grado de veracidad –obsesión de muchos biógrafos– resulta ser para mí secundario, pues lo importante es siempre la calidad de la representación y el calibre de la actuación.

Reinscribir la historia personal exige, pues, una enorme dosis de teatralidad que si se transfiere al lenguaje produce un texto de "falsedad bien ensayada" –como ya dictaminó ese exceso de las tablas que fue La Lupe– donde los acontecimientos, en el caso sarduyano, quedan además fijados como imágenes barrocas. Y es que si lo barroco conlleva la pugna por inscribir en un espacio narrativo limitado unos contenidos que inevitablemente lo desbordan, la escritura de Severo Sarduy se adapta invariablemente a tal estética con todo lo que de sagrado tiene esa apoteosis de la forma; no en vano a los textos de *El Cristo de la Rue Jacob* – su obra más abiertamente autobiográfica– los llama "epifanías", y en las novelas nos invita a seguir los cambios vitales del yo: desde la inscripción abigarrada, comprendida de *Gestos* a *Cobra*, hasta una cada vez mayor depuración del trazo, de *Colibrí* a *Pájaros de la playa*.

Tal proceso de decantación formal responde a los cambios experimentados por su percepción del Otro y lo otro a través del tiempo, en un proceso donde el desencanto se ha ido alojando al interior del discurso, haciendo de la impresión un procedimiento cada vez más doloroso. Retomando la noción del apunte autobiográfico como "una arqueología de la piel" (*El Cristo* I) Sarduy nos dirá casi al final de su vida, que "sólo cuenta, pues, en ese abigarrado recuento, lo que *dejó marca*, lo que está inscrito en la piel, como un jeroglífico imborrable y mudo" (Guerrero, "Reflexión" 2). Tatuaje que el maquillaje como travestismo del cuerpo "ha venido a desplazarlo, a simularlo en nuestro tiempo" (Sarduy, *Ensayos* 95), evidenciándose su pesimismo en cuanto a la integridad del ser, lo cual ha constituido:

> el sentimiento más fuerte que he sentido: la *desilusión* ... esa percepción del ser humano como algo falseado, como si la impostura fuera la esencia que lo anima y su motivación última la simulación ... Un ser

para la mentira ... un *ser máscara.* Volvemos al barroco, a la apariencia y a la representación. (Guerrero, "Reflexión" 2)

Rodándome hacia los textos narrativos, observo cómo el recorrido multicolor, polícromo y chillón que Sarduy dibuja sobre la piel de *Gestos,* se constituye en un recuento muy compacto que irá *expandiéndose* con las obras siguientes. De hecho, es aquí donde se concentra la reserva de temas y técnicas sarduyanos; quizás por ser texto de arranque que no sólo impulsará al autor a la desterritorialización insular, sino tendrá la permanencia de un tatuaje, corroborando una vez más su propia afirmación de no haber abandonado jamás Cuba. El escribir "en cubano" quedará grabado entonces sobre la ciudad, la casa y el cuerpo mismo, haciendo de la obra una inscripción "que interroga la tradición cubana" (González E., *La ruta* 98) en la encrucijada entre el batistado y el castrismo. Ahí, en ese punto, se frotan el barroco español y el funcionalismo norteamericano de postguerra, los cantos negros y el bolero, el arte ingenuo y el pop, el imaginario religioso y los rituales profanos. Ello al interior de un marco dominado por el "absurdo arquitectónico" urbano; ese eclecticismo sin jerarquización que desordena lo moderno y ordena lo postmoderno.

Efectivamente, las bombas de la revolución que estallan en puntos estratégicos del texto lanzarán contra los márgenes del sistema los usos de la Cuba colonial, dejando en el centro un vacío, "el sitio ciego, el hueco de la ausencia, ése donde antes residió, categórico y poderoso, el autor" (Rodríguez M., "Conversación" 342–43); con lo cual las voces provenientes de cada cuerpo sarduyano se articularán en el lugar que la literatura neobarroca privilegia. Desde esta posición ella, "cantante, actriz, lavandera" se abrirá paso hacia el centro energético del batistado a fin de destruirlo, a través de un paisaje donde la represión policial opaca el colorido del kitsch básico; obstrucción que sin embargo no tendrá continuidad en la obra sarduyana: a diferencia, por ejemplo, de los textos de Cabrera Infante, Reinaldo Arenas o Luis Rafael Sánchez, donde continuamente se utiliza aquella estética para destacar con nitidez excesiva lo grotesco de la violencia política contra los grupos periféricos, el retablo posterior a *Gestos* no privilegiará las tensiones sociales ni el abuso del poder caudillista. Con este "gesto" el autor borrará de su obra uno de los temas más comúnmente asociados con la literatura latinoa-

mericana, ubicándose así en un espacio compartido por otros autores
neobarrocos como José Balza y Roberto Echavarren, para quienes también la pulsión del deseo y el cuerpo como fiesta establecen las coordenadas prestas a orientar al lector por el tejido del texto; y lo político
queda integrado a la dinámica erótica de los personajes, a través de la
señalización de las diferencias y lo diferente que su sexualidad privilegia.

De donde son los cantantes, respaldado por la concepción barthesiana
del barroco como estética que mejor armoniza con la idea del placer del
texto,[6] incorpora a la obra sarduyana el cuerpo cual entidad descons-
truible y transformable, completamente desligada de un referente sexual
específico: hombre, mujer, homosexual, heterosexual, transexual, travesti devienen categorías intercambiables, puestas a armar y desarmar a
personajes que se desplazan de una opción a otra sin transiciones, camuflados por el maquillaje; transitividad del pigmento dable de ocultar
la piel para evitar que el dolor la toque:

> Mírate, las lágrimas te han hecho un surco en las cinco primeras capas
> de maquillaje. Evita que lleguen a la piel. Verdad es que para eso haría
> falta un taladro. Has perdido la crema de espárragos. La fresa subyacen-
> te se está confundiendo con la capa de piña ratón de Max Factor. Cua-
> driculada estás. Vasarélica. (11–12)

Publicada en un momento cuando la narrativa del *boom* empezaba a
consolidarse como bloque delimitador de los temas "propios" de la literatura hispanoamericana, esta obra pasó muy desapercibida por la crítica y el público, quizás porque "pecaba" de una "frivolidad" nada cón-
sona con los tiempos que corrían, donde el compromiso social y
político exigía abordar desde la militancia izquierdista el centro. El
abrazar Sarduy la cultura popular, posicionándose en la periferia, llevó a
una desvalorización de su estética; ello agudizado por el uso de un len-

---

6. "Este barroco (palabra provisionalmente útil mientras nos permita desafiar el
clasicismo inveterado de las letras francesas), en la medida en que manifiesta la ubicui-
dad del significante, presente en todos los niveles del texto, y no, como se suele decir,
sólo en su superficie, modifica la propia indentidad de lo que llamamos un relato, sin
que el placer del narrar se pierda nunca" (Barthes, "La faz", *De donde* 4).

guaje experimental que reclama, aún hoy, el lugar privilegiado que sin duda le corresponde.

De hecho, Sarduy con Cabrera Infante y Puig, abrieron una brecha en el canon temático y estético hispanoamericano que posteriormente transitaría el *boom* y el neobarroco más reciente: la música popular, el cine, la moda, los radioseriales y la fotonovela, motorizaron desde un comienzo el trabajo de estos autores, y en el caso concreto de *De donde*, unifican la narración; incorporando además el doble cuerpo autor–lector en el tramado intertextual mediante una nota explicativa al final – autor–, y la llamada al "lector (*cada vez más hipotético*) de estas páginas" (49) en el entreacto del burlesco donde Flor de Loto seduce al General. Con esta estrategia el yo sarduyano, al mimetizarse con los caracteres, se transforma en su propia simulación desplazando hacia los márgenes al autor –eje de la narración en la novela moderna– e incorpora activamente al lector en el desarrollo de la ficción.

La carnavalización que del intertexto religioso hace Sarduy en la última sección del libro –"La entrada del Cristo en La Habana"– campifica el cuerpo místico –"ay, tan rubio y tan lindo, igualito a Greta Garbo–" (138) saludando "con la sobriedad de una princesa desde su Mercedes" (141), y kitschifiza el cuerpo del pueblo que se lo come en caramelos de menta y se disfraza "de él, con coronitas de espinas" (*Ibid.*): recurrencia del artificio que alcanza en *Cobra* su apoteosis; no sólo por ser ésta la obra donde más radical se vuelve la escritura del cuerpo como exceso, sino porque la inscripción del yo sobre la piel del texto se hace prácticamente milimétrica.

Anagrama puesto a descomponerse y volverse a componer, *Cobra* es el continente más sugerente de las imágenes correspondientes a la ciudad y el cuerpo dentro de la obra sarduyana, también el más complejo dado el espesor de la red transtextual. *Sur le dos* de *Cobra* se graban los paratextos de obras posteriores como *Maitreya* y *Colibrí*, se intertextualizan historias de personajes anteriores como Auxilio y Socorro, y se establece la relación crítica entre la filosofía oriental y el culto católico occidental, al interior de un marco dominado por las constantes alusiones a la cultura popular.

Ya desde un principio el texto se despliega con una desmesura: la de los pies de Cobra, único exceso que rompe la armonía del cuerpo. Exceso imposible de borrar, pues cuando Cobra lo intenta queda desdoblada

y reducida —o más bien concentrada, si nos atenemos al intertexto de
Fred Hoyle que abre la sección "Enana blanca"— junto con la Señora, a
un tamaño mínimo llamado Pup. Tal intensificación del yo, ocurrida al
no poder neutralizarse aquel despilfarro, buscará ser conjurada con el
ritual cosmético. Ritual puesto a espejear el kitsch de primer grado presente en las creencias populares caribeñas que otorgan poderes mágicos
a ciertas yerbas y raíces, contenidas aquí dentro de vasos de Lalique, con
lo cual el gesto camp se homologa con este uso del kitsch básico. Al fra-
casar la táctica de Cobra, Sarduy desplaza a sus personajes hacia lo sacramental del maquillaje asociándolo con el budismo, y estableciendo
consecuentemente el artificio —con sus variantes de camp y kitsch— como elemento unificador de Oriente y Occidente:[7]

> Apareció Cobra unos meses después, apolimada y en minúsculas, en el
> afiche lunfardesco de un café tangerino. Era una tanguista y mamboleta
> platinada, con mucho khol sobre los párpados, un lunar en la mejilla y
> dos buscanovios.
>
> En el seno derecho se ocultaba un rubí.
>
> *Tenía grandes los pies y un tacón jorobado.*
>
> Cantaba un mambo en esperanto. (93)

Al ser Pup el derroche de Cobra, se convierte en el cuerpo idóneo
para experimentar con los usos del camp y el kitsch, ya que sobre el ex-
cedente es donde mejor pueden ensayarse los rituales propios de la artificialización. Como lugar de la simulación, Pup se metamorfoseará en
"una princesa de la casa real de Nepal", "una mujeranga ufana [con]
peluca de Marlene y dos gardenias de tela entre los bucles" o "una Virgen de la Fertilidad", inscribiéndose simultáneamente en la piel de una
geografía igualmente artificiosa donde también se intertextualizan referencias a paisaje y ciudades propios de ambos hemisferios. Imbricado en
este doble collage, el yo irá haciendo acopio de imágenes, inventariando
marcas: "lo que ha quedado en la memoria de un modo más fuerte que

---

7. Para una reflexión en torno al tratamiento del artificio sarduyano en relación a la
filosofía oriental, sugiero el texto de Julia Kushigian "Dialogue and Displacement: The
Orchestration of Sarduy".

el recuerdo aunque menos que la obsesión" (*El Cristo* I); imágenes como vasos comunicantes entonces, que convierten las obras en cajas de
resonancia o cámaras de eco donde repercuten todas las señales que arman la autobiografía. Tánger, el gusto por el daiquirí, la fascinación por
Velázquez y el Caravaggio, Lezama, la crítica al realismo mágico en las
novelas del *boom*, Góngora, su curiosidad por el mundo del S & M en
la cultura gay norteamericana, encuentran pues su lugar dentro de la
red transtextual de *Cobra*, y se hacen eco en los textos críticos y los restantes *ensembles* del retablo sarduyano.

Con la última sección de la primera parte entra en la narrativa de
Sarduy no sólo la megalópolis post–industrial, tal cual apunté en el
capítulo precedente, sino el cuerpo en simbiosis con ella: corporización
de la urbe y urbanización del cuerpo, llevados al hiperreal[8] mediante el
exceso estético. La desmesura arquitectónica como resultado de la cita
indiscriminada a los estilos del pasado, se alcanza en el cuerpo radicali-
zando el maquillaje: Cobra penetra la metrópolis dentro de un vagón
del metro "maquillada con violencia" e inmediatamente se mimetiza
con el mapa urbano. El ecosistema producto de tal interacción se duplica y expande a lo largo de la narración: dos veces se repite la descripción
cosmética de Cobra entrando en la ciudad (126 y 143) intensificándose,
o mejor dicho histerizándose a medida que se sumerge en ella, la amal-
gama entre la urbe y el cuerpo. Incluso la destrucción ceremonial de
este último a manos del gang motorizado y su posterior momificación
por parte del lama como preparación para los ritos funerarios, mantendrá un contrapunteo permanente con la ciudad a través del reciclaje de
artefactos culturales inherentes a la sociedad post–industrial, pero con
una vuelta de tuerca: la inserción con un gesto camp de la referencia barroca ("[d]e una máquina de chiclets sale Don Luis de Góngora" 180),
y la kitschifización del paisaje selvático a través del intertexto al "Diario
de Colón"; quedando ese mismo cuerpo al final de la obra, condenado

---

8. "El cuerpo y su entorno se generan como manifestaciones del hiperreal, como
formas de la simulación que han tomado y transformado sus respectivas realidades en la
imagen del otro: la ciudad se ha rehecho convirtiéndose en el simulacro del cuerpo, y el
cuerpo por su parte, se ha transformado, 'urbanizado' como cuerpo eminentemente
metropolitano" (Grosz 242).

como la ciudad a la desintegración por causa de los elementos ("[a]l
abrigo de tu manto la ciudad se agrieta. El viento salado roe piedras y
hombres" 245), pero no sin antes penetrar y ser penetrado a base de
"enormes falos" y "dedos anillados", empuñados por un lenguaje que
convierte al texto en "el desafío de una alegría continua, el momento en
que por su exceso el placer verbal sucumbe y cae en el gozo" (Barthes,
The Pleasure 8).

La noción de ruina y el concepto de placer del sexo y el texto asociados
con el cuerpo en *Cobra*, se ramifican y se dilatan al desplazar la lectura
hasta *Maitreya* pues aquí, además de recuperar y extremar a través del dislocamiento físico lo ritual y sacramental de la piel, Sarduy recobra para el
lector a Cuba como mosaico racial y arquitectónico en el límite entre el
país colonizado y revolucionario, con un seguimiento de lo cubano sobre
territorio ajeno: no en vano resulta ser ésta "la novela del exilio" (González
E., *La ruta* 175); texto donde el proceso autorreferencial empieza a perfilar-
se y la memoria del ser cubano comienza a circular por ese cuerpo que la
desterritorialización ha despojado de todo: cuerpo sin órganos entonces[9]
cuya identidad empezará a ser reconstruida desde afuera.

A diferencia de Lezama Lima, quien universaliza lo cubano cuando lo
mimetiza con los cuerpos, casas y ciudades que responden a la estética barroca; Sarduy utiliza más bien el exceso barroco para campificar lo cubano
que le ha sido hurtado: es la orquesta Aragón la que ameniza los ritos tibe-
tanos para hacer del niño el nuevo Lama, y son los turrones de alicante es-
polvoreados con estrictina, el instrumento idóneo con el cual deshacerse de
los monjes, a fin de llevarse al niño y abandonar sus cuerpos a la cosmética
mortuoria entre objetos metálicos y ruinas, más cercanos al detritus post–
industrial que a las montañas del Tibet. Descripciones del kitsch básico,
contenido en las imágenes budistas intervenidas con telas y maquillajes –
igualmente apropiados por el kitsch manufacturado de la cinematografía
asiática–, acompañan a las Leng en su periplo por la India y Ceilán hasta
establecerse en Colombo donde compran un hotel cerca de la playa. A
partir de esta sección, premonitoriamente titulada "La isla", la narración se
hace con los elementos propios de una cubanidad que, si bien hibridizada

---

9. "El cuerpo sin órganos es lo que queda cuando te lo llevas todo" (Deleuze, *A
Thousand* 151).

por el intertexto oriental en cuerpos, casas y paisajes, no deja de latir —
desde el extrañamiento—en los gestos de las Leng, especialmente de Iluminada quien con el Dulce —pintor y cocinero chino— acaba por subirse a un
carguero cubano que les llevará a Matanzas, y con ellos al resto de la novelística sarduyana.

Efectivamente, la segunda parte de *Maitreya* tiene lugar en Sagua la
Grande y en ciudades de fuerte influencia cubana como Miami y Nueva
York. Sobre tal collage geográfico el cuerpo se inscribe dentro de la doble red sexual y textual; cuerpo a su vez doble en las mellizas apodadas
las Tremendas quienes, cual "doble opacidad", son doblemente penetradas por Luis Leng, hijo de la Iluminada y el Dulce:

> Las Tremendas, vueltas una contra otra, lo incrustaban entre sus volú-
> menes; a través de la espesura ondulada y negra, por delante y por de-
> trás, sentía Leng sus alientos y colores idénticos. (97)

Espejeo de la carne repetida que la penetración ritual consagra aquí,
pero no como perversión sádica, pequeña muerte al modo de Bataille, o
angustia dolorosa a la manera de Artaud, sino como celebración bajtiniana: carnavalización del acto, doble pues el texto transgrede festiva-
mente los emplazamientos fronterizos de la escritura y el sexo, en aras
del placer sin restricciones.

En los intersticios de la red lingüística y erótica, Sarduy situará los hechos
históricos que marcan el devenir de la cronología cubana moderna: la dictadura de Batista, la revolución castrista y el éxodo poblacional; mediante alusiones a "las generaciones congeladas de la Sabuesera", "dos barbudos pru-
dentes perdidos en la espesura", y al enano mayamero apodado "Pedacito de
Cuba"; haciéndose así de la obra alegoría de un cuerpo vivo, móvil y abierto a
los desplazamientos físicos en su doble acepción. Ciertamente, la sección "El
puño" encuentra a las Tremendas y a la Divina en Nueva York como adeptas
"a la secta naciente del templete a mano: 'f.f.a.' Fist Fucking of America" es-
pecializada en la penetración anal con el puño; posiblemente como homenaje
al *underground* neoyorkino donde el acto constituyó una práctica común en
clubs durante la época pre–sida, y se documentó a través de publicaciones y
films tanto pornográficos como de arte.

Con este "trazo" Sarduy se ubicaba a la vanguardia de la literatura
hispanoamericana, no sólo por el desenfado y humor con el cual inter-

vino el cuerpo, sino por la irreverencia con que lo asoció al poder erótico de la cocina criolla en la escena donde se introduce la biografía de
Leng (114) que –apoteosis de la fiesta– es además la ampliación de un
fragmento de *Paradiso*.

La inscripción de Cuba como totalidad sobre la piel del texto, se
efectúa pues mediante una ironía y un despilfarro lingüístico, mayores
en tanto más se perfila el proceso autorreferencial del autor, trasladado
por ejemplo en la figura de Luis Leng:

> quien, otra vez detrás del parabán, absorbía daiquirí tras daiquirí: su
> oralidad liberada lo substraía siempre a la ritualidad cantonesa, que or-
> ganiza el placer como una fiesta cíclica o una cacería, para devolverlo al
> guapachá santiaguero, cuando en compañía de jabaos y guachinangos
> descifraba sus insomnios en los balluses libaneses del puerto, desasose-
> gado por los fuacatazos de la corona leibniziana del Bacardí. (119)

Así, la intromisión semántica y sexual del cuerpo se radicaliza con la
focalización del gesto autobiográfico llevado, en la última sección del libro, a la figura de la Tremenda a quien encontramos, por obra del *décalage* geográfico, en el desierto árabe durante el *boom* petrolero de los
años setenta, y "cada vez más al sur" –en Afganistán–dedicada a los
pormenores de la penetración anal y al acicalamiento ritual del cuerpo
antes del acto; en una "apoteosis"[10] que de soslayo alude, quizás, al poder seductor del pigmento y el vestido en las ceremonias del culto a la
belleza y el impulso erótico, de ciertos grupos tribales como los Wadaa-
be en Nigeria[11] además de apuntar en su carnalidad de "masas blancuz-
cas y gravitantes" hacia el ideal femenino barroco.

------

10. "[L]a apoetosis de la contigüidad –los vestidos como el cuerpo, la trama que
cubriendo enseña como el objeto descubierto– es decir la de lo accesorio tendrá lugar"
(Sarduy, *Ensayos* 254).

11. "Muchas horas de preparación anteceden a cada danza. Para el *Yaake* –la danza
de la seducción– [los hombres] se aplican un polvo amarillo pálido sobre el rostro buscando aclarar el color de la piel, líneas de *kohl* negro se trazan para hacer resaltar el
blanco de los dientes y de los ojos. Una línea pintada desde la frente a la barbilla alarga
la nariz; el afeitado de la raíz capilar realza la frente" (Beckswith, "Geerewol" 200).

En tal sentido es interesante observar que si en nuestra contemporaneidad la cultura de masas no ha reciclado el exceso del cuerpo[12] sino lo ha masculinizado, al imponerle a la mujer el *look* musculoso o del adolescente andrógino, sin embargo sí se ha apropiado del tatuaje y el *body piercing*[13] –que en la modernidad anterior habían tenido un sentido fundamentalmente ritual o de identificación con ciertos grupos étnicos y culturales de la antigüedad–, pero no para desplegarlos con un efecto meramente decorativo, sino para enarbolarlos como un estandarte que indica la voluntad de manipular el cuerpo propio, cual única verdad donde las nuevas generaciones buscan reconocerse.

Este gesto que hace de la piel la cuartilla idónea para ejercitar el trazo autobiográfico, es justamente lo más interesante en *Colibrí*. La obra se abre con el cuerpo ondulante del joven Colibrí vulnerado por las miradas de un público que espera ávidamente el instante cuando se quitará el *slip*: descubrir y descubrirse, exponer y exponerse, sin esperanza para quienes observan, pues ese cuerpo permanecerá a lo largo del texto intocable, inalcanzable y sin historia previa.

En el burdel –la Casona– donde nuestro personaje baila, la acción es generada por el cuerpo, motorizado mediante un deseo cuya ley la impondrá la Regente. Ella forma parte de los personajes miméticos de Sarduy, como Cobra y las Tremendas, para quienes el cuerpo es también el mejor escenario. Sobre la piel se representa la vida personal. En los afeites, trapos y postizos puede leerse la historia íntima porque la apariencia es en sí la mejor autobiografía. El vestido se vuelve entonces "escritura corporal que lo marca, lo señala, lo destaca como objeto ci-

---

12. Actualmente, sólo algunos artistas como la francesa Orlan, han retomado aquel ideal femenino. Dentro de sus trabajos de performance Orlan documenta en video las operaciones de cirugía estética a las cuales se ha sometido para darle a su rostro las facciones de ciertos modelos clásicos y renacentistas como Venus, la Diana de Fontainebleau y la Mona Lisa de Leonardo da Vinci (Fox, "A Portrait" 8).

13. En, por ejemplo, las campañas publicitarias de Benetton, Banana Republic o Calvin Klein se presenta lo femenino a medio camino entre la niña y un joven adolescente; como si en los noventa no hubiese espacio para la mujer. Mientras que en los desfiles de modas, clubs nocturnos y lugares de trabajo se impone el aro en el ombligo, los pezones, la nariz e incluso el sexo (Menkes, "Fetish" 9).

frado, perteneciente al lenguaje" (*Ensayos* 95), es decir, como consigna-
tario de un yo que tira además del hilo narrativo, pues son ciertamente
la Regente y su Casona la matriz campo–casa: a ellas llega, de ellas esca-
pa, a ellas vuelve prisionero y huye una vez más Colibrí, para finalmente
regresar a destruirlas y tomar posesión del lugar como la "nueva" Regente. También la Enana –asistente de la Regente en el burdel y remanente de las meninas velazquianas pasadas por *Cobra*– cifrará en sus
"*tutti–frutti hats*– a la Carmen Miranda", la historia de la cual es depositaria. Colibrí, en cambio, se mantendrá a lo largo del relato dentro
del más absoluto misterio, sin biografía ni leyenda propia; por eso Sarduy enfatiza el hecho de que siempre está desnudo: su cuerpo se conser-
va, ahí, cual página en blanco que a lo sumo aceptará la inscripción de
la sangre, el semen y la orina como único tatuaje posible.

En los blancos de la red el autor intercalará destellos de su propia
autobiografía mediante notas al pie de página con comentarios a una
tesis doctoral sobre su narrativa, otros de Andrés Sánchez Robayna acerca de su teoría crítica, la receta del chupamirto enchilado enviado por
Julieta Campos, un dato tomado de la guía gay *Spartacus*, y también
metiéndose directamente en bata de casa dentro de la narración que, a
partir de la sección "Regreso al país natal", abundará en *raccontos* a la
infancia camagüeyana:

> Yo (voy emergiendo del lupular letargo, me sacudo la cabeza, me zum-
> bo en una bañadera de agua caliente, me tomo un café carretero; con
> un grito llamo a mi padre, que como siempre, está haciendo paquetes y
> preparando una mudada):
> –Papá, papá, corre a ponerme hielo debajo de los huevos chico,
> como le hacías a Sergio, a ver si se me pasa esto.
> Mi padre me para en una palangana.
> –Habrase visto –masculla.
> Y comienza la aplicación granizada de las verijas. (111)

El cuerpo del cuerpo y del lenguaje sarduyanos se repliegan entonces
sobre sí mismos –como el del Barthes de *Barthes por Barthes* e *Incidentes*: fragmentos de su diario íntimo publicado póstumamente; y de otros
integrantes del grupo *Tel Quel*, como Julia Kristeva, quien igualmente
publicó en 1992 la novela *Les Samourais* acerca del viaje de aquel grupo

a China en el año 74–, para mirar hacia la memoria escrita en la piel que los cubre. Ante esta "profundidad" de Valèry, Severo Sarduy comienza a dibujar su autorretrato. Proustianamente recobra los episodios de infancia, a veces dolorosos, cual es la prohibición del padre de verlo "jugando con fruticas de brilladera" (129) por vergüenza de que su hijo sea "pájaro", es decir homosexual, trasladándolos al retrato de Colibrí:

> –Y además –le arrancó de un zarpazo las fruticas–, déjate de mariconerías. El poder es cosa de machos. O te mandaré solo al fanguero. Para que te pudras. (177)

Le recrimina el *go–go boy* a su ex–amante el Japonesón, exponiendo entonces el autor la doble intolerancia –heterosexual, homosexual "en el clóset": muy arraigadas dentro de la cultura latina– hacia la pose camp: parte integral del mundo gay, especialmente en ambientes donde la expresión abierta del deseo homoerótico está condenada.[14]

El repliegue sobre el yo se hará mucho más profundo al rodarnos hacia *Cocuyo*, quizás por estar concebido en un momento cuando, tal cual me comentó en una carta,[15] Severo Sarduy se hallaba particularmente sensibilizado hacia la reflexión en torno al cuerpo, la recuperación del tiempo perdido, y su malestar por el agotamiento europeo frente a la vitalidad norteamericana. Ello como posible reacción ante el propio desgaste, que sin duda intuía aun cuando todavía no lo había confiado a sus amigos más íntimos.

---

14. "Mientras ahora el camp es generalmente un juego o una pose entre los gays, no carece de seriedad ya que se originó como un gesto masónico mediante el cual los homosexuales podían reconocerse entre sí durante las épocas en que la homosexualidad estaba prohibida" (Core 9).

15. "La idea del libro como un cuerpo de deseo y en general todo lo que hay en lo que haces de piel, de contacto –me refiero sobre todo a tu novela, que voy saboreando, deleitándome, con un regodeo casi culpable página por página, y que ahora me llevo al proustiano lugar de playa, para concluir– hacen de tus líneas verdaderas inscripciones o tatuajes de una modernidad real. Quizás sea ésa que señalabas en América, en oposición a este viejo museo, devastado y polvoso, que es el antiguo mundo" (20 febrero 1989, desde París).

Ciertamente, el texto se inaugura con una imagen que aboga simultáneamente por el "viaje a la semilla" y la desintegración del cuerpo, es
decir, por un estado "*a la vez prenatal y póstumo*" (14) donde la piel sea
página en blanco o vacío pero nunca tatuaje ni inscripción; cual si el
autor estuviera preparándose ya para "el estampido de la vacuidad": ese
grito que resonaría después por todos los rincones de la casa y el paisaje
cubanos cuando ya él se hubiera ido.

Aferrado a dicha intemperie, Sarduy tantea con la palabra el cuerpo
de la *petite histoire*, escrutándolo largamente, como si quisiera saber lo
que tiene por dentro, y a fuerza de examinarlo lo reconstruye, incorporando a su arquitectura el tejido de acontecimientos que indiscutible-
mente signaron su propia infancia al ser éste un libro:

> estrictamente autobiográfico; no hay la menor intención literaria en él,
> porque soy incapaz de inventar. Invento muy poco en lo que escribo.
> (Luzán 33)

La recuperación del yo se hará campificando entonces el recuerdo de
sus hacedores para que el dolor, la soledad, los reproches sean territorio
fértil donde ensayar con ironía la fiesta del lenguaje. Así, las tías emergen en Camagüey como iconos de un pop *avant la lettre* en sus "tacones
altos, en piel de cocodrilo, con plataforma roja", y Caimán deviene la
simulación del varón von Gloeden —famoso por su reciclaje nostálgido
del ideal griego, en las fotografías a jóvenes campesinos italianos de
principios de siglo, desnudos y en poses estudiadamente eróticas.

De este modo, Sarduy reconstruye la Cuba de sus primeros años
como un entrecruzamiento de culturas, épocas y estilos cifrados en el
cuerpo de Cocuyo, donde se mira ("su cuerpo es un espejo, arqueólogo
de su propia piel"), y al mirarse se admira de lo que perdió y ganó al
transcurrir el tiempo y desterritorializarse de su isla. El balance resulta
ser sin embargo negativo; probablemente porque la lectura del propio
cuerpo le obligó a efectuarlo abruptamente, tal cual se refleja en el pro-
gresivo deterioro de éste, la casa y el paisaje a medida que el conjunto se
hace más nítido. Como el yo inscrito en *Ladera Este* de Paz ("Los abso-
lutos las eternidades/ Y sus aledaños/ No son mi tema/ Tengo hambre
de vida y también de morir"), el de Sarduy aboga por la captura del
instante, y hacia esa cacería envía al joven Cocuyo, en una carrera a tra-

vés de la isla que le llevará hasta el lugar del esceso erótico, deformado por la falsedad e impostura de quienes manipulan el acto y le lastiman la piel. "Son *las marcas de la mentira, las firmas en mi cuerpo* de la indignidad" (209), concluye, al darse cuenta de que en lo falible de la naturaleza humana reside la imposibilidad de hacerse con el momento del esplendor:

> ese imperceptible instante de expansión perpetua, que algún día llegará a sus propios límites, se apagará, tendrá fin, llegará al gris total, a la ceniza. (Guerrero, "Reflexión" 3)

Instalado en la vigilia del instante Sarduy pasa y se pasa revista, implacablemente:

> Escritos en el exilio, en el desvelo, tantos libros que nadie ha leído; tantos cuadros, minuiciosos hasta la ceguera, que no compró ningún coleccionista ni museo alguno solicitó; tanto ardor, que no calmó ningún cuerpo. ("El estampido" 10)

Ordena su biblioteca y empieza a despedirse. *Pájaros de la playa* es el comienzo de ese adiós. "Deshabitando el cuerpo" el autor se instala frente al mar en la casa–clínica donde le aguardan cuerpos también desahuciados;[16] caracteres que han vivido ya otros pliegues de su escritura –como Auxilio y Socorro quienes reaparecen de "ambulancieras"–, o la espejean, pues entre los gestos de Siempreviva se mueven los de Cobra, y sobre un destello en el traje de las gemelas, adivinamos el antiguo brillo de las Tremendas.

Y es que esta casa tiene, como la del príncipe de Guermantes para Proust, el poder de reunir a los protagonistas del tiempo sarduyano, en

---

16. De cierta manera esta novela espejea la crisis del sida en Cuba; crisis asumida por ciertos sectores, como algunos jóvenes rockeros, inyectándose el virus para protestar contra las contradicciones sociales y políticas existentes. Los enfermos son entonces confinados en casas o "sanitariums" como el de Pinar del Río, de donde sólo pueden salir con permisos de duración muy limitada, pues Cuba sigue siendo el único país del mundo en que se aisla al portador del VIH (Malcomson, 45).

el punto donde la vida está a punto de deshabitarlos definitivamente. Es el rumor del mar, como el tintineo de la campanilla para Marcel, lo único que impide que el tiempo se retire del cuerpo, antes de que éste tenga oportunidad de escribir todos sus recuerdos, es decir, de materializar la última manifestación del deseo.[17]

Los personajes sarduyanos, sin embargo, aun ante la proximidad de la muerte, no dejarán de aferrarse a la desmesura, no desistirán en su afán de hacerse con el objeto kitsch, no perderán la voluntad de desplegar una actitud camp ante las cosas del mundo: Siempreviva, por ejemplo, quien a pesar de tener sida se compra una "intrincada lámpara de Murano", se cuelga "una gardenia de cera" y se alza "las guedejas rojizas, reproduciendo con minucia el laborioso andamiaje capilar de la Dama de Shangai" (119).

Ello no podía ser de otro modo pues así fue también la actitud de Severo Sarduy. En nuestra última conversación telefónica, desde la casa de Gustavo Guerrero en París, pocos días antes del fin, noté que la musicalidad de su voz no había cambiado y su avidez por conocer tampoco: curioso, me interrogó acerca de mis últimas aventuras neoyorkinas, los lugares de moda y, desde un humor muy camp, lo comparó todo con un París que, según él, carecía de la vitalidad y el eclecticismo de Manhattan. Ahí pude darme cuenta de que, a pesar de Sarduy apretar con premeditación la muerte,[18] el saber y el sabor no habían perdido consistencia: ésa fue para mí su última enseñanza, el legado de un crea-

––––––––

17. "Si era esta noción del tiempo evaporado, de los años transcurridos no separados de nosotros, lo que ahora tenía yo la intención de poner tan fuertemente de relieve, es porque en este mismo momento, en el hotel del príncipe de Guermantes, aquel ruido de los pasos de mis padres despidiendo a monsieur Swann, aquel tintineo repercutiente, ferruginoso, insistente, estrepitoso y fresco de la pequeña campanilla que me anunciaba que monsieur Swann se había ido por fin y que mamá iba a subir, volví a oírlos, eran los mismos, situados sin embargo en un pasado tan lejano" (Proust 419–20).

18. "Se deshace de libros polvosos, ropa de verano, cartas acumuladas, dibujos amarillentos y cuadros.

Se entrega como una droga, a la soledad y al silencio.

En esa paz doméstica espera la muerte. Con su biblioteca en orden" ("El estampido" 10–11).

dor que, como Manuel Puig –quien dos semanas antes de morir, también con un humor muy camp me comentó que a él los laureles quería que se los pusieran en vida– supo utilizar la agudeza y el ingenio como herramientas activas, para hacer del kitsch latinoamericano el territorio fértil desde donde las obras seguirán alimentándonos siempre.

3. Pedro Almodóvar: la marca en el cuerpo de la pantalla

Pedro Almodóvar comienza su carrera haciendo literalmente cine con el cuerpo: en el pase de los Super 8 se ubicaba junto al proyector y reproducía la voz de todos sus personajes, al tiempo que orquestaba la presentación como "una gran fiesta" (Strauss, *Pedro* 19) en casas, bares discotecas y la cinemateca madrileña. No es de extrañar entonces que su filmografía haya estado desde siempre asociada al *happening*, las performances y la celebración hedonista, puestos a imantar aquellos sectores postmodernos definidos por el culto y la fascinación del cuerpo: tatuarlo, pincharlo, mostrarlo entre (el) tejido, corregirlo en los gimnasios y el quirófano, resultan ser aquí, modos de intervención que nuestra contemporaneidad ha radicalizado, llevando el culto al "segundo cuerpo"[19,] joven y elástico, hasta el lugar de la simulación y el hiperreal.

El cine de Pedro Almodóvar espejea tal comportamiento, al mostrar la inmediatez y lo excéntrico del mismo en escenas que recuperan el gusto barroco por la desmesura; pero no desde los grandes gestos sino desde movimientos mínimos: exceso neobarroco[20] entonces, puesto a

---

19. "El primero es el cuerpo substancial de la madurez: grueso y presente. El segundo es el dulce cuerpo juvenil: delgado y pasado. El tercero es el cuerpo fantasmal de la muerte: arrugado y futuro ... El problema de los tres cuerpos es el de sentirse en casa en el cuerpo propio a través del tiempo" (Schwartz H., "The Three–Body" 411).

20. [D]el latín *ex–cedere*, ir más allá; el exceso manifiesta la superación de un límite visto como camino de salida desde un sistema cerrado ... manifestamos la tensión o la culminación o la superación del confín de un sistema de normas sociales o culturales, y las acciones que llevan a las situaciones de tensión, culminación, superación de confines son acciones que fuerzan el perímetro del sistema o lo ponen en crisis" (Calabrese 66).

consagrar la pequeña historia desde la parodia y el humor. Así, es en la fruición del cuerpo donde reside el éxito del director manchego; fruición que supera los límites del espacio cinemático, y se desplaza hasta el propio Almodóvar perseguido, adorado, vilipendiado, avasallado por el espectador o el crítico, pero siempre indisolublemente asociado con su obra.

"Me gusta ver cómo mis actores cambian, envejecen, engordan" me comentaba en una rueda de prensa (Casa de España, Nueva York, 30 marzo 1990) al hablar sobre sus técnicas de dirección, quizás porque trabaja exhaustivamente con sus artistas moldeándolos exactamente al papel que irán a representar. De hecho, aún bajo las difíciles condiciones de producción, en *Pepi, Luci, Bom y otras chicas del montón* no deja de existir la férrea voluntad de movilizar a su aire los cuerpos, de llevarlos exactamente hasta el lugar del artificio –que es donde proyecta sus objetivos como cineasta (Strauss, *Pedro* 27). En tal sentido la escena de la meada es muy representativa, no sólo por el desenfado y naturalidad con que está hecha, sino porque entra en el universo diegético del film con una precisión absoluta, a pesar de lo inverosímil y de no haber incluso existido conocimiento previo entre las actrices, tal cual explica Carmen Maura:

> A Alaska la conocí el día de la meada ... Llegó al piso y Pedro me la presentó pidiéndome que la ayudara un poco porque yo era actriz. Hablamos un rato, tenía una memoria impresionante y era muy buena chica, muy disciplinada y obediente. A ella no le resultaba nada raro lo de la meada. A nadie le parecía raro, ni a Pedro, ni a Alaska, ni a Eva, como si toda la vida les hubieran caído meadas encima. (Vidal18)

Con esta escena Almodóvar sienta las bases de su estética al revertir el lugar de la mirada cinemática –que subordina lo femenino al ojo masculino objetualizándolo–[21] y conferirle a la mujer el papel activo, es

---

21. "[L]a imagen femenina como amenaza de castración, constantemente pone en peligro la unidad de la diégesis e irrumpe en el mundo ilusorio como un intrusivo, estático y unidimensional fetiche. Por eso las dos miradas materialmente presentes en el tiempo y espacio están obsesivamente subordinadas a las neuróticas necesidades del ego masculino" (Mulvey 373).

decir, devolviéndole su cuerpo, "sus bienes, sus placeres, sus vastos terri-
torios corporales que habían quedado custodiados bajo llave" (Cixous
97). A diferencia de Sirk, Ray, Fassbinder o Aranda, quienes en sus
woman's films ubican el cuerpo femenino en el lugar de lo irrepresentable y lo reprimido, Almodóvar lo muestra *desde* la mujer misma, apropiándose del yo del otro a la manera de Sarduy y Puig, con lo cual crea
una situación fílmica donde la mujer puede expresarse libre de intrusio-
nes masculinas, y por ende liberar las tensiones, miedos y frustraciones
producto de la cultura falocéntrica. En tal sentido, *Pepi*:

> [e]s una película feminista porque trata de mujeres absolutamente due-
> ñas de sus destinos. Es una historia de seres fuertes y vulnerables que se
> entregan a pasiones, que sufren, aman y se divierten. (Vidal 38)

El montaje discontinuo que, dado el largo tiempo de rodaje, llevó a
componer las escenas mediante planos cortos a veces filmados con una
distancia entre sí de varios meses, genera una lectura fragmentada del
cuerpo femenino, histerizada por las exigencias del guión: un plano de
conjunto de Pepi vestida muy burguesamente con blusa y falda midi,
mostrándole al policía el "conejito en su salsa"; seguido de un plano
medio donde se la ve de jeans y abanico pidiéndole a Bom que la ayude
a vengar la violación de la cual fue objeto por parte del policía; o un
primer plano de Bom con la parafernalia punk, dando paso a la escena
en la cual vestida de maja madrileña ayuda a sus amigos a darle la paliza
al policía y reivindicar a Pepi; se constituyen en momentos estelares de
la mujer, puestos a superar el *décalage* histórico de claudicaciones y restricciones al cual se ha visto históricamente reducida.

Igualmente, el recorrido de la piel revaloriza —como en Sarduy— las
diferencias y lo diferente, posicionándolo en pugna con el hombre heterosexual, y desplazando literalmente hacia un primer plano a través de la parodia, los contenidos de una sexualidad alternativa: el plano medio de
Cristina S. Pascual donde, travestida como la mujer barbuda, acusa al
marido de insensible por desampararla a ella y al amigo gay; seguido del
plano de conjunto en que hacen el amor, mientras él voyeurísticamente
observa con unos binoculares la orgía de "erecciones generales" en la casa
del frente; ejemplifican tales propósitos y perfilan la primera etapa del director manchego marcada por una representación ambigua del cuerpo.

Laberinto de pasiones se constituye, a mi entender, en el punto álgido del *trompe–l'oeil* de lo femenino–masculino, al funcionar cual inventario de imágenes, a la manera del rostro de las heroínas hollywoodenses impreso en los cromos del chocolate, los dibujos de catálogos de cadenas comerciales, y las fotografías contenidas en las revistas de modas, que tanto fascinaron desde siempre al cineasta. La organización del relato fílmico como una fotonovela, donde cada plano responde a una viñeta, favorece la mirada fraccionaria, indiscriminada e *in crescendo* sobre el cuerpo: la película se abre con un primer plano a las braguetas y culos de jóvenes ofreciéndose indistintamente al ojo de Sexilia y Riza; e integra en la diégesis, tanto escenas de duplicación con incesto del cuerpo femenino –Queti transformándose en Sexilia para poder acostarse con el padre de ésta–, como de carnavalización de la homosexualidad y el travestismo –plano largo de Almodóvar y Fabio McNamara cantando "Suck it to me" en *drag*, y *close–up* al pene plástico enarbolado por Toraya en el urinario donde espera seducir a quien le lleve hasta Riza.

Con ello el tejido de ambigüedades se transfiere de una "viñeta" a otra y, como en el cómic, cada "instante"[22] realza un momento clave de la trama, confiriéndole rapidez de acción y la posibilidad de incluir diversos personajes con sus respectivas historias en cada fotograma; de ahí que sea éste el film ideal para documentar los años de mayor efervescencia en el ámbito artístico madrileño, permitiéndole además al director elaborar su definición del postmodernismo:

> Hay una cosa que ha marcado todo mi trabajo: el eclecticismo más radical. Ello no es para mí una pose intelectual, aun cuando estoy convencido de que el eclecticismo es una manera muy fin de siglo de contar historias, pues en los períodos como el que estamos viviendo hoy, la gente se devuelve con facilidad hacia el pasado ... Estamos al final de un siglo y existe sobre todo la tendencia a hacer balances, no es un momento para crear nuevos géneros sino para re-

---

22. "[L]a parte figurativa de la viñeta representa un instante o una breve duración; esa breve duración es elegida como particularmente significativa respecto de la emisión del texto por parte de los personajes, pero la duración definitiva propiamente dicha es aquella mucho más larga determinada por la dimensión del texto" (Barbieri 243).

flexionar en torno a lo que ya ha pasado, y donde todos los estilos son posibles. (Strauss, 38–39)

El atropellamiento de acciones que disparan hacia todas direcciones el cuerpo en *Laberinto*, empieza a discernir caminos más específicos a partir de *Entre tinieblas*. La mira se ajusta y la piel femenina se ofrece al ojo de otra mujer, quien sin embargo no la devuelve pues aquí la fuerza del deseo resulta ser inversamente proporcional a la exposición del cuerpo desde donde se proyecta. Un plano de conjunto de la madre superiora, erecta pero oculta tras el hábito, y de Merche inclinada contra la pared en minifalda dorada y medias negras rasgadas mirándose, son el anverso y reverso de una misma atracción: activa, en su afán de apropiarse de las debilidades de su redimida, cual hace la superiora, y pasiva en el caso de Merche, al saberse completamente a merced del otro.

Los usos de una cinematografía excesiva, desde el hiperrealismo cromático de los decorados, llenos de objetos kitsch que transforman la habitación de Yolanda en casa de muñecas y el despacho de la superiora en una sucursal de la Metro; proporcionan el marco ideal para la campificación del cuerpo, lograda a través del componente sadomasoquista, presente en el deseo que lleva a las monjas a torturar sin mesura la piel:[23] públicamente como sor Estiércol, quien sublima su pasión por la superiora caminando sobre vidrios y pinchándose con agujas, y privadamente cual hace esta última inyectándose heroína a fin de adentrarse más profundamente en los pliegues de las mujeres que ama.

El vestido volverá igualmente a recuperar su poder como depositario del kitsch, a la manera de los trajes del cine de época durante la dictadura, protagonizando como una segunda piel la filmografía almodovariana, y constituyéndose en la expresión última de todo sentimiento. Escudada tras el lenguaje del traje, una mujer no necesitará desplegar ningún otro argumento, pues la tela habla por sí misma. Un plano medio de sor Rata con expresión de éxtasis místico en el rostro, sosteniendo sobre su hábito el vestido rojo con lentejuelas de Yolanda; o el *travelling* de las vírgenes cubiertas con trajes que sor Víbora les confecciona

---

23. "Esconder la mortificación tras un comportamiento a menudo tan tortuoso como lo que se oculta, es una marca distintiva del camp" (Core 9).

—espejeando el camp de Cecil Beaton en *My Fair Lady*— y renueva cada
temporada; cuentan las carencias de ambas y anticipan el estatus como
"octavo arte" que la moda ha tomado en los noventa, irónicamente di-
seccionado a través del film *Pret à Porter* (1994) de Robert Altman, y ya
pronosticado por el cineasta manchego en *Patty Diphusa*:

> Los talleres de los diseñadores dejarán de ser cuchitriles y se convertirán
> en cómodos palacetes, con habitaciones y saunas. Estarán provistos de
> una pequeña clínica de desintoxicación y de cirugía estética, también
> tendrán una pequeña capilla cuyas imágenes se las cambiará de modelo
> cada temporada, dispondrán de casino, bingo y un comedor con mesa
> camilla para practicar la pirámide del amor. (112)

¿Qué he hecho yo para merecer esto! es, en la construcción del cuerpo femenino, el film de Almodóvar que con mayor énfasis obstruye la representación del deseo, pues aquí la mujer se vuelve un espacio vacío, oquedad
donde el ojo del otro se desintegra sin dejar huella. Por eso Gloria nunca se
sabe mirada: sólo en la soledad del gimnasio o la cocina —después de lim-
piarlos— ella toma contacto con su propia piel, liberando la rabia ante el
fracaso de su vida conyugal y la miseria en que se encuentra. Unicamente
los objetos saben de su existencia: la secuencia constituida por los tres planos fijos yuxtapuestos de las vitrinas mirando a Gloria pasar, ejemplifican
esta anulación del cuerpo, doblemente opacado por una ropa deslucida en
cuya pobreza se lee, además, la autobiografía del propio Almodóvar:

> Los vestidos de Carmen Maura, que tienen una gran importancia para
> mí, pertenecen a mis hermanas o a las amigas de mis hermanas a cuyas
> casas fui a buscarlos. Era absolutamente necesario que los trajes de
> Carmen estuviesen gastados, que tuvieran el aire ordinario de la ropa
> muy usada. (Strauss 63)

Escribir(se) en el cuerpo del otro significa entonces para el director,
escoger barthesianamente[24] de entre la ropa —lenguaje— un vestido —

---

24. "[L]lamaremos a la estructural, institucional forma de lo que se lleva encima *ropa* (aquello que corresponde al lenguaje) y del mismo modo cuando ello se actualiza,

discurso– y entallarlo sobre la piel del personaje; por eso es tan importante la moda en su cine: ella y los accesorios significan, a veces más que
la banda sonora y la *mise–en–scène*. El plano medio donde Gloria, con
expresión ausente, sentada en la cama de Cristal y vestida con un ordinario traje chaqueta, sostiene entre las manos un moldeador para el cabello de forma fálica; nos habla con mayor precisión de la indiferencia
erótica y la insatisfacción sexual femenina, que el rostro aburrido de
Cristal junto a ella, mientras un cliente penetrándola se esfuerza por sa-
tisfacerla.

El valor del vestido y sus accesorios para desentrañar los códigos de
la representación, adquieren en *Matador* un papel crucial: son el traje de
luces, la capa del torero y la espada, los signos que estructuran el discurso del placer erótico ligado a la muerte como base argumental del film.
La atracción entre Diego Montes y María Cardenal tendrá en la fetichi-
zación de los implementos para la "doble" corrida su motor, al tiempo
que el uso de éstos invertirá los roles tradicionales de pareja heterosexual. Es el hombre quien se feminiza al vestirse para seducir al otro: en
el brillo y lo ajustado del traje, en el rojo de la capa, en la danza dentro
del ruedo reside su poder para atraerlo; en tanto que la mujer sale a ca-
zar, escoge su presa y haciéndose con la espada –simulada en un accesorio para el pelo–, lo penetra y aniquila en el instante de la "pequeña
muerte". Con esta vuelta de tuerca Almodóvar se mantiene fiel a su visión de lo femenino como ente activo, masculinizándolo aquí, al tiempo
que retoma la mirada fragmentaria gay de *Laberinto*, en los *close–ups* al
cuerpo de varios muchachos aprendiendo a torear, desde el ojo del co-
misario quien investiga las muertes de las cuales Diego y María son res-
ponsables.

La importancia autobiográfica de los elementos que se inscriben en
la piel como soporte se crece en *La ley del deseo*, pues ellos nos permiten
captar con todo su impacto lo sobrio de la autorreferencialidad de los
personajes. De Tina, por ejemplo, quien consigna en su vestimenta las
pistas que le permitirán, en la escena del hospital, revelar su yo a los
ojos de todos: una desprivatización como consecuencia de la pérdida de

individualiza, lleva, *vestido* (aquello que corresponde al discurso)" (Barthes, *The Fashion*
18).

memoria por parte del hermano a causa de un accidente automovilísti-
co.

En *close–up* al pie de la cama o en plano medio caminando por la
habitación, la apariencia de Tina, desapasionadamente y a la vez que le
va mostrando fotografías a Pablo de su infancia compartida, vierte su yo
en el espacio en blanco que ha dejado la amnesia en el lugar del yo de
aquél. Monotónicamente las uñas de porcelana, el maquillaje hiperreal
–que recuerda el de Cobra– los tacones infinitamente puntiagudos, rela-
tan su cambio de sexo para poder complacer al padre –el único hombre,
junto con el cura Constantino su director espiritual en la adolescencia,
de quien estuvo alguna vez enamorada–; inscriben la fuga del hogar y
los años juntos en Tánger hasta que él la abandonó por otra mujer.

Tina le devuelve entonces al hermano, con este *strip–tease* del sentido, la zona compartida del yo: "se expresa así algo que está, a la vez,
contenido pero oculto en las imágenes" (Wellershoff 139) –simulado,
diría Sarduy. Imágenes que son las fotografías de Tina hombre contras-
tadas con su vida adulta, y puestas a expresar "ideas y sentimientos tabú,
que ahora como el yo afloja su contacto con la realidad y su control –
enfatizado por la voz casi en estado hipnótico de Tina– intentan de
nuevo penetrar la conciencia" (Wellershoff 140).

Igualmente, la camisa del modisto Alvarado –inspirada en Gianni
Versace– que Pablo compra, y Antonio también consigue a fin de
poseer algo de aquél, habla de la pasión del joven andaluz por el director y entreteje las vidas del triángulo afectivo: un *close–up* al bolsillo flotando en la playa, después de Juan habérselo arrancado a la
camisa de Antonio cuando éste lo empujó por el acantilado; y un
plano medio de Pablo vestido con la camisa al entrar a la casa de
Juan y encontrarlo muerto, estructuran el discurso del deseo en su
asociación con la muerte, si bien no será esta opción una escogencia
–cual había sido el caso de *Matador*.

El calzoncillo, por otra parte, proyecta un discurso homoerótico –ya
apuntado en los personajes de Riza y Sadec en *Laberinto*– desde el plano
picado al chulo frotándose contra el espejo, y en las secuencias de Pablo
y Antonio en las casas del cineasta y de Tina. Y aquí es interesante
apuntar, que sólo dentro de esta tendencia aparecerán los actores almodovarianos en *slip*; de hecho, a partir de *Mujeres al borde de un ataque de
nervios*, observaremos que Antonio Banderas, por ejemplo, como hete-

rosexual no volverá a mostrarse en sus *briefs*, habiendo finalmente ganado para su carrera los pantalones.

Con *Mujeres*, Almodóvar indaga de nuevo en la conciencia exclusivamente femenina, trayendo a un primer plano el conflicto de pareja heterosexual. En la mirada de determinación, los gestos desenvueltos, el tacón y falda tubo puestos a realzar su figura, Pepa expresa el control sobre su cuerpo, y elabora una reflexión en torno a la infidelidad del hombre —presente sólo a través de la voz. Y si, como indica Sarduy, "la voz es lo único que queda intacto después de la muerte" ("Imágenes"), entonces en *Mujeres*, alegoriza el aniquilamiento de un amor; no sólo desde el contestador telefónico, sino en los labios de Johnny Guitar, cuya voz Iván dobla para el cine del mismo modo que Pepa dobla la de Vienna. Mediante esta técnica (utilizada también en *La ley*, pero como recurso para "quitarle dureza" al "fóllame" del chulo que, según el director, "un hombre no soporta oir" (Vidal 208–09); lo cual de cierta manera contradice su afirmación de que la cultura gay española es más abierta, si se compara con la norteamericana), Almodóvar escenifica la ruptura amorosa y rinde homenaje al doblaje: indispensable para entender la historia cinematográfica española, tanto en sus connotaciones de camp y kitsch, como en su vertiente política.[25]

La moda *per se* será el lenguaje idóneo para describir el estado anímico de las mujeres; no sólo en Pepa sino en Lucía, la esposa de Iván, y Candela, la amiga de Pepa. Así, la ropa firmada por Courrèges y extraída de "los felices sesenta" que viste Lucía, signa el momento cuando fue abandonada por Iván: llevarla, veinte años después, es su manera de indicar que el tiempo se detuvo para ella con la deserción de lo masculino.

---

25. De hecho, si en España las películas se han doblado siempre —hasta las canciones de los musicales—, no es de extrañar que se llevase el doblaje a la irrisión. Recordemos el caso de *Violetas Imperiales*, donde Carmen Sevilla es doblada en la canción tema por una soprano con acento extranjero, y en *Sor Intrépida* la actriz francesa Dominique Blanchar es doblada íntegramente al español.

Por otra parte, y desde el punto de vista político, una película como *El Judas* (1952) fue rodada muda y de ella se hizo una versión doblada al catalán y otra al castellano. El día del estreno en el cine Capitol de Barcelona, la copia en catalán fue retirada por orden del gobierno (Martínez–Breton 67).

Por otro lado, los pendientes en forma de cafetera que lleva Candela al ir a pedirle ayuda a Pepa, enuncian su necesidad de llevar consigo la casa: único refugio contra el hombre que la traicionó.

¡Átame! aun cuando prosigue la lectura de la casa como continente protector del cuerpo, invierte el lugar de las necesidades afectivas, pues aquí será el hombre quien desesperadamente busque refugio en el doble espacio femenino, que contrariamente para ella es más hotel que casa. Efectivamente: en el cuerpo de Ricki se cifra la urgencia por hacerse con la mujer y el hogar donde resarcirse del abandono y la miseria, imponiéndose por supuesto como buen macho ibérico. En cambio para Marina, actriz del porno y la serie B, el cuerpo es herramienta de trabajo y el apartamento lugar donde descansar y estar sola.

El desarrollo cinemático, desde el encuentro violento entre ambos personajes —que no obstante lleva a Marina de la repulsión hacia Ricki a la intimidad afectiva y física—, hasta su mutua aceptación; a mi entender no está elaborado de una manera convincente, dado que la transición temporal del odio al amor no es el resultado de una exploración psicológica profunda por parte del director. Pareciera más bien que el discurso de los accesorios —cuerdas, esparadrapo— puestos a inmovilizar el cuerpo de Marina, y la voluntad de Ricki en satisfacer —a costa del suyo propio— la adicción a la heroína de su amada, fuesen suficiente para modificar drásticamente el comportamiento de la protagonista. Ello en un contexto donde la cámara sólo busca resaltar la belleza de los decorados y el cuerpo.

Es entonces en el exceso preciosista de la cinematografía, combinado con un argumento que pretende, sin ahondar, diseccionar los conflictos emocionales presentes en las relaciones afectivas, donde reside la fragilidad de las películas posteriores a *Mujeres*. Sólo el plano–secuencia de Rebeca y Becky en *Tacones lejanos*, donde Rebeca se confiesa ante su madre con una fuerza que espejea la densidad de la relación madre–hija en *Sonata de otoño* de Bergman, posee la dimensión dramática justa y rebela las posibilidades expresivas que, quizás, otorguen su sello distintivo a los films posteriores a *Kika*. Una escena que sin embargo sorprendió al propio Almodóvar, lo cual es indicativo de las contradicciones existentes en su actual estética:

> Antes de rodar le dije a Victoria que este monólogo podía matar la película. Hicimos quince tomas de esta escena que yo quise hacer en pla-

no–secuencia para dejar a Victoria interpretar a plenitud todo el texto. Esta escena da la medida de su talento, del control sobre sí misma y del extraordinario sentido de la mesura que posee. Ella lo interpretó paso a paso, técnicamente, siguiendo mis indicaciones, y con una profunda emoción. Fue impresionante pues nadie habló en el *set*, era un verdadero espectáculo, como de teatro. Todos los técnicos estaban sentados mirando. Yo no había percibido nunca una atmósfera de tal intensidad en uno de mis rodajes. (Strauss 109)

El diálogo Chanel–Armani oblitera no obstante, el discurso de las dos mujeres durante la mayor parte del film; diálogo poco eficaz, pues pretende estar revestido de una seriedad e intimidad, que el *cognoscenti* no puede sino leer desde el camp contenido en la obvia parodización del traje Chanel –comparado con la producción en serie, desde el Ford modelo T hasta los robots–[26] y su simulación Armani. "Uniformes", sí, para las mujeres emprendedoras, que salen de casa a competir en el mundo laboral masculino, y proyectan una seguridad ficticia pues, en el fondo, sus poseedoras siempre han sido niñas desamparadas, tratando de probarse a sí mismas que pueden rivalizar con su madre, cual es el caso de Rebeca, o buscando ansiosamente la protección de un hombre, como hace Becky. Probablemente si Almodóvar hubiera trabajado el guión desde aquella perspectiva, en vez de intentar ajustarlo a los códigos del melodrama tradicional, la película habría encontrado un mejor balance, entre la ironía y la tragedia contenidos en el argumento.

En tal sentido, *Kika* resulta ser el lugar donde ambas posibilidades colisionan y estallan, por lo excesivo de la representación; y el cuerpo real pierde su capacidad de significar, hundido bajo el peso del doble decorado –constituido por la puesta en escena y el vestuario. Con la histerización del conjunto, Almodóvar busca proyectar su terror ante la desprivatización y alienación del cuerpo en los "*reality shows*",[27] si bien

---

26. "(Cuando Chanel lanzó su 'trajecito negro' en 1926, *Vogue* escribió: 'Aquí hay un Ford firmado Chanel') ... [l]os robots siguieron el mismo patrón del modelo T. Eran todos idénticos en apariencia, como mujeres llevando su 'uniforme' Chanel, o como automóviles desplazándose en la línea de ensamblaje" (Wollen 49).

27. "Me he dado cuenta de que, poco a poco, las imágenes de video se han conver-

estos programas son apenas uno de los tantos mecanismos con que la realidad virtual ha desplazado el cuerpo sustituyéndolo por su simulación. El vestido de Jean–Paul Gaultier, que lleva al cuerpo de Andrea hasta el hiperreal tecnológico, al transformarlo literalmente en cámara para poder violentar la intimidad del otro, alegoriza el conflicto entre realidad y simulación donde hoy el cuerpo se debate.

Por otra parte, el cuerpo de Kika representa la kitschifización de lo femenino, al devenir muñeca Barbie, es decir, imagen congelada del artificio contenido en el vestido y los accesorios por donde todo pasa —la violación perpetrada por el hermano de su criada Juana, la traición de su amante Ramón y su ex– amante Nicholas, la pérdida de su intimidad a manos de Andrea— pero nada queda registrado. En Kika no hay pues inscripción, es decir, herida ni pérdida; no hay por consiguiente tatuaje: lo puramente ornamental llevado al exceso, borra la marca y hace del maquillaje máscara; con lo cual el rostro pierde transparencia y se justifica el malestar del propio Almodóvar al evaluar esta película:

> [Y]o quiero ser un realizador transparente y creo que *Kika* no es un film transparente. Es sin embargo el film que yo quería hacer, a pesar de todas sus contradicciones —lo quería transparente y no lo es— me reconozco en él. (Strauss 148)

Espejo, al fin y al cabo, en que el director no deja de mirarse: la obra como el otro cuerpo —su reflejo:

> Como un actor que, entre bambalinas, espera una imagen, la pronunciación de una palabra, una luz, para adentrarse en el espacio de lo abierto, de la mirada, del Otro. (Sarduy, *Ensayos* 233)

---

tido en un enorme mercado para la televisión, algo que es muy coherente en un mundo donde la gente vive cada vez más encerrada en su casa y el único vínculo con el exterior es la televisión. Para mí como cineasta, los *reality shows* son un fenómeno muy interesante pero es necesario circunscribirlos y humanizarlos, si no pueden degenerar en algo terrible e indescriptible" (Strauss 132).

Así Almodóvar sigue recorriendo la piel de la pequeña historia, diseccionando el tejido de las relaciones afectivas; atento a la manera como su cuerpo registra todo aquello que empieza fuera de él pero *lo marca y lo señala*, se vuelve tatuaje y se transforma en cine.

4 Severo Sarduy y Pedro Almodóvar: sobrevivir el cuerpo

Emplazados en el instante de la obra, Sarduy y Almodóvar anteponen el cuerpo, como la única fortaleza posible contra los avatares del tiempo y la desintegración de la memoria. Un cuerpo que ninguno teme campificar y travestir, pues ambos comulgan en una estética dable de privilegiar las voces acorraladas por la cultura falocéntrica contra los límites del sistema. El homosexual, la lesbiana, el transexual, la mujer en pugna con el hombre que busca someterla, el travesti, se expresan; pero no buscando justificarse o reivindicarse, pues no es la militancia sexual ni política lo que Sarduy y Almodóvar pretenden revelar. Es más bien, trabajar en esa zona periférica, donde aquellas voces establecen una correspondencia a(e)fectiva, y se empinan sobre las convenciones de nuestras sociedades —siempre prestas a borrar cualquier brochazo de disturbio intelectual que atente contra el orden establecido:

> La cultura homosexual y hererosexual llegan a comunicarse; pero sólo en un terreno en el que ambas participan de lo marginal y excéntrico para proyectar una estrategia de supervivencia. (Gimferrer, *El peso* 19)

Ahí, en esa zona de fricción, la inscripción del cuerpo tatuado en la red de relaciones afectivas, se enfoca —o más bien se ilumina— siguiendo la técnica del claroscuro caravaggesco "a través del cual la proyección 'brutal' de la luz obliga al ojo a mirar, haciéndolo concentrarse en una figura específica" (Levine, *The Subversive* 155). Esta técnica encuadra las imágenes dentro de un realismo, que la intensidad de la luz proyectada sobre el detalle hace excesivo, llevándolas consecuentemente al hiperreal. Ello oscurece las alusiones a la otra sexualidad, volviéndola más sutil que obvia, es decir, llevando los cuerpos "al espejo de una ambigüedad" (Sarduy, *Ensayos* 101); ya sea convirtiéndolos en la simulación

del otro (Cobra, Letal), apropiándose de la sexualidad del otro sin re-
nunciar a la propia (Colibrí, Ricki) o transformándose en el "oscuro
objeto" del deseo del otro (Flor de Loto, Yolanda).

De este modo, textos y películas se constituyen en celebración de la
diversidad y las diferencias dentro de un tiempo signado por la intolerancia; y donde la moral del miedo opera como mecanismo de represión
contra   todas   aquellas   expresiones   artísticas   que,   iluminando
"caravaggiescamente" el cuerpo lo transgreden; pues apuntan hacia
aquellas zonas del inconsciente colectivo obliteradas por los prejuicios,
la ignorancia y el fanatismo.

Así, Severo Sarduy y Pedro Almodóvar se asocian a la estética de
fotógrafos como Robert Mapplethorpe y Andrés Serrano, cineastas como los hermanos Cohen y Quentin Tarantino, autores como Robert
Ferro y Bruce Benderson, para quienes también el cuerpo es territorio
donde experimentar con los límites entre lo permitido y lo prohibido, a
fin de negociar una ampliación de las fronteras que lo constriñen.

> [T]odo fenómeno "barroco" procede precisamente por "degeneración"
> (es decir: desestabilización) de un sistema ordenado, mientras que todo
> fenómeno "clásico" procede por mantenimiento del sistema frente a las
> más pequeñas perturbaciones. Así, mientras que el barroco efectiva-
> mente a veces degenera, lo clásico produce géneros. Es la ley fatal del
> canon. (Calabrese, 207)

Esta afirmación apunta hacia la pugna que tiene al cuerpo como lugar de afirmación en una época de profundas contradicciones, dada la
reciente visibilidad de las voces ubicadas en la periferia. La escritura de
Severo Sarduy como eco de esas voces desde una estética del exceso, la
polifonía lingüística y la fragmentación, sigue buscando el espacio privilegiado que ciertamente le corresponde dentro de la postmodernidad.
Igualmente, el cine de Pedro Almodóvar, a pesar de la censura a *La ley
del deseo* en países como Colombia, y de *¡Átame!* y *Kika* en los Estados
Unidos, resulta ser un desafío al puritanismo e intolerancia hacia los
que tiende el sistema.

Ambos creadores obligan al ojo a mirar, lo cual no siempre es agra-
dable. Proseguir por el camino de la crítica y la disidencia contra todos
aquellos sectores que pretenden controlar el libre albedrío del cuerpo, y

se encierran en una posición dictaminadora de lo que es o no "moralmente" aceptable, será el reto que su arte le impone a Pedro Almodóvar en el futuro: educarnos y educar al resto de la sociedad para que la moral contra la libertad del cuerpo no acabe por vencer a la inteligencia; para que dicha moral no deje que virus como el sida se sigan extendiendo, para que quienes lo han contraído no renuncien a la vida, para que quienes como Severo Sarduy ya la han perdido no hayan muerto en vano.

APÉNDICE

Al momento de cerrar este estudio, he tenido oportunidad de asistir a la proyección de *La flor de mi secreto* (1995) de Pedro Almodóvar, quien demuestra que sigue activo como cineasta, si bien no ha sido ésta la película dable de explorar nuevos caminos por donde orientar su cinematografía. De hecho, *La flor* propone más bien un regodeo en elementos y técnicas que, a fuerza de reiterarse, se han vuelto a mi entender demasiado predecibles, perdiendo gran parte de la efectividad obtenida en películas donde este director reflexionó también en torno a la soledad femenina y el desengaño amoroso.

Así, el hiperrealismo de la fotografía, por ejemplo, dada la necesidad de no utilizar "colores realistas", sino "recuperar el tecnicolor de los años cincuenta en las películas de mi infancia" –tal cual comentaba Almodóvar tras la función de prensa (11 de octubre de 1995) en el marco del 33 New York Film Festival–, le imprime un preciosismo al film que asfixia la trama y la lleva al melodrama propio de *Tacones*. Ello, enfatizado por la presencia de –una vez más– Marisa Paredes (Leo), entrando nuevamente sola y traicionada por el hombre a quien ama, a una casa que en su decoración espejea el cromatismo furioso de la de Becki; *déjà–vu* puesto también a revertir el propósito fundamental del cineasta:

> Esto es un drama. Aun cuando me encanta el melodrama, esta vez he escogido la aridez y la síntesis. (Notas sobre *La flor de mi secreto*. N.Y. Film Festival)

ya que no hay sobriedad en el personaje de Leo, sino una contención forzada de los sentimientos, resaltada especialmente en los primeros planos sobre un rostro sin la expresividad dramática de, por ejemplo, Gloria en *¿Qué he hecho yo?* Igualmente el personaje de la madre adolece de la agudeza y mesura, que la misma Chus Lampreave le imprimió en aquel film, a favor de una histerización caprichosa que lo transforma en una caricatura del original.

Por todo ello, más que aridez y síntesis, yo observo una dislocación forzada de caracteres y situaciones repetidas, cual reflejo de la imposibilidad del cineasta para encontrar vías alternas por donde encaminar su lenguaje cinemático. De hecho, el claro regreso autobiográfico a La Mancha, a través de una Leo escritora que necesita volver a sus orígenes, a fin de hacerse con un nuevo estilo y pasar del *low* de la novela rosa al *high* de la literatura de ficción, espejea la encrucijada creativa en la cual, a mi parecer, Pedro Almodóvar se encuentra.

Los habituales intertextos al bolero y la música ranchera, tampoco se insertan dentro de la trama para enriquecer y señalizar eficazmente los altibajos de la pasión, sino que se intercalan de manera gratuita, contribuyendo todavía más a la fragmentación de la continuidad narrativa – producto de un guión ya de por sí fracturado. De hecho, a mi pregunta acerca de si pensaba profundizar, en próximas películas, en torno a los usos de la cultura popular latinoamericana, Almodóvar se mostró evasivo y atinó sólo a decir que "la pasión del bolero describe y se adapta muy bien al dolor que sienten mis mujeres".

Tal utilización hasta cierto punto arbitraria de la cultura popular, y sin que exista la distancia irónica que la lleve al camp, puede tener un efecto negativo en su percepción por parte del espectador, y contribuir al fortalecimiento de los estereotipos a ambos lados del Atlántico. En este sentido, la supuesta seriedad del baile flamenco interpretado por Joaquín Cortés, desplaza el folklore andaluz hacia la irrisión dada su descontextualización. Un efecto totalmente contrario al que el mismo Cortés produce en *Flamenco* (1995) de Carlos Saura.

De modo similar, el poder potencialmente transgresor y de censura hacia el gobierno socialista, que subyace en la escena de la manifestación estudiantil como primera expresión abierta de una conciencia política en el cine de Pedro Almodóvar, desaparece en aras del efecto puramente estético, producido por el contraste entre el blanco con que se visten los jóvenes y el azul de la ropa de Leo zigzagueando entre la masa para huir de la muerte de un amor.

Quizás el logro más interesante de *La flor* sea su exploración de lo femenino desde el hombre, a través del personaje Angel (Juan Echanove): editor de *El País* y autor fascinado por la escritura de la novela rosa. Al darle a Leo trabajo como crítico literario, descubrir su identidad como Amanda Gris –"la flor de su secreto"–, autora de aquellas novelas y, enamorado de Leo, transformarse en Amanda para protegerla, al tiempo que cumple su deseo de *ser* la novelista romántica admirada por el gran público, Angel se feminiza, dejando de ser una amenaza para el equilibrio emocional de Leo; con lo cual Almodóvar nos indica que, sólo despojándose de su masculinidad, el hombre heterosexual no constituye un peligro para la mujer.

De hecho, en la última escena del film, el plano de conjunto donde Juan y Leo aparecen sentados frente a la chimenea, está deslastrado de toda tensión sexual a pesar del beso final, ya que Juan se ha convertido en *la* mejor amiga de Leo: no en vano el intertexto fílmico es *Rich and Famous* (1981) de George Cukor, película que en su momento fue objeto de ataques por parte de la crítica, pues mostraba cómo la sensibilidad gay del director podía feminizar al hombre heterosexual y darle a la mujer el poder hegemónico sobre su propia sexualidad y la del Otro.

CONCLUSIONES

A lo largo de este trabajo, ha sido mi intención reflexionar en torno a la representación de las diferencias y lo diferente, atendiendo a las voces ubicadas en los márgenes del espacio narrativo latinoamericano neobarroco y del cine español postmoderno. Ello sin descartar el papel que tuvieron el franquismo y la transición política española en la formación de una nueva cinematografía.

Si Pedro Almodóvar sigue haciendo cine, y de Severo Sarduy nos queda una obra cuya versatilidad permite interpretarla de acuerdo a los cambios que se generan en el tiempo, no es menos cierto que el cine y la narrativa del fin de milenio insisten en incorporar a la postmodernidad las voces marginadas por la cultura falocéntrica; tal como lo demuestran filmes como *La teta y la luna* (1994) de Bigas Luna, donde se reivindica el derecho de la mujer al placer; y novelas como *No se lo digas a nadie* (1994) del joven narrador Jaime Bayly que disecciona el clasismo y el machismo latinoamericanos, en la historia de un muchacho homosexual de la burguesía peruana viviendo a caballo entre América y Europa.

Y es que, al finalizar este recorrido a través de textos y películas puestos, repito, a revalorizar desde el exceso las diferencias o que, como en el caso del cine español de la dictadura, gracias al kitsch pueden leerse hoy desde la irrisión hacia lo grotesco de un sistema que en su momento controló y se impuso sobre la libre expresión de las diferencias mismas, observo cuán necesario es garantizar la continuidad de las voces que aquellas obras privilegian en las nuevas generaciones de escritores y cineastas.

Si el próximo milenio se intuye ya signado por la desproporción abismal en la distribución de la riqueza, la radicalización de las luchas

étnico–religiosas, el empobrecimiento crítico de la periferia, la imposibilidad de erradicar el sida, y un control cada vez más férreo del sistema
sobre la libertad individual; la sobrevivencia del cuerpo, y la conserva-
ción del equilibrio en el espacio urbano donde creadores como Sarduy y
Almodóvar puedan seguir haciendo su arte, se vuelven tareas impres-
cindibles para garantizar la evolución del humanismo, dentro de un
mundo dominado por la compulsión tecnológica y la realidad virtual.

Resistir el acoso de la intolerancia, los fanatismos, la ignorancia y los
intereses del *establishment* produciendo obras que, como las presentadas
en esta investigación, fertilicen el lenguaje de la literatura y el cine, al
hacer del exceso barroco y la estética del kitsch armas activas para denunciar dicho acoso y rebelarse así contra las convenciones y la censura,
es el desafío que debe afrontar el arte de la postmodernidad: aquí y ahora, sobre una megalópolis que sistemáticamente destruye el recuerdo y
(a)(r)ruina el cuerpo.

> Rodeadas de árboles, blancas (Busco en ese esquema el de mi cuerpo),
> en los cuadrados interiores van apareciendo las casas; escuetas las ciu-
> dades, como en un mapa (en una red otra red)". (*Cobra* 176)

Hurgando entre los intersticios de esa red, colectamos los fragmentos del yo, para reconstruir la memoria y la piel que invariablemente
nos pertenecen.

BIBLIOGRAFÍA

SEVERO SARDUY

1. Libros

Gestos. Barcelona: Seix Barral, 1963.
De donde son los cantantes. México: Joaquín Mortíz, 1967.
Escrito sobre un cuerpo. Ensayos de crítica. Buenos Aires: Sudamericana, 1969.
Flamenco. Grabados de Ehrhardt. Stuttgart: Manus–Presse, 1969.
Mood Indigo. Grabados de Edhardt. Stuttgart: Manus–Presse, 1970.
Merveilles de la nature. Ilustraciones de Leonor Fini. Paris: J.J. Pauvet, 1971.
Overdose. Las Palmas, Mallorca: Inventarios Provisionales, 1972.
Cobra. Buenos Aires: Sudamericana, 1972.
Barroco. Buenos Aires: Sudamericana, 1974.
Big Bang. Para situar en órbita cinco máquinas de Ramón Díaz Alejandro. Paris: Fata Morgana, 1975.
Para la voz (La playa, La caída, Relato, Los matadores de hormigas). Madrid: Fundamentos, 1978.
Maitreya. Madrid: Seix Barral, 1978.
Daiquirí. Santa Cruz de Tenerife: Poéticas 2, 1980.
La simulación. Caracas: Monte Avila, 1982.
Colibrí. Barcelona, Argos Vergara, 1983.
Un testigo fugaz y disfrazado. Sonetos/décimas. Barcelona: Ediciones del Mall, 1985.
Ensayos generales sobre el Barroco (Nueva inestabilidad, La simulación, Barroco, Escrito sobre un cuerpo). Buenos Aires: Fondo de Cultura Económica, 1987.

El Cristo de la Rue Jacob. Barcelona: Ediciones del Mall, 1987.
Cocuyo. Barcelona: Tusquets, 1990.
Pájaros de la playa. Barcelona: Tusquets, 1993.

2. Colaboraciones en periódicos, revistas y libros (Selección)

"Sur Góngora". *Tel Quel* 25 (1966): 91–93.
"Escritura/travestismo". *Mundo Nuevo* 20 (1968): 72–74.
"Por un arte urbano". *Mundo Nuevo* 25 (1968): 81–83.
"El Barroco y el Neobarroco". *América Latina en su literatura* México: Siglo XXI 1972. 185–203.
"Cronología". *Severo Sarduy*. Madrid: Fundamentos, 1976. 5–11.
"Barroco furioso". *Revista de la Universidad Autónoma de México* XXXVIII 12 (1982): 53–58.
"Imágenes del tiempo inmóvil". *Boletín Colección Archivos* 1 (Verano 1991): sin página.
"Lady S.S." *Yo, el otro... (autobiografías apócrifas)*. ed. Patricia Guzmán. Caracas: Alfadil, 1992. 11–13.
"El estampido de la vacuidad". *El País* (14 Agosto 1993): Babelia 10–11.

3. Libros, ensayos y entrevistas sobre Sarduy (Selección)

Barthes, Roland. "La faz barroca". *De donde son los cantantes*. 3–6.
Brito, María. "Severo Sarduy, corona de frutas". *Linden Lane Magazine* IX 1 (1990): 17–18.
Díaz, Lola. "Roland Barthes y yo vivimos juntos durante 28 años". *Cambio 16* (2 Noviembre 1987): 176–79.
Fossey, Jean Michel. "Severo Sarduy: máquina barroca revolucionaria". *Severo Sarduy*. Madrid: Fundamentos, 1976. 15–24.
——. "Cinco preguntas a Severo Sarduy". Entrevista inédita.
González Echevarría, Roberto. *La ruta de Severo Sarduy*. Hanover: Ediciones del Norte, 1987.

——. "Son de la loma". *Enlace* 1 (1984): 12–17.

Guerrero, Gustavo. *La estrategia neobarroca*. Barcelona: Ediciones del Mall, 1987.

——. "Entrevista con Severo Sarduy. Reflexión, ampliación, cámara de eco". *El Diario de Caracas* (24 Enero 1993): *Bajo Palabra* 2–3.

Guzmán, Patricia. "Homenaje a Severo Sarduy. Convenzo más cuando engaño". *El Diario de Caracas* (18 Julio 1993): *Bajo Palabra* 2–3.

Kushigian, Julia A. "Dialogue and Displacement: The Orchestration of Sarduy". *Orientalism in the Spanish Literary Tradition*. Albuquerque: University of New Mexico Press, 1991. 152–2l5.

Levine, Suzanne Jill. "Borges o *Cobra* es barroco exégesis". *Severo Sarduy*. Madrid: Fundamentos, 1976. 87–105.

Mace, Marie–Anne. *Severo Sarduy*. París: L'Harmattan, 1992.

Méndez Ródenas, Adriana. *Severo Sarduy: el neobarroco de la transgresión*. México: UNAM, 1983.

Montero, Oscar. *The Name Game: Writing/Fading Writer in De donde son los cantantes*. Chapel Hill: University of North Carolina Press, 1988.

Ortega, Julio. *La contemplación y la fiesta*. Madrid: Orígenes, 1989.

Rodríguez Monegal, Emir. "Conversación con Severo Sarduy". *Revista de Occidente* 93 (1970): 342–43.

——. "Las metamorfosis del texto". *Severo Sarduy*. Madrid: Fundamentos, 1976. 35–61.

Romero, Armando. "Hacia una lectura de Barroco de Severo Sarduy". *Gente de pluma*. Madrid: Orígenes, 1989. 89– 95.

Sánchez–Bondy, José. *La temática novelística de Severo Sarduy en De donde son los cantantes*. Miami: Universal, 1985.

PEDRO ALMODÓVAR

1. Libros

Fuego en las entrañas. Barcelona: La Cúpula, 1981.

Patty Diphusa y otros textos. Barcelona: Anagrama, 1991.

2. Filmografía

Pepi, Luci, Bom y otras chicas del montón. Fígaro Films, 1980.
Laberinto de pasiones. Alphaville, 1982.
Entre tinieblas. Tesauro, 1983.
¿Qué he hecho yo para merecer esto? Tesauro, 1984.
Matador. Iberoamericana y TVE, 1986.
La ley del deseo. El Deseo y Lauren Films, 1987.
Mujeres al borde de un ataque de nervios. El Deseo, 1988.
¡Átame! El Deseo, 1989.
Tacones lejanos. El Deseo, 1991.
Kika. El Deseo, 1993.
La flor de mi secreto. El Deseo, 1995.

3. Libros, ensayos y entrevistas sobre Almodóvar (Selección)

Blanco, Francisco, "Boquerini". *Pedro Almodóvar.* Madrid: Ediciones JC, 1989.

Canby, Vincent. "When Love's Ties Are Real Ropes". *The New York Times* (May 4 1990): C14.

Castellano, Koro. "Ahora quiero ser la madre Teresa de Calcuta". *El País* (8 Agosto 1993): 34–36.

Ellsworth, Robert. "Man of La Mancha". *Genre* (1992): 40– 43.

Epps, Brad. "Hysterical Histrionics: Entertainment and the Economy of Mental Health in What I Have Done to Deserve This? and Women on the Verge of a Nervous Breakdown". *Cine–Lit. Essays on Peninsular Film and Fiction.* eds. George Cabello Castellet y Jaume Martí-Olivella. Portland: Portland State University, 1992. 196–208.

García de León, María Antonia y Maldonado, Teresa. *Pedro Almodóvar, la otra España cañí.* Ciudad Real: Diputación Provincial, 1989.

Holguín, Antonio. *Pedro Almodóvar.* Madrid: Cátedra, 1994.

Leavitt, David. "Almodóvar on the Verge". *The New York Times Magazine.* (April 22 1990): 36–42.

Lipton, Brian–Scott. "The Passions of Pedro". *Insider* III (1994): 19.

Maslin, Janet. "Rating the Movies". *The New York Times* (April 29 1994): H19;24.

——. "Another Sly, Dizzy Romp with Pedro Almodóvar". *The New York Times* (May 6 1994): C8.

Minero, Alberto. "Un prestidigitador de imágenes llamado Almodóvar". *El Diario/la prensa* (6 Mayo 1994): 32–33.

Montagut, Albert. "Batalla para evitar que *¡Átame!* sea declarada 'porno'. *El País* (16 Abril 1990): 20.

Musto, Michael. "La Dolce Musto". *The Village Voice* (1 March 1994): 34.

Rubio, Andrés F. "Almodóvar ataca el sistema censor de EEUU en la presentación de *Kika* en Nueva York". *El País* (4 Mayo 1994): 29.

Smith, Paul Julian. "Pedro Almodóvar's Cinema of Desire". *Laws of Desire: Questions of Homosexuality in Spanish Writing and Film, 1960–1990*. New York: Oxford University Press, 1992. 163–215.

——. *Desire Unlimited: The Cinema of Pedro Almodóvar*. London: Verso, 1994.

Strauss Frédéric. "Madrid–sur–scène". *Cahiers du cinéma* 446 (1991): 20–24.

——. *Pedro Almodóvar*. París: *Cahiers du cinéma*, 1994.

—— y Huppert, Isabelle. "Entrevues: Pedro Almodóvar". *Cahiers du cinéma* 477 (1994): 84–86.

Vidal, Nuria. *El cine de Pedro Almodóvar*. Barcelona: Destino, 1989.

BIBLIOGRAFÍA GENERAL

Agnew, John. *The City in Cultural Context*. Boston: Allen & Unwin, 1984.

Arenas, Reinaldo. *El mundo alucinante*. Caracas: Monte Avila, 1982.

——. *Arturo, la estrella más brillante*. Madrid: Montesinos, 1984.

——. *Viaje a La Habana*. Madrid: Mondadori, 1990.

——. *Antes que anochezca*. Barcelona: Tusquets, 1992.

Aumont, J y Bergala, A. *Estética del cine: Espacio fílmico, montaje, narración, lenguaje*. Trad. Nuria Vidal. Barcelona: Paidós, 1989.

Bakhtin, Mikhail. *Rabelais and His World*. Massachusets: MIT, 1968.

——. "Discourse in the Novel". *The Dialogic Imagination*. ed. Michael Holquist. Austin: Texas University Press, 1981. 340–65.

Babuscio, Jack. *Cine y homosexualidad*. Trad. Alberto Cardín. Barcelona: Laertes, 1982.

Bachelard, Gaston. *La poétique de l'espace*. Paris: Presses Universitaires, 1970.

——. *El agua y los sueños*. Trad. Ida Vitale. México: Fondo de Cultura Económica, 1978.

——. *La poética de la ensoñación*. Trad. Ida Vitale. México: Fondo de Cultura Económica, 1982.

Bayly, Jaime. *No se lo digas a nadie*. Barcelona: Seix Barral, 1994.

Balza, José. *Largo*. Caracas: Monte Avila, 1968.

——. *Marzo anterior*. Caracas: Monte Avila, 1973.

——. *D* Caracas: Monte Avila, 1980.

——. *Medianoche en video: 1/5*. México: Fondo de Cultura Económica, 1988.

Barbieri, Daniele. *Los lenguajes del cómic*. Trad. Juan Carlos Gentile Vitale. Barcelona: Paidós, 1993.

Barthes, Roland. *Mitologías*. Trad. Héctor Schmucler. México: Fondo de Cultura Económica, 1980.

——. *Fragmentos de un discurso amoroso*. Trad. Eduardo Molina. México: Siglo XXI, 1982.

——. *The Fashion System*. Trad. Matthew Ward y Richard Howard. New York: Hill and Wang, 1983.

——. *Barthes by Barthes*. Trad. Richard Howard. New York: Hill and Wang, 1984.

——. *The Grain of the Voice*. Trad. Richard Howard. New York: Hill and Wang, 1985.

——. *The Pleasure of the Text*. Trad. Richard Miller. New York: Hill and Wang, 1985.

——. *The Rustle of Language*. Trad. Richard Howard. New York: Hill and Wang, 1986.

——. *Incidentes*. Trad. Jordi Llovet. Anagrama: Barcelona, 1987.

Bataille, Georges. *Documentos*. Trad. Inés Cano. Caracas: Monte Avila, 1969.

——. *El aleluya y otros textos*. Trad. Fernando Savater. Madrid: Alianza, 1981.

——. *Las lágrimas de Eros*. Trad. David Fernández. Barcelona: Tusquets, 1982.

——. *La literatura como lujo*. Trad. Ana Torrent. Madrid: Versal, 1988.

——. *Visions of Excess: Selected Writings, 1927–1939*. Trad. Allan Stoekl. Minneapolis: University of Minnesota Press, 1991.

Baudelaire, Charles. *Les paradis artificiels*. Bruxelles: La Boetie, 1948.

——. "On the Essence of Laughter". *The Mirror of Art*. New York: Doubleday, 1959. 46–63.

Baudrillard, Jean. *Simulacres et simulations*. Paris: Galilée, 1981.

——. *De la seducción*. Trad. Elena Benarroch. Madrid: Cátedra, 1981.

——. "The Precession of Simulacra". *Art After Modernism*. ed. Brian Wallis. Trad. Paul Foss y Paul Patton. New York: The New Museum of Contemporary Art, 1988. 253– 81.

Bazin, André. "The Evolution of the Language of the Cinema". *Film Theory and Criticism*. eds. Gerald Mast y Marshall Cohen. Trad. Hugh Gray. New York: Oxford University Press, 1974. 88–102.

——. "La politique des auteurs". *The New Wave*. ed. Peter Grahams. New York: Oxford University Press, 1981. 137–55.

Beckwith, Carol. "Geerewol: The Art of Seduction". *Fragments for a History of the Human Body* II. ed. Michel Feher. New York: Zone, 1989. 200–17.

Benjamin, Walter. "The Work of Art in The Age of Mechanical Reproduction". *Film Theory and Criticism*. eds. Gerald Mast y Marshall Cohen. New York: Oxford University Press, 1974. 612–34.

——. "Allegory and Trauerspiel". *The Origin of German Tragic Drama*. London: New Left Books, 1977. 159–235.

Best, Steven y Kellner, Douglas. *Postmodern Theory*. New York: Guilford Press, 1991.

Berman, Marshall. *All That is Solid Melts Into Air*. New York: Simon and Schuster, 1982.

Blanchot, Maurice. *El diálogo inconcluso*. Trad. Pierre de Place. Caracas: Monte Avila Editores, 1970.

Borges, Jorge Luis. *Historia universal de la infamia*. Buenos Aires: Emecé, 1935.

——. "La casa de Asterión". *El Aleph*. Madrid: Alianza, 1972. 69–72.

——. "Prólogo a José Bianco". *Ficción y reflexión*. México: Fondo de Cultura Económica, 1988.

Brenson, Michael. "Is 'Quality' An Idea Who's Time Has Gone?" *The New York Times* (July 22 1990): H2.

Britto García, Luis. *Abrapalabra*. Caracas: Monte Avila, 1980.

Broch, Hermann. *Kitsch, vanguardia y el arte por el arte*. Trad. Carlos Manzano. Barcelona: Tusquets, 1979.

Buñuel, Luis. *Mi último suspiro*. Barcelona: Plaza & Janés, 1982.

Bustillo, Carmen. *Barroco y América Latina*. Caracas: Monte Avila, 1988.

Calabrese, Omar. *La era neobarroca*. Trad. Anna Giordano. Madrid: Cátedra, 1989.

Calinescu, Matei. *Five Faces of Modernity*. Durham: Duke University Press, 1987.

Calvino, Italo. *Invisible Cities*. Trad. William Weaver. New York: Harcourt Brace Jovanovich, 1972.

Camon Aznar, José. *Ramón Gómez de la Serna en sus obras*. Madrid: Espasa–Calpe, 1972.

Caparrós Lera, J.M. *El cine español de la democracia*. Barcelona: Anthropos, 1992.

Carpentier, Alejo. "El barroco y lo real maravilloso".

——. *Tientos y diferencias*. Montevideo: Arca, 1979. 205– 15.

Castillo Zapata, Rafael. *Fenomenología del bolero*.

Caracas: Monte Avila, 1990.

Cixous, Hélène y Clément, Catherine. *The Newly Born Woman*. Trad. Betsy Wing. Minneapolis: University of Minnesota Press, 1986.

Cobo Borda, Juan Gustavo. *Letras de esta América*. Bogotá: Universidad Nacional de Colombia, 1986.

Cocteau, Jean. *Du cinématographe*. Belfond: París, 1988.

Cohen, ed. New York: Oxford University Press, 1974. 612–34.

Connor, Steven. *Postmodernist Culture*. Londres: Blackwell, 1989.

Cook, Pam. *The Cinema Book*. New York: Pantheon, 1985.

Core, Phillip. *Camp: The Lie that Tells the Truth*. New York: Delilah, 1984.

Cortázar, Julio. "Casa tomada". *Los relatos*. Madrid: Alianza, 1976. 7– 18.

Corvalán, Octavio. *El postmodernismo*. New York: Las Américas, 1961.

Curtius, Ernst Robert. *European Literature and the Latin Middle Ages*. London: Routledge, 1953.

Checa, Fernando y Morán, José Miguel. *El Barroco*. Madrid: Funda-mentos, 1989.

Charpentrat, Pierre. *Le mirage baroque*. Paris: Minuit, 1967.

Chocrón, Isaac. *O.K.* Caracas: Monte Avila, 1969.

———. *Pájaro de mar por tierra*. Caracas: Tiempo Nuevo, 1972.

———. *La máxima felicidad*. Caracas: Monte Avila, 1984.

De Santis, José Vicente. *Jeremías el replicante*. Caracas: Pomaire, 1988.

Deleuze Gilles. *Proust y los signos*. Trad. Francisco Monge. Barcelona: Anagrama, 1970.

———. *Presentación de Sacher–Masoch*. Trad. Angel María García Martí-nez. Barcelona: Taurus, 1973.

———. *La imagen movimiento* 2 vol. Barcelona: Paidós, 1984.

——— y Guattari Félix. *Anti–Oedipus*. Trad. Robert Hurley. Minnesota: University of Minnesota Press, 1986.

———. *A Thousand Plateaus*. Trad. Brian Massumi. Minneapolis: Uni-versity of Minnesota Press, 1987.

Derrida, Jacques. *L'écriture et la différence*. Paris: Seuil, 1967.

Dorfles, Gillo. *Kitsch: The World of Bad Taste*. New York: Universe, 1975.

D'ors, Eugeni. *Lo barroco*. Madrid: Aguilar, 1964.

Dyer, Richard. *Now You See It*. New York: Routledge, 1990.

Echavarren, Roberto. *La planicie mojada*. Caracas: Monte Avila, 1980.

———. *Atlantic Casino*. Mediometraje. New York, 1989.

———. *Transplatinos. Muestra de poesía Rioplatense*. México: El Tucán de Virginia, 1991.

———. *Margen de ficción: Poéticas de la narrativa hispanoamericana*. Méxi-co: Joaquín Mortíz, 1992.

———. *Ave Roc*. Buenos Aires: Bajo la luna nueva, 1994.

Eidsvick, Charles. *Cineliteracy*. New York: Random House, 1978.

Eisner, Lote H. "Kitsch in the Cinema". *Kitsch: The World of Bad Taste*. New York: Universe, 1975. 197–254.

Escalante, Evodio. *Tercero en discordia*. México: Universidad Autónoma Metropolitana, 1982.

Esposito, Marc. "Le film de la décennie". *Studio Magazine* 32 (1989): 136–72.

Ettedgui, Marco Antonio. *Ettedgui: arte–información para la comuni-dad*. eds. Alejandro Varderi, Juan Calzadilla y Elsa Flores. Caracas: Oxígeno, 1985.

Fanés, Félix. *El cas Cifesa: vint anys de cine espanyol (1932–1951)*. Valencia: Generalitat, 1989.

Fabré, Jaume y Huertas Josep M. *Noticiari de Barcelona*. Barcelona: La Campana, 1991.

Fekete, John. *Life After Postmodernism*. New York: St. Martin's Press, 1987.

Firbank, Ronald. *Five novels*. New York: New Directions, 1981.

Foster, David William. *Gay and Lesbian Themes in Latin American Writing*. Austin: University of Texas Press, 1991.

Fox, Margalit. "A Portrait In Skin and Bone". *The New York Times* (November 21 1193): V8.

Franco, Jean. "What's In a Name?" Popular Culture, Theories and Their Limitations". *Studies in Latin American Popular Culture* I. (1982): 5–14.

Gaggi, Silvio. *Modern/Postmodern*. Philadelphia: University of Pennsylvania Press, 1989.

Genette, Gérard. *Figures*. Paris: Seuil, 1966.

——. *Figures II*. Paris: Seuil, 1969.

——. *Figures III*. Paris: Seuil, 1972.

——. *Palimpsestes. La littérature au second degré*. Paris: Seuil, 1982.

Giesz, Ludwig. "Kitsch–man As Tourist". *Kitsch: The World of Bad Taste*. 156–74.

Gimferrer, Pere. *Cine y literatura*. Barcelona: Planeta, 1985.

——. Prólogo a *El peso de la paja*. Pere Gimferrer. Barcelona: Plaza & Janés, 1990. 17–20.

Girouard, Mark. *Cities & People*. New Haven: Yale University Press, 1985.

González, Reynaldo. "Manuel Puig harto de equívocos". *Unión*. Año 3 (enero–marzo 1990): 14–18.

Granlund, Chris. *Pedro Almodóvar*. Programa *The Late Show*. BBC. (June 30 94): 50 min.

Greenberg, Clement. "Avant–Garde and Kitsch". *Art and Culture*. Boston: Beacon Press, 1961. 3–21.

Grosz, Elizabeth. "Bodies–Cities". *Sexuality & Space,* ed. Beatriz Colomina. Princeton: University School of Architecture, 1992. 241–52.

Gubern, Roman. *El cine sonoro en la II República (1929– 1936)*. Barcelona: Lumen, 1977.

——. *Escritos sobre el cine español*. Valencia: Filmoteca de la Generalitat Valenciana, 1989.

Guiddens, Anthony. *The Consecuences of Modernity*. Stanford: Stanford University Press, 1990.

Habermas, Jürgen. "Modernidad versus Postmodernidad". *Modernidad y postmodernidad*. ed. Josep Picó. Trad. José Luis Zalabardo García–Muro. Madrid: Alianza, 1988. 87–102.

Harmetz, Aljean. "Now Playing: The New Hollywood". *The New York Times* (January 10 1988): H2.

Hassan, Ihab. *The Dismemberment of Orpheus: Toward a Postmodern Literature*. New York: Oxford University Press, 1982.

——. "Pluralism in Postmodern Perspective". *The Postmodern Reader*. ed. Charles Jencks. New York: St. Martin's Press, 1992. 196–207.

Hess, Elizabeth. "Gutter Politics". *The Village Voice* (July 3 1990): 88–89.

Hoberman, J. "After Avant–Garde Film". *Art After Modernism*. 59–73.

——. *Vulgar Modernism*. Philadelphia: Temple University Press, 1991.

Hopewell, John. *El cine español después de Franco (1973– 1988)*. Trad. Carlos Laguna. Madrid: El arquero, 1989.

Huyssen, Andreas. "Cartografía del postmodernismo". *Modernidad y postmodernidad*. Trad. Antoni Torregrossa. 189–248.

Huxtable, Ada Louise. *Architecture Anyone?* New York: Random House, 1986.

Indiana, Gary. "Something Hidden". *The Village Voice*. (August 31 1993): 56;64.

Infante, Angel Gustavo. *Yo soy la rumba*. Caracas: Grijalbo–Mondadori, 1992.

Isherwood, Christopher. *The World in the Evening*. London: Methen & Co., 1954.

Izaguirre, Boris. *EL vuelo de los avestruces*. Caracas: Alfadil, 1991.

Jameson, Fredric. "Postmodernism and Consumer Society". *Postmodern Culture*. ed. Hal Foster. London: Pluto Press, 1985. 209–35.

——. "Postmodernism or the Cultural Logic of Late Capitalism". *New Left Review* (July–August 1984): 53– 92.

Jencks, Charles. *The Language of Post–Modern Architecture*. New York: Rizzoli, 1977.

——. *Current Architecture*. Londres: Academy Editions, 1982.

——. "The Postmodern Agenda". *The Post–Modern Reader*. 10– 39.

——. "Post–Modernism—The Third Force". *The Postmodern Reader*. 6–7.

——. "The Post–Avant Garde". *The Postmodern Reader*. 215–24.

Kavafis, Konstantino. *Poesías completas*. Trad. José M. Alvarez. Madrid: Hiperión, 1976.

Kellner, Best. *Postmodern Theory*. New York: Guilford Press, 1991.

Kiernan, Robert F. *Frivolity Unbound*. New York: Continuum, 1990.

Kinder, Marsha. *Blood Cinema: The Reconstruction of National Identity in Spain*. Berkeley: University of California Press, 1993.

Kristeva, Julia. *Semeiotiké. Recherches pour une sémanalyse*. Paris: Seuil, 1969.

Krupnick, Mark. *Displacement*. Bloomington: Indiana University Press, 1989.

Lerner, Elisa. *Yo amo a Columbo*. Caracas: Monte Avila, 1979.

Levine, Suzanne Jill. *The Subversive Scribe*. Saint Paul: Graywolf Press, 1991.

Lezama Lima, José. *La cantidad hechizada*. Madrid: Júcar, 1974.

——. *Paradiso*. Buenos Aires: La Flor, 1982.

Linden, Eugene. "Megacities". *Time* (January 11 1993): 29–39.

Lieberman, Arnold. *Gustav Mahler o el corazón abrumado*. Madrid: Altalena, 1982.

Lodge, David. "Mimesis and Diegesis in Modern Fiction". *The Post–Modern Reader*. 181–95.

Lyotard, Jean–François. *The Postmodern Condition: A Report on Knowledge*. Trad. Geoff Bennington y Brian Massumi. Minneapolis: University of Minnesota Press, 1991.

Maddux, Rachel. *Fiction into Film*. New York: Delta, 1972.

Malcomson, Scott L. "Socialism or Death?" *The New York Times Magazine* (September 25 1994): 45–49.

Mastretta, Ángeles. *Arráncame la vida*. México: Océano, 1988.

Maravall, José Antonio. *La cultura del barroco*. Barcelona: Ariel, 1975.

Martí–Olivella, Jaume. "Paseo crítico e intertextual por el jardín edípico del cine español". *Letras Peninsulares* Spring (1994): 93–118.

Martínez–Breton, Juan Antonio. *Influencia de la iglesia católica en la cinematografía española (1951–1962)*. Madrid: Horofarma, 1987.

Martínez Torres, Augusto. *Cine español, años sesenta*. Barcelona: Anagrama, 1973.

Mauriac, Claude. *Proust.* París: Seuil, 1982.

Mc.Donald, Scott. *Avant–Garde Film.* Cambridge University Press, 1993.

Mc.Greevy, John. *Cities.* New York: Clarkson, 1981.

Menkes, Suzy. "Fetish or Fashion?" *The New York Times* (November 21 1993): 9

Metz, Cristian. *Film Language. A Semiotics of the Cinema.* Trad. Michael Taylor. New York: Oxford University Press, 1974.

——. "Some Points in the Semiotics of the Cinema". *Film Theory and Criticism.* Trad. Michael Taylor. New York: Oxford University Press, 1974. 103–19.

——. *The Imaginary Signifier.* Trad. Celia Britton. Bloomington: Indiana University Press, 1982.

Merleau–Ponty, Maurice. *Sense and Non–Sense.* Northwestern University Press, 1964.

Moix, Terenci. *El peso de la paja.* Barcelona: Plaza & Janés, 1990.

Morrissette, Bruce. *Novel and Film.* Chicago: University of Chicago Press, 1985.

Mulvey, Laura. "Visual Pleasure and Narrative Cinema". *Art After Modernism.* 361–74.

Murray, Robert. "Fordism and Post–Fordism". *The Post– Modern Reader.* 267–76,

Newton, Esther. *Mother Camp: Female Impersonators in America.* Chicago: University of Chicago Press, 1979.

Ocampo, Victoria. *Testimonios (1962–67).* Buenos Aires: Sur, 1978.

Olalquiaga, Celeste. *Megalopolis: Contemporary Cultural Sensibilities.* Minneapolis: University of Minnesota Press, 1992.

——. "The Dark Side of Modernity's Moon". *Agenda: Contemporary Art Magazine* 28 (1992): 22–25.

Oltra i Costa, Romà. *Seixanta anys de cinema català: 1930– 1990.* Barcelona: Institut del Cinema Català, 1990.

Orozco Díaz, Emilio. *El teatro y la teatralidad del Barroco.* Barcelona: Planeta, 1969.

Ortega, Julio. "El postmodernismo en América Latina". *Homenaje a Alfredo A. Roggiano.* eds. Keith Mc.Duffie y Rose Minc. Pittsburgh: Instituto Internacional de Literatura Iberoamericana, 1990. 407–20.

Owens, Craig. "The Discourse of Others". *The Post–Modern Reader.* 333–48.

Paglia, Camille. *Sexual Personae*. New York: Vintage, 1991.

Palacios, María Fernanda. *Saber y sabor de la lengua*. Caracas: Monte Avila, 1986.

Paz, Octavio. *Ladera este*. México: Mortiz, 1969.

——. *El arco y la lira*. México: Fondo de Cultura Económica, 1973.

——. *Corriente alterna*. México: Siglo XXI, 1988.

Peri Rossi, Cristina. *El museo de los esfuerzos inútiles*. Barcelona: Seix Barral, 1983.

——. *La nave de los locos*. Barcelona: Seix Barral, 1984.

——. *Solitario de amor*. Barcelona: Grijalbo, 1988.

Picon Garfield, Evelyn y Schulman, Ivan A. *Las entrañas del vacío: Ensayos sobre la modernidad hispanoamericana*. México: Cuadernos Americanos, 1984.

Pineda Novo, Daniel. *Las folklóricas y el cine*. Huelva: Festival de Cine Iberoamericano, 1991.

Portoguesi, Paolo. *The Architecture of the Post–Industrial Society*. New York: Rizzoli, 1983.

Pozo Arenas, Santiago. *La industrial del cine en España*. Barcelona: Universitat de Barcelona, 1984.

Proust, Marcel. *El tiempo recobrado*. Trad. Consuelo Berges. Madrid: Alianza, 1970.

Puig, Manuel. *La traición de Rita Hayworth*. Barcelona: Seix Barral, 1982.

——. *Sangre de amor correspondido*. Barcelona: Seix Barral, 1982.

——. *The Buenos Aires Affair*. Barcelona: Seix Barral, 1982.

——. *Cae la noche tropical*. Barcelona: Seix Barral, 1988.

Randle, P.H. *Teoría de la ciudad*. Buenos Aires: OIKOS, 1984.

——. Pulido, José. "Isabel Allende en todas partes". *El Nacional*. (28 Septiembre 1982): C2.

Rivera, Francisco. *La muerte de los dioses*. Caracas: Con Textos, 1990.

Rodríguez Matos, Carlos. *Poesida*. New York: Ollantay Press, 1996.

Roggiano, Alfredo A. "Modernismo: origen de la palabra y evolución de un concepto". *Nuevos asedios al modernismo*. ed. Ivan A. Schulman. Madrid: Taurus, 1987. 40–52.

Roig, Montserrat. *L'hora violeta*. Barcelona: ediçions 62, 991.

——. *Digues que m'estimes encara que sigui mentida*. Barcelona: ediçions 62, 1991.

Ross, Andrew. *No Respect.* New York: Routledge, 1989.

Rossetti, Ana. *Prendas íntimas: el tejido de la seducción.* Caracas: Planeta, 1990.

Rowe, Williams y Shelling, Vivian. *Memory and Modernity: Popular Culture in Latin America.* New York: Verso, 1991.

Russo, Vito. *The Celluloid Closet.* New York: Harper & Row, 1987.

Sánchez, Luis Rafael. *La guaracha del Macho Camacho.* Barcelona: Argos Vergara, 1982.

Sánchez Juliao, David. *Mi sangre aunque plebeya.* Bogotá: Planeta, 1986.

Sartre, Jean–Paul. "American Cities". *The City: American Experience.* eds. Alan Trachtenberg, Peter Neil, Peter C. Bunnell. New York: Oxford University Press, 1971. 197–205.

Savater, Fernando. *La tarea del héroe.* Madrid: Taurus, 1983.

——. "El pesimismo ilustrado". *En torno a la postmodernidad.* ed. Andrés Ortíz–Osés. Barcelona: Anthropos, 1990. 111–35.

Shóo, Ernesto. *Función de gala.* Buenos Aires: Sudamericana, 1976.

Schneider, Wolf. *Babylon is Everywhere.* New York: Mc.Graw–Hill, 1963.

Schulman, Ivan A. "Modernismo/modernidad: origen de la palabra y evolución de un concepto". *Nuevos asedios al modernismo.* 10–26.

Schwartz, Hillel. "The Three–Body Problem and the End of the World". *Fragments of a History of the Human Body* II. 406–65.

Schwartz, Ronald. *The Great Spanish Films: 1950–90.* London: The Scarecrow Press, 1991.

Sitwell, Sacheverell. *Baroque and Rococo.* New York: G.P. Putman's Sons, 1967.

Smith, Patrick s. *Andy Warhol's Art and Films.* Michigan: University of Michigan Research Press, 1986.

Smith, Roberta. "It May Be Good But Is It Art?" *The New York Times* (September 4 1988): H2;27.

Sontag, Susan. *Against Interpretation.* New York: Delta, 1966.

——. *AIDS and its Metaphors.* New York: Doubleday, 1989.

Soria, Florentino y González Requena, Jesús. *La comedia en el cine español.* Madrid: Ministerio de Asuntos Exteriores, 1986.

Sosa, Irene. *Sexual Exiles.* Video, en preparación.

Stam, Robert. *Reflexivity in Film Language and Literature: From Don Quixote to Jean–Luc Goddard.* Michigan: University of Michigan Research Press, 1985.

——. *Subversive Pleasures.* Baltimore: John Hopkins University Press, 1989.

Sucre, Guillermo. *La máscara la transparencia.* México: Fondo de Cultura Económica, 1985.

Terra, Paulo Octaviano. "Entrevista exclusiva a Reinaldo Arenas". *Linden LaneMagazine* (septiembre 1992): 19–20.

Valverde, Umberto. *La máquina.* Cali: Universidad del Valle, 1992.

Varderi, Alejandro. *Anotaciones sobre el amor y el deseo.* Caracas: Academia Nacional de la Historia, 1986.

——. "Más que la mirada: Roberto Echavarren entre la poesía y el rock". *Syntaxis* (primavera–verano 1990): 22–25.

——. "Sólo cuenta lo que está inscrito en la piel: lectura almodovariana de Severo Sarduy". *Essays on Peninsular Film and Fiction.* 234–39.

——. "Celeste Olalquiaga: yo sí quiero redimir el kitsch". *El Diario de Caracas* (17 abril 1994): *Bajo Palabra* 1;4.

——. "El kitsch en la narrativa de Severo Sarduy". *El Diario de Caracas* (17 julio 1994): *Bajo Palabra,* 2–3.

——. "De la transición a la transgresión: el homosexual en la postmodernidad fílmica española". *Anuario de cine y literatura en español,* Vol. 1 (1995): 121-28.

Vattimo, Gianni. *The End of Modernity.* Trad. Jon R. Snyder. Baltimore: John Hopkins University Press, 1991.

Vázquez Montalbán, Manuel. *Barcelones.* Barcelona: Empúries, 1991.

Venturi, Robert. *Complexity and Contradiction in Architecture.* New York: MOMA, 1977.

——. *Learning from Las Vegas.* Cambridge: Hill Press, 1985.

Villordo, Oscar Hermes. *Consultorio sentimental.* Buenos Aires: Sudamericana, 1985.

Virilo, Paul. *The Lost Dimension.* New York: Semiotex(te), 1991.

Wellershoff, Dieter. Trad. Fausto Ezcurra. *Literatura y principio del placer.* Madrid: Labor, 1976.

Williams, Raymond L. "Truth Claims, Postmodernism, and the Latin American Novel". *Profession* 92. (1992): 6–9.

Wolfflin, Heinrich. *Renaissance and Baroque*. London: Collins, 1964.

Wollen, Peter. "Cinema/Americanism/The Robot". *Modernity and Mass Culture*. ed. James Naremore. Bloomington: Indiana University Press, 1991. 42–69.

Woodward, Richard B. "It's Art, But Is It Photography?" *The New York Times Magazine* (October 9 1988): 29–31;42–46; 54–57.

Zacklin, Lyda. "Escritura, exactitud y fascinación en la narrativa de José Balza". *Imagen* (Abril 1992): 10–11.

Zapata, Luis. *El Vampiro de la colonia Roma*. México: Grijalbo, 1979.

——. *En jirones*. México: Posada, 1985.

EDITORIAL PLIEGOS

colección pliegos de ensayo

El discurso narrativo en la obra de María Luisa Bombal, Magaly Fernández.

La jerarquía femenina en la obra de Galdós, Daria J. Montero-Paulson.

El arte cuentístico de Vicente Blasco Ibáñez, Thomas J. Di Salvo.

El cuento folklórico: una aproximación a su estudio, Rosa Alicia Ramos.

Los dioses del Popol Vuh, Mary H. Preuss.

La quimera de Pardo Bazán y la literatura finisecular, Daniel S. Whitaker.

La narrativa de Alvaro Cunqueiro, Cristina de la Torre.

Conciencia y lenguaje en el Quijote y El obsceno pájaro de la noche, Héctor Calderón.

Las Rimas de Bécquer: su modernidad, Mario A. Blanc.

Juan Rulfo: realidad y mito de la revolución mexicana, Silvia Lorente Murphy.

El estilo del deseo: la poética de Darío, Vallejo, Borges y Paz, Lelia Madrid.

Galdós y la novela de adulterio, Josefina A. de Hess.

La cuentística de Virgilio Piñera: estrategias humorísticas, Carmen L. Torres.

La obra de Carlos Fuentes: una visión múltiple, edición de Ana María Hernández.

El sentimiento del miedo en la obra de Miguel Delibes, Jesús Rodríguez.

Los textos dramáticos de Virgilio Piñera y el teatro del absurdo, Raquel Aguilú de Murphy.

José Emilio Pacheco: poesía y poética del prosaísmo, Daniel Torres.

La preocupación por España en Larra, Alma Amell.

Tipología de la narración: A propósito de Torrente Ballester, Juan Carlos Lértora.

El teatro campesino de Luis Valdez, Arturo C. Flores.

Versiones y reversiones históricas en la obra de Guillermo Cabrera Infante, Dinorah Lima.

La familia de Pascual Duarte a través de su imaginería, Karen E. Breiner-Sanders.

José Donoso y el surrealismo: Tres novelitas burguesas, Hortensia R. Morell.

Pensamiento crítico hispanoamericano, Sara Almarza.

Para una relectura del boom: populismo y otredad, Renato Martínez.

Julio Cortázar: la imposibilidad de narrar, Blanca Anderson.

La dramaturgia hispanoamericana contemporánea: Teatralidad y autoconciencia, Priscilla Meléndez.

La epopeya en Valle-Inclán: Trilogía de la desilusión, Miguel Gil.

La novela mexicana contemporánea (1960-1980), M. Isela Chiu-Olivares.

El teatro de Antonio Gala: Un retrato de España, Victoria Robertson.

La novela española actual, Angeles Encinar.

El regionalismo en la obra de José María de Pereda, Judith E. Gale.

Borges y la Inteligencia Artificial, Ema Lapidot.

El cuento infantil cubano, Marisa Bortolussi.

La realidad en la novelística de Manuel Puig, Patricia B. Jessen.

Narrativa feminista española de posguerra, María Jesús Mayans Natal.

Teoría de la novela en Unamuno, Ortega y Cortázar, Ana María Fernández.

El mundo satírico de Gabriel García Márquez, Isabel R. de Vergara.

El metateatro en la obra de García Lorca, Rosanna Vitale.

Unamuno y Byron: La agonía de Caín, Ofelia M. Hudson.

Amor y erotismo en la narrativa de José María Arguedas, Galo F. González.

Las narraciones breves de Ramón del Valle-Inclán, Rosa Alicia Ramos.

Creación y egocentrismo en la obra de Sarmiento, Juan P. Esteve.

Historia y política en la obra de Quevedo, Victoriano Roncero López.

Lo judío en el teatro español contemporáneo, Arie Vicente

Zonas y sombras: Aproximaciones a Región de Juan Benet, John B. Margenot III.

Las sonatas de Valle-Inclán: kitsch, sexualidad, satanismo, historia, Virginia Gibbs.

Las novelas ganadoras del Premio Nadal 1970-1979, Margarita M. Lezcano.

La poética feminista de Rosario Castellanos, Norma Alarcón.

La obra de Ariel Dorfmann: ficción y crítica, Salvador A. Oropesa.

El personaje femenino en la narrativa de escritoras hispanoamericanas, Willy O. Muñoz.

Estudio computacional del verbo en Crónica de una muerte anunciada y Cinco horas con Mario, Lucía Lobo Iglesias.

La poesía de Blas de Otero, Mary A. Harris.

Un mito nuevo: La mujer como sujeto/objeto literario, Elena Gascón Vera.

Guamán Poma de Ayala: Pionero de la Teología de la Liberación, Manuel García Castellón.

Los artículos de Gabriel Miró en la prensa barcelonesa (1911-1920), Marta E. Altisent.

238

Tiempo sagrado y tiempo profano en Borges y Cortázar, Zheyla Henriksen.
Visión histórica en la obra de Arturo Uslar Pietri, Teresita J. Parra.
Retórica e ideología de la generación de 1868 en la obra de Galdós, Teresa Toscano.
La composición de Los trabajos de Persiles y Sigismunda, Stephen Harrison.
El pensamiento social de José Martí, Juan E. Mestas.
Literatura fundacional americana, El espejo de Paciencia, Juana Q. Goergen.
Poesía existencial española del siglo XX, Francisco J. Peñas Bermejo.
Signo y memoria: ensayos sobre Pedro Salinas, edición: Enric Bou y Elena Gascón Vera.
Ernesto Sábato, gnosis y apocalipsis, Michèle Soriano.
La lozana andaluza y la literatura del siglo XVI, M.ª Luisa García Verdugo.
El correlato objetivo y el texto literario, Gloria Moreno Castilla.
Espacio excéntrico: desconstrucción, feminismo y textos hispanoamericanos, Federico A. Chalupa.
La narrativa en la novelística de Sergio Galindo, Connie García.
Crónicas en La Nación de Buenos Aires, Emilia Pardo Bazán. Ed. Cyrus DeCoster.
Power and Women's Writing in Chile, Barbara Loach.
Mario Vargas Llosa: Opera Omnia, edición de Ana María Hernández.
Mario Verdaguer, un escritor proteico, José Gabriel López Antuñano.
Hacia la novela total: Fernando del Paso, Inés Sáenz.
Las inquisiciones de Jorge Edwards, Bernard Schulz.
Estudios sobre la poética de Rayuela, Carlos Henderson.
Mito y discurso en la novela femenina de posguerra en España, Francisca López.
El indio brasileño en la obra de José de Alencar y Bernardo Guimaraes, Ramón Magráns.
El Conde Lucanor: Don Juan Manuel en su contexto histórico, David A. Flory.
La novelística de Alfredo Bryce Echenique y la tradición sentimental, Margarita Krakusin.
Las tres últimas novelas de Emilia Pardo Bazán: un estudio narratológico, Joaquín Gómez.
*La focalización inconsciente en **Pedro Páramo**,* José T. Espinosa-Jácome.
Imagen de la prostituta en la novela mexicana contemporánea, María R. González.

Borges/Escher, Sarduy/CoBrA: un encuentro posmoderno, Lillian Manzor
Coats.
*Severo Sarduy y Pedro Almodóvar: del barroco al kitsch en la narrativa y el
cine postmodernos,* Alejandro Varderi.

EN PREPARACION

*Visión del pensamiento social de Ortega y Gasset: glosas a su obra **El hom-
bre y la gente,*** Francisco Poyatos Suárez.
*El lenguaje poético de Miguel Hernández (**El rayo que no cesa**),* Alberto
Acereda.
La autobiografía ficticia en Unamuno, Martín Gaite y Semprún, Liliana
Soto Fernández.
La obra poética de Luis Cernuda: entre mito y deseo, María Castillo Ma-
brey.
*Historia ficticia y ficción histórica: Paraguay en la obra de Augusto Roa
Bastos,* Brent J. Carbajal.
*Diálogo social e histórico y función del personaje femenino en dos novelas
hispanoamericanas,* Rosa Fernández Lavín.
La novela lúdica experimental de Julio Cortázar, María D. Blanco Ar-
nejo.